江浙水乡文化名城形成机制·特色

——基于18座历史城市的比较研究

相秉军 狄文莉 刘岩 等著

同济大学出版社

图书在版编目（CIP）数据
江浙水乡文化名城形成机制、特色：基于 18 座历史城市的比较研究 / 相秉军等著 .
上海：同济大学出版社，2021.3
ISBN 978-7-5608-9786-8
Ⅰ . ①江… Ⅱ . ①相… ②狄… Ⅲ . ①文化名城—对比研究—江苏、浙江
Ⅳ . ① K925
中国版本图书馆 CIP 数据核字（2021）第 024102 号

清华同衡系列专著

江浙水乡文化名城形成机制 · 特色

——基于 18 座历史城市的比较研究

著　　作　相秉军 狄文莉 刘岩 等
责任编辑　陈立群（clq8384@126.com）
封面设计　景嵘院设计咨询有限公司
电脑制作　朱丹天
责任校对　徐春莲

出版发行　同济大学出版社 www.tongjipress.com.cn
（地址：上海市四平路 1239 号　邮编：200092　电话：021- 65985622）
经　　销　全国各地新华书店
印　　刷　上海锦良印刷厂
成品规格　188mm × 260mm　176 面
字　　数　200 000
版　　次　2021 年 3 月第 1 版　　2021 年 3 月第 1 次印刷
书　　号　ISBN 978-7-5608-9786-8
定　　价　98.00 元

课题组成员

相秉军　狄文莉

刘　岩　张春叶　屠黄桔　骆　文　李晓晨

序　言

历史文化名城是中国传统文化的重要传承地，要传承好地方文化，就要立足实际、找准特色。在中国建立历史文化名城保护制度的近40年历程中，研究名城的形成发展环境以及与其他城镇之间的关系开始逐渐得到重视，而这种关联性研究，恰恰是厘清名城形成机制与价值特色规律性与独特性的重要步骤。

根据我的长期研究，江浙水乡地区是我国水乡地区的代表性区域，是吴越文化孳生的重要传承地，与西南山地地区、北方平原地区差别巨大，其特有的地理环境造就了城市发展、城镇风貌、城市文化传统、居民生活习俗等的差异，具有强烈的地域特征。江浙水乡地区历史文化名城众多，这些名城在发展过程中，相互交融、相互影响，形成具有一定共性又各具特性的现象。历史文化名城价值与特色是具有一定规律的，较少是完全独一无二的，然而在现有的名城保护中，对此较少予以考虑和重视。本书对该地区名城的形成机制与价值特色进行深入研究，从而总结水乡城市的形成规律与特色，有利于名城的区域性保护。

江浙水乡地区的名城特色中特别引人注目的是它卓绝的地域文化的生成与繁盛，形成了经久不衰的地域文化和特色，生成了丰厚的文化积淀，凝聚于文学、艺术、戏剧、建筑、园林，等等，而使得城市更加丰富多彩，并引领着时代潮流，在当今城镇化时代的发展中，这项研究更具有重要的意义。

清华同衡规划院相秉军总工程师是我的学生，自 1994 年起跟随我学习历史文化名城保护，硕士毕业后，进入苏州市建设委员会工作。他任苏州规划局总规划师多年，经历了苏州名城保护工作的许多关键时期，做了许多有益的工作和贡献，例如平江和山塘两个历史街区的保护整治，积极支持我的设计团队的工作，且做好了现场的具体实施指导，是我的得力助手。2015 年后他转入规划设计院工作，面向一线承担了许多名城和历史街区的规划设计任务，他牢记我的嘱托，无论在什么工作岗位，始终不忘自己的专业，20 多年来，坚持专业研究。他带领团队研究江浙水乡地区历史文化名城形成机制与价值特色，是一件很有意义的事情，希望这项研究能为江浙水乡地区名城的保护提供战略性的眼光和指导。

阮仪三

2020 年 12 月 30 日

目　录

第一章
绪　论

一、研究的提出

1. 延续历史文脉，突出城市特色，坚定文化自信

新时代国家对历史文化保护的日益重视，延续历史文脉，突出城市特色，坚定文化自信，弘扬中华优秀传统文化，是实现中华民族伟大复兴的重要途径。从文化遗产的保护传承，到加强文物、历史建筑的活态利用，激发非物质文化遗产的活力等，将弘扬中华优秀传统文化，延续城市历史文脉，凸显城市特色，坚定文化自信的工作推到当前的战略高位。习近平总书记提出："要结合自己的历史传承、区域文化、时代要求，打造自己的城市精神，对外树立形象，对内凝聚人心。"历史文化名城是地方历史文脉的重要传承地，传承首先就要找准特色，哪里与众不同，何处独树一帜。立足实际，全面深入分析各城市，找出其最有价值、最有特色的点尤为重要。

2. 从更广泛的城市背景及其地理环境研究名城的保护

历史文化名城、名镇所代表的聚落型遗产的保护范式理论和生存发展环境，均处在变革转型的关键时期。文化线路、线性遗产等新概念的引入，拓展了历史文化保护的内涵；历史性城市景观的提出，使历史文化保护"超越了'历史中心'或'整体'的概念，包括更广泛的城市背景及其地理环境"。近年来，我国的历史文化名城的保护中，也逐渐开始研究名城与其根植的环境以及与其他城镇之间的关系。这种对关联性的研究，是弄清名城形成机制与价值特色、找出名城发展一般规律与独特性的重要步骤。

3. 江浙水乡地区与其他地区的名城特色差异明显，研究其形成与特色十分必要

城市自然生态条件及其要素，如自然环境、地理特征、气候条件等，对城市的发展和人类聚居环境的建设有重要影响。不同的自然生态条件、影响强度、作用方式等对城市有所不同。因此，江浙水乡城市与西南山地城市、北方平原城市相区别，其特有的自然地理环境造就了城市形成、城镇风貌、生活方式、风俗习惯等的差异，反映在各城镇上也各有不同，具有强烈的地域特征。江浙水乡地区是我国水乡城市的代表性区域，有必要对该地区城市的形成与特性进行专门研究。

4. 研究江浙水乡地区名城的形成机制，有利于促进名城的区域性保护

江浙水乡地区是历史文化名城最多，且分布较密集的区域。而这些名城在历史发展过程中，并非相互独立、互不干扰。由于在区域体系、文化起源、地理条件、经济发展、文化传播等方面的联系，使得这些历史文化名城相互吸引、相互影响，形成具有一定共性又各具特性的现象。研究这些名城，从区域视角即江浙水乡地区区域层面分析与研究历史文化名城的形成机制与价值特色，能够更好地认识名城与江浙地区历史文化脉络格局的联系，更全面地认知名城的价值与特色，更有利于名城的区域性保护，在保护共同价值的基础上，更加弘扬各自的特色。

5. 应清醒地认识到历史文化名城价值与特色，较少是独一无二的

在我国现有的历史文化名城的申报与保护中，大家普遍认为每座城市的价值与特色是独一无二的。本书认为，名城的价值与特色存在着一定的共性，较少是独一无二的，某座城市某方面的价值与特色相对突出，或者可以说城市的价值与特色是相对的，是在某一参照系下相比较而言的。举例来说，在我国的城市营建方面，如果与一般的现代城市相比，作为传统城市的城市营建是具有价值与特色的；但如果与同为历史文化名城的传统城市相比，传统城市营建的价值与特色是名城所共有的，并不独特，可以说是在共有的城市营建思想下有一些不同的体现。所以，名城的价值与特色也具有一定的规律，要更清醒地认知名城的价值与特色，就有必要对其深入研究，然而在现有的名城保护中，较少有这样考虑的视角或重视度。

二、研究范围及对象

1. 研究空间范围界定

（1）“江浙”地域范围的界定

江浙，也称作江浙地区，位于我国东部，长江下游。“江浙”作为一个地理概念，其所指的地缘范围在历史上处于不断变动之中。传统意义上的“江浙”，与行政区划相关。较普遍的认为这一词语源于宋代江南东、西路（尤其是江南东路）和两浙路的合称。

宋朝在全国划定十五路，其中位于长江下游的有江南东路和西路、两浙路。“江浙”的“江”指“江南”，即江南东路和江南西路，江南东路大致相当于今南京和皖南一带；“浙”指“两浙”，即两浙路，包括今浙江全省，江苏南部的镇江、常州、无锡、苏州等地，以及上海市。宋室南渡之后，两浙路分为两浙东路和西路，两者以钱塘江为界。这一时期所说的“江浙”，多指江南和两浙诸路。

元朝推行行省制。至元十三年（1276），置江淮等路行中书省，统两淮（淮南东路、淮南西路）、两浙（两浙东路和两浙西路），包含今江苏大部分地区、浙江全部及安徽南部地区。

至元二十八年（1291），以长江为界，将扬州、泰州、天长、滁州等江北州县划分至河南江北行省，余下的长江以南部分改称为江浙行省。大德三年（1299），将福建行省并入江浙行省，所辖包括今江苏南部，浙江、福建二省及江西部分地区。明朝改行省为承宣布政使司，将江浙行省分置南直隶和浙江等处承宣布政使司。清朝改各地布政使司为省，浙江等处承宣布政使司为浙江省，南直隶改为江南省。清顺治十八年（1661）将江南省分设为江苏省和安徽省。这一时期，"江浙"在地域范围上变动较大。最远北至淮水南岸的淮南东西路、南至福建行省全域。辖域曾包括今江苏、浙江、安徽、福建、江西、湖北等地。

1949年后，延续江苏省、浙江省，辖区略有调整，成为今天的江苏省和浙江省。

由于"江浙"所指在不同历史时期有很大不同。从空间层次上，可分为三个指向：一是指历史上曾属过江浙行省的区域，包括今江苏、浙江、安徽、福建、江西、湖北等地；二是指历史上江浙的核心区域，主要包括江苏南部、浙江、上海以及皖南地区；三是指今天的江苏省和浙江省地区。基于行政区划，考虑城市和社会发展的地域性，本书所涉及的"江浙"，以第三个指向为核心，以第二个指向为补充，在对不同历史时期的讨论中，根据实际情况有所调整。

（2）"江浙水乡地区"的范围界定

"水乡"是一习惯用语，出自西晋时期陆机的《答张士然》诗："余固水乡士，总辔临清渊。"其多指河多、湖多的地方，水乡泽国。

江苏省与浙江省是我国典型平原河网地区，尤其是苏中、苏南、浙北、浙东区域，水系十分发达，不但拥有著名的长江、京杭大运河、钱塘江、余姚江、淮河、太湖、洪泽湖等，而且湖荡密布，江滩、河滩与湿地众多，数万条大小不一的河流纵横交错。境内的里下河地区，地势低洼，湖荡相连，人工水网稠密，是两省内淡水沼泽湿地分布较集中的区域；里下河地区主要有淮安、扬州、高邮、泰州、盐城、南通等城市。太湖流域河网密布，河道和湖泊各占一半水域面积。面积在0.5平方公里以上的湖泊达200多个，河道密度达3.2公里/平方公里。河道纵横交错，湖泊星罗棋布，为典型"江南水网"。太湖流域内主要有镇江、常州、无锡、宜兴、苏州、常熟、湖州、嘉兴、杭州、上海等城市。钱塘江是浙江省内第一大河，其河口独特的水沙条件，孕育了两岸的杭嘉湖、萧绍宁平原，使之成为一方面积不断扩大的沃土。境内主要城市有嘉兴、湖州、杭州、绍兴、宁波等。

江浙水乡地区因为温暖的环境，充沛的降水，江河湖泊星罗棋布，是我国富足的鱼米之乡，形成了不同于北方的水乡风韵。本书研究的水乡地区，以江苏、浙江两省境内水网密布地区为研究范围，大致包括淮河与钱塘江水系之间区域，以及钱塘江水系南侧部分区域，即苏中、苏南、浙北、浙东水网发达区域。

2. 研究对象界定

根据江浙水乡地区的地域范围，本书将主要研究对象界定为国家历史文化名城及准国家历史文化名城，包括扬州、淮安、高邮、泰州、兴化、南通、南京、镇江、常州、无锡、宜兴、苏州、常熟、湖州、嘉兴、杭州、绍兴、宁波等 18 座城市。从城市历史上的行政等级看，涵盖都城、州城、府城、县城，有利于更全面地认知我国古代城市的形成与发展。该区域的上海，从城市形成与发展历史上看，其近代开埠影响更为突出，是比较独特的案例，与其他研究对象差异较大，因此本次未将其列入详细研究范围，仅在涉及该区域整体发展背景时略有提及。兴化是江苏省历史文化名城，2019 年已进行国家历史文化名城的申报工作。历史上兴化曾东临大海，经过漫长的海陆变迁和人地交融，逐渐由滨海聚落成为内陆垛田遍布的水乡城市，水乡垛城特征明显。因此，本书将其列入详细研究范围。

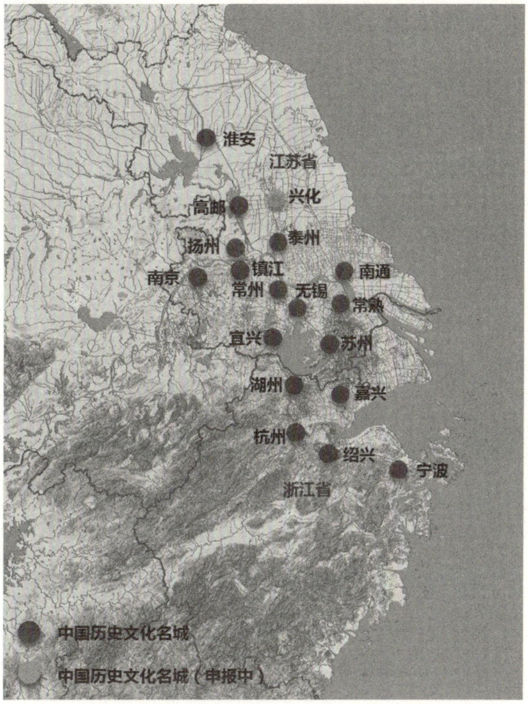

图 1-1　研究对象分布图（图片来源：自绘）

三、研究方法和技术路线

1. 研究方法

（1）文献研究法

借助知网、图书馆等资源广泛搜集与课题相关的国内外文献、历史地图、文史资料、保护规划等，梳理历史文化名城形成、变迁的来龙去脉，总结出历史文化名城的成因和影响要素。

（2）比较分析法

区域的形成受到地理环境、政治经济、人文等综合因素影响，区域内名城的研究，首先应通过综合分析进行全面梳理，总结相同区域内名城发展的一般规律。在相同区域背景下，名城又因其自身区位、经济水平、文化源流等不同，呈现出各自特性，通过对不同名城的比较分析，找出名城相对的独特性。同时，不同城市或同一城市不同时期的发展演变，又有不同差别。通过比较分析，能够透过现象看本质，分析各影响因素相互作用关系及城市发展演变机制。

（3）系统分析法

在功能轴上，把江浙水乡地区视为一个系统，分成若干范畴，如自然地理环境、交通方式、产业发展等，然后再综合对其深入分析。在时间轴上，把区域与城市的历史过程，分成若干阶段，在此基础上提炼综合，再反馈到整个系统。

（4）归纳总结法

在分析各个时期江浙水乡区域与城市形成发展的基础上，总结其影响因素及机制，进而归纳影响城市形成发展的主要因素。通过对各名城保护规划中提出的价值与特色进行分类归纳，进而提炼出各名城价值与特色中存在的共性与特性。

2. 研究思路

现有历史文化名城保护多从名城自身出发，研究其发展演变，缺少从区域空间分析其历史发展。本书打破单个名城研究的局限，尝试从区域角度全面梳理江浙地区水乡历史文化名城的演变发展和特征，并寻找其中的内在联系（图 1–2）。

历史文化名城研究是一个跨学科、多元化的研究领域，但目前较多的研究尚处于单一学科状态。本书从历史地理学、考古学、中国古代哲学等学科角度出发，分析历史文化名城的形成、发展、营建等，为名城的保护理论提供一个新的视角。

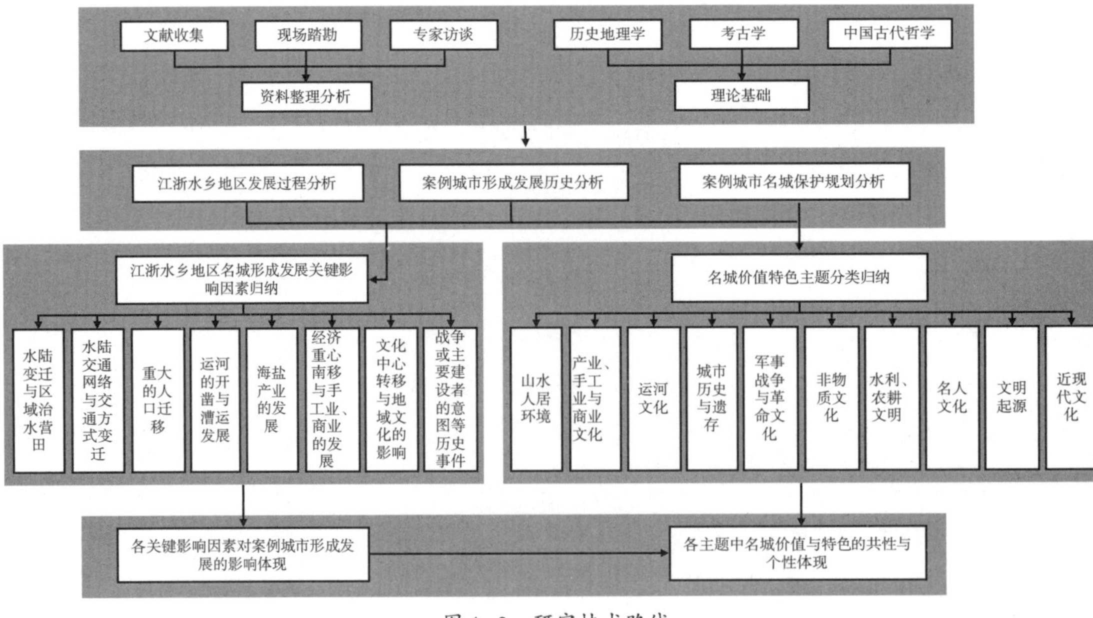

图 1–2　研究技术路线

四、相关研究综述

1. 从区域角度对江浙地区城市发展演变的研究

2010 年以来，从区域角度对江浙地区城镇空间特征及演变的研究逐渐增多。卢川在《楚国早期城市形态的历史透视》（2010）中，通过对历史资料与考古发现的梳理，总结了早期楚国物质形态、人文思想形成与发展，城郭形制与迁移，以及楚与北方文明、荆文明的差异性、非对称性及文化传播与融合对城市精神的影响。

黎培杨的《中国大运河聚落遗产保护规划研究》（2012）从水文发展角度，介绍了江浙段运河及聚落，明确了运河聚落由运河水利、水运工程、历史街区建筑、运河聚落景观及非物质文化遗存构成，分析了聚落形成发展因素、聚落功能及布局形态，并总结了运河聚落的特征和价值，同时提出了编制运河聚落保护规划的方式方法。

赵炳清的《楚国疆域变迁之研究》（2013）从历史学角度，以地缘政治为切入点研究历史时期的楚国疆域变迁。

陈饶的《江淮东部城镇发展历史研究》（2016）将历史时期划分为先秦、秦汉、隋唐宋、明清四个历史阶段，从整个历史时期变迁的角度，对江淮东部城镇发展历史进行论述。具体从行政区划、城镇分布密度及城镇形成机制三个方面，对城镇发展进行分析，总结江淮东部城镇体系结构，主要分为因漕运而兴的沿淮扬运河城镇体系、因水文地貌变迁而兴的里下河城镇体系及因盐业而兴的沿海城镇体系。

覃丽君、金晓斌等人的《近六百年来长江三角洲地区城镇空间与城镇体系格局演变分析》（2019）基于历史文献、古地图和现代遥感数据，引入历史学古代城镇形态复原方法，复原明代以来长江三角洲地区 113 座城镇 7 个时间断面下的城镇边界，分析了近六百年来区域城镇空间与城镇体系等级规模演变格局。提出城镇扩张经历了萌芽阶段（明清时期）、起步阶段（民国至改革开放前夕）、成长阶段（改革开放至 2000 年）和加速阶段（2000 ～ 2010 年），城镇扩张速率不断加快，但扩张效率有待提升。

2. 从历史地理学角度对城市发展演变的研究

2010 年以来从历史地理角度对城市发展沿革的研究日益增多，研究对象以区域性城镇发展居多。其中周运中的《苏皖历史文化地理研究》（2010）侧重历史文化变迁与沿革，指出苏皖地区是中国南北文化过渡区和融合区，是中国文化中心“南渐”的唯一完整序列标本地，文章研究了从远古到清代苏皖地区文化地理变迁的过程及原因，将苏皖地区文化区分为原生型、融合型、中介型、新生型四类，总结其演变规律。

王淑兰的《历史地理视角下的辽代城市研究》（2011）根据辽代疆域划分，分析了辽代城市的发展过程、空间分布、人口来源，总结了契丹文化对城市建设的影响，归纳北方草原城市发展的历史轨迹。其《地理景观视角下的江苏省历史村镇研究》（2016）总结了江苏省乡镇历史分布及变迁脉络，并从"文化地理学"角度研究了地域文化传承情况。

毕旭玲的《上海港口城市文化遗产的历史地理内涵研究》(2014)将研究对象聚焦具体城市，指出港口发展直接促进了上海地区的经济发展和文化繁荣，并引致行政区划调整与升级。文章分析了上海作为港口城市的发展历程，认为上海地区的港口早期发展过程中，不同时期港口位移与发展，同晚期发展一样对社会形态变迁具有带动作用。具体从上海地区港口史前与滨海渔村的社会形态到贸易港口的初步形成、港口市镇的兴旺发达、现代上海港的初步定为与江南港口城市的雏形三个阶段展开。

杨建华的《明清扬州城市发展和空间形态研究》（2015）以明清扬州的城市发展和空间形态为对象，研究扬州城从明弘治到清道光（1488～1850）时期的城市发展和空间形态。指出扬州从春秋邗城到明清扬州城的城市外部空间形态演变特点为"跃迁式"，将明清扬州城市内部空间形态分解为城墙、道路、水系、街区、居住建筑、衙署建筑、园林等，对明清扬州城市空间从外部形态的演变到内部规划布局与结构以及内部空间形态做了全面分析。

高小琼的《苏南历史文化城镇群时空演变研究》（2016）选取苏南26个历史文化城镇为研究对象，将苏南历史文化城镇群的形成演变过程划分为春秋战国、秦汉六朝、隋唐五代时期、宋元时期、明清时期、清末至民国时期、新中国成立后7个阶段。同时就苏南历史文化城镇群在自然地理上的分布特征及历史演变过程中形成的空间格局、遗产分布、风景名胜区、建筑特色等进行了深入分析和论述。

霍强的《镇江古代水道开发对城市发展的影响》（2017）根据古代水道开发使用历程，论述了从秦汉京口水道形成，到唐宋漕运兴起，到元运河功能转化，再到清末河道淤塞填埋，对镇江城市发展的重要影响。

沈硕的《苏中通扬运河沿线历史城镇空间形态研究》（2018）通过总结通扬运河沿线城镇发展的历史过程，从宏观和微观层面分析运河对城镇空间的作用机制，用区域、发展和系统的视角重新审视苏中城镇，厘清发展脉络、发现空间生长规律。具体先从数量、等级、规模、功能、分布等方面，对苏中地区城镇和运河发展史分阶段进行梳理，分析苏中城镇网络演进的特征。然后提取盐运为首位度因素进行分析，阐述运河对城镇网络结构的作用机制。最后从历史、宏观、微观三个层面对通扬运河沿线历史城镇进行分析，对盐运促进运河城镇带形成、发展的影响因素、产业对城镇的影响、水系对城镇的重要性做了总结。

3. 江浙水乡地区历史文化名城形成演进研究

学界现偏重研究江浙水乡历史文化名城的物质空间形成，或倾向于选取单一特定城市，研究其古城形成与发展，或着重研究古城形成过程中单一要素的影响力与演变过程，较少从区域、整体视角对比分析一定数量历史文化名城，进行古城形成与演进的研究。

李磊（2004）认为，自然环境构成了城市空间结构的演变基础，通过对自然环境的进一步改造形成了绍兴的山水格局，良好的物质环境吸引了人才，因而逐步创造了绍兴的人文环境。

陈科（2007）认为，长三角地区历史文化资源特别丰富，保有量大，同时平原与丘陵相互交织，河网稠密，湖荡罗列，水系发达，所以长三角的历史城市便都具有依山傍水的城市总体布局特点①。

张福明（2007）认为，扬州的繁盛与得天独厚的水乡环境分不开，城中有条纵贯南北的官河潜河，南接伊娄河，北通邗沟，作为漕粮中转、商贸往来和城市交通、供给用水的主干。

戴广平等（2012）②着重研究古城开放空间演变历程，将其划分为“1949 年以前”“1949 年后至上世纪末”“本世纪初至今”三个阶段，认为古城开放空间最初由码头、露天市场等较为固定的形式构成，数量少且品质相对不高。随着社会进步与思想变革，古城逐步形成品质较高、形式多样的开放空间。同时，以扬州古城的开放空间为例，研究其开放空间的形成过程，通过对比一般城市区域开放空间，剖析古城现状内部开放空间存在的问题，认为扬州古城应增加中小型密布为主的开放空间，风格应适当内敛、有序，与传统空间形式相协调，景观环境处理上要充分体现地域特色和文化传统。

庄嘉其（2018）③基于历史图像分析技术，结合清代苏州城市空间发展历程对桃花坞年画的分析研究，认为影响清代苏州古城城市形态的主要因素包括人口、制度、价值观念、社会经济、营造技术等。

陈朴言（2018）以绍兴为例，通过梳理绍兴历史文化重要组成要素，归纳历史文化名城的主要特点，认为历史文化名城对城市发展经济有助推作用，但历史文化保护对城市发展存在一定阻滞作用，并针对性提出了相应的优化策略。

马顿翔（2019）认为，古城墙作为历史文化名城标志之一，对研究城市文化有着重要的历史价值，在归纳古城墙保护复建主要影响因子的基础上，以绍兴为例，梳理古城及城墙发展演变历程，运用多因子综合分析方法，探索适宜绍兴古城城墙保护复建模式。

---

① 陈科．基于“城市经营”理念的历史城市保护策略与实施途径——以长三角地区开始文化名城为例 [D]. 重庆大学，2007.

② 戴广平，王琛，朱向国．古城开放空间规划特异性研究——以扬州古城为例 [C]. 多元与包容——2012 中国城市规划年会论文集 (04. 城市设计)，2012.

③ 庄嘉其．基于历史图像分析的清代苏州古城的城市空间研究——以桃花坞年画为例 [D]. 苏州大学，2018.

程喆等（2019）认为，“诗词”是扬州历史文化名城形成与发展的重要历史文化资源载体，通过分析诗歌这一重要文化要素的分布和意向特征，确定扬州市域范围内各区县的诗歌意象及总体格局并针对性提出诗意城市的优化策略。

4. 江浙水乡地区历史文化名城价值特色研究

对江浙水乡地区历史文化名城的价值特色研究，学界现主要有两个侧重点：一是侧重研究历史文化名城价值内涵本身，论述如何评价历史文化名城的价值；另一个侧重点是研究单一历史文化名城价值或历史文化名城某一重大历史文化因素的价值特色，较少有研究从整体视角或对比分析一定数量的江浙水乡名城进行价值特色挖掘评价。

阮仪三等（2003）认为，历史文化名城有其特有的历史文化遗存价值，名城的文化特色是名城可持续发展的关键因素，在提炼文化内涵的基础上，利用好名城，是名城利用较为保险的方法①。

陈科（2007）基于“城市经营”理念，从经济学角度分析长三角地区历史文化名城的历史文化资源价值，认为名城的历史文化资源价值可以从历史、科学、文化、艺术、社会价值等方面进行评判，并针对性地提出相应的历史资源保护利用策略。

李正爱（2008）分析由扬州、苏州、湖州、南京、杭州、上海（松江）等城市组成的江南都市群的发展历程，认为江南都市群的发展为江南城市文化、教育、艺术等发展创造了良好的物质基础和深厚的精神财富，形成高度发达的城市文明体系与鲜明的区域文化传统，影响了近20年江南地区经济、社会、文化的发展②。

陈肖静（2013）认为，历史文化名城需要具备悠久的历史或鲜明的传统历史特色、浓郁的文化底蕴和丰富的文化遗产、历史上曾经长期发挥并在当代仍然持续发挥着政治、经济或文化影响力三个条件，以扬州为个案进行考量，认为其历史文化名城的价值反映在悠久的历史、浓厚的文化底蕴与丰富的文化遗产、历史上曾经长期发挥着巨大的文化影响力上③。

嵇雪华、庄建伟（2014）认为，苏州古城的特色体现在诸多方面，如水陆并行的双棋盘格局、粉墙黛瓦的整体建筑风貌、小桥流水人家的居住环境、秀丽典雅的古典园林、优秀灿烂的地方文化等，街巷是这些特色最直接、集中的展示空间④。

黄丹卿、司马周（2019）梳理常州古典园林的发展历程，并以近园、未园、约园、意园等著名古典园林为例，概括古典园林的主要文化内涵，归纳古典园林的文化价值，认为古典园林

---

① 阮仪三，严国泰．历史名城资源的合理利用与旅游发展 [J]. 城市规划，2003(04).48 ～ 51.

② 李正爱．江南都市群的历史源流及其文化研究的价值 [J]. 河南大学学报（社会科学版），2008(04).23 ～ 27.

③ 陈肖静．论历史文化名城的内涵界定——以扬州为例 [J]. 中国名城，2013(06).66 ～ 70.

④ 嵇雪华，庄建伟．提升街巷特色　彰显水城内涵——苏州古城传统街巷与地方文化的融合 [J]. 城市规划，2014(04).46 ～ 49.

文化是常州建设历史文化名城不可或缺的文化资源。

张松（2019）认为，具有中国近代城市类型特征的历史文化名城上海，其革命意义和红色遗产是构成历史文化的重要内容；融合东西方文化特色的历史文化风貌区，构成了上海特有的城市风貌，摩登时尚与革命文化潮流交织形成了近代上海城市空间的特色底蕴，是提高城市综合竞争力，建设国际化大都市不可或缺的文化资本和景观资源。

霍晓卫等（2019）解读浙江省域历史城市文化资源的体系性，构建相应的评价指标，从“物质文化遗产资源”与“保护管理”进行省域历史城市文化资源体系性的定量评估，结合传统格局及历史风貌、名城价值、经济发展与名城保护关系状况等三大方面进行定量评估，探索建立名城价值体系，在国土空间规划背景下提出省域历史城市文化资源的体系性保护管理措施。

丁春文（2019）认为，宁波的历史文化价值主要体现在四个方面：一是河姆渡遗址；二是宁波港口；三是浙东文化，包含陶瓷文化、建筑文化、藏书文化、浙东学派；四是反侵略斗争前沿，明代抗倭、清代抗英抗法、四明山抗日等。

第二章
江浙水乡地区历史文化名城的形成与发展

一、江浙水乡地区自然环境特征

1. 地形地貌

本区域位于河网密布的长江中下游平原地区，主要地貌单元包括里下河平原、长江三角洲平原和宁绍平原。本区域以平原为主，但地形地貌又比较复杂。既有起伏的低山丘陵，又有坦荡的洼地平原，还有网织密布的河流湖荡；水陆相间，平洼错杂。江浙水乡东部临海，海陆变迁对沿海地区影响巨大。同时，东部沿海地带分布着不少优良的天然港湾，这也为沿海地区依托海港发展提供了优越的自然基础条件。

里下河平原是位于江苏省中部以兴化市为中心的碟形平原洼地，属淮河流域地区，包括淮安、扬州、盐城、泰州、南通等城市。区内地势低洼，地下水位高，湖荡相连，人工水网稠密。低洼的地势，使得里下河地区水灾频发，生活在此的人们，不断与水斗争求生存。由于河网密布，过去一向以水运为主，许多地方甚至“无舟不行”。

长江三角洲是中国长江入海之前的冲积平原，太湖平原是长江三角洲平原的主体，主要城市包括常州、无锡、苏州、上海、杭州、嘉兴、湖州等。太湖平原区内河网密布，有长江、江

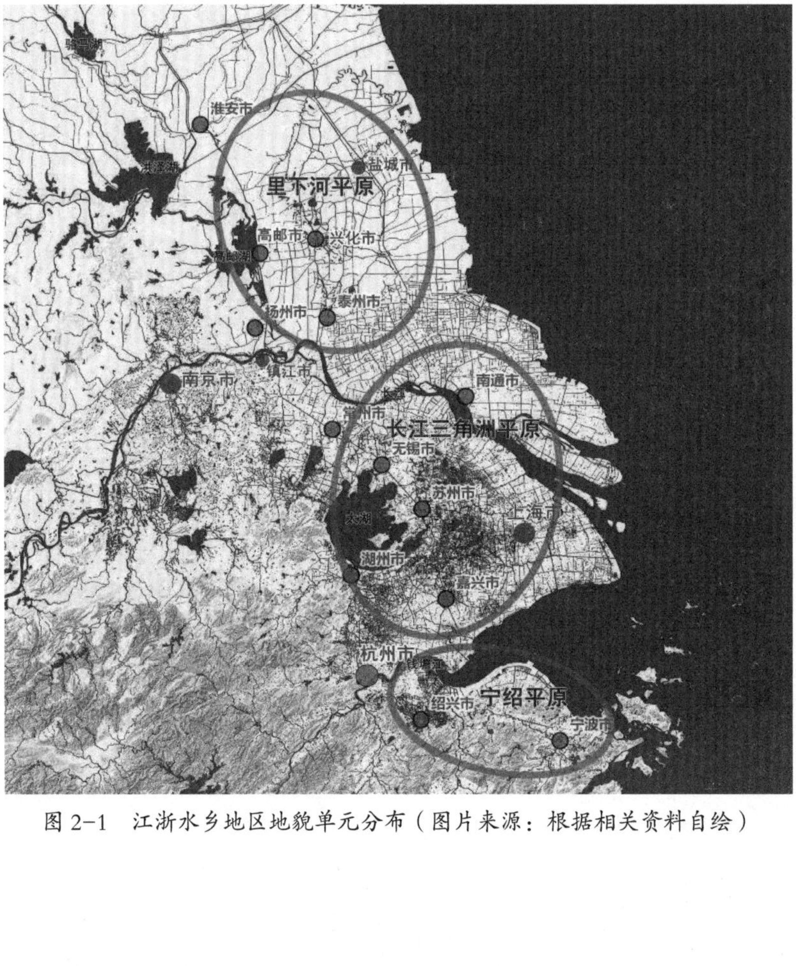

图 2-1　江浙水乡地区地貌单元分布（图片来源：根据相关资料自绘）

南运河等无数条大小河流通过。作为太湖平原重要组成部分的杭嘉湖平原河网密度为全国之冠。

宁绍平原是中国浙江东北部一片东西向的狭窄海岸平原，因东为宁波，西为绍兴市而得名。宁绍平原由钱塘江、浦阳江、余姚江、曹娥江及甬江等河冲积而成，在地理形式上自成格局。主要包括宁波、绍兴和杭州部分地区。

2. 河流水系

湖泊星罗棋布，河渠纵横，是江浙水乡地区最大的特征。本区域主要湖泊有太湖、洪泽湖、高邮湖、滆湖等，主要河流有淮河、古黄河、长江、钱塘江、余姚江、大运河等。京杭大运河沟通南北，万里长江横贯东西。众多的江河水系，不仅将本地区与其他地区连接起来，同时是内陆腹地走向海洋的重要通道。

淮河、黄河历史上下游反复摆荡，水患频繁的同时促进了苏东沿海成陆。长江联系内陆腹地，具有重要的农业、军事、交通等意义。钱塘江是浙江省最重要的河流，对本区域的意义除水利灌溉外，主要作为联系浙西的交通要道。大运河是本区域重要的南北向航运命脉，也是沟通全国南北的重要经济命脉。太湖是本区域最重要的湖泊，太湖流域平原广阔、水网密布，是传统江南水乡的核心区域。

图 2-2　江浙水乡地区主要河流图（图片来源：根据相关资料自绘）

3. 气候条件

江浙水乡地区属于亚热带季风气候，四季分明，光照充足，降水充沛。优越的气候条件为江浙农耕文化的发达提供了良好的基础，成为我国物阜民丰的“鱼米之乡”。

不同历史时期的具体气候状况又有所不同。按照学者们依据河姆渡等新时期时代遗址所出土的孢粉和东吴遗骸所做的分析，在距今 7000 ～ 6000 年前，江浙地区的气候较现在更为温暖湿润，相当于今华南地区的气候，并持续了几千年。湿热的气候既为江浙原始先民们提供了丰富的动植物资源，也推动了原始稻作农业的产生。商周以后，江浙地区的气候呈现出寒冷交替的周期性变化，先后经历了 4 个寒冷期和 4 个温暖期。其中，第一个寒冷期始于商周之际，至春秋时转入第一个温暖期；第二个寒冷期始于两汉之际，至隋代转入第二个温暖期；第三个寒冷期始于北宋中期，至南宋中期转入第三个温暖期；第四个寒冷期始于元代，至清末转入第四个温暖期，并延续至今。

4. 资源条件

优越的气候条件、发达的水系为江浙水乡地区的种植业提供了良好基础，使其成为重要的作物种植区。里下河地区土地肥沃，是重要的高产农业区，主要生产稻、麦、棉、油菜等。太湖平原是中国商品粮基地，自六朝以来便是中国皇室和军队用粮的主要来源。太湖平原也是苏州碧螺春、杭州龙井等名茶的原产地，又以丝绸生产加工和棉布生产而闻名，苏州、杭州、无锡、湖州是著名的生丝产地和丝绸加工地点，旧松江府和太仓州是重要的棉花和棉布生产地区。宁绍平原与杭嘉湖平原自古以来就是中国的粮仓，萧山与绍兴更有“萧绍熟，江浙足”的美誉。

江浙水乡地区矿产资源相对较为贫乏，不仅种类不多，而且大多储藏量有限。然而在历史上，基于特定的矿产资源，江浙水乡地区也先后出现了不少相应的特色手工业。如先秦至南北朝，江浙地区是我国铜、铁的重要产地，与此相联系的冶铸业也颇为发达。早在春秋战国之际，越国的冶铜技术就已到达相当高的水平。此外，江浙地区还有烧制陶瓷的优质材料，制陶制瓷业也长盛不衰。

二、江浙水乡地区历史人文环境与城市发展

1. 早期文明发展

江浙水乡地区是我国历史悠久的早期文明起源地之一，青莲岗、大汶口、龙山、马家浜、良渚、崧泽、跨湖桥、河姆渡等文化都在本地区分布有代表性遗址。本区域早期文明发展可以

分为五个部分：

在淮河一线，早期文明样貌与黄淮地区相似。包括大汶口文化，距今有6200～4800年，具有特点鲜明的陶器；龙山文化，距今有5000～4000年，以黑陶为主要特征；青莲岗文化，距今有7000～6000年，已经有了制作较为粗糙的陶器。

在江淮地区、南京镇江地区：目前的研究显示，这一区域并未显示出鲜明的文化特征，属于文化融合区域。

图 2-3　江浙水乡地区早期文明分布图
（图片来源：谭其骧《中国历史地图集》原始社会遗址图）

在太湖地区，早期文化主要有马家浜文化，距今有7000～5800年，具有鲜明的地域特色，主要从事稻作农业；良渚文化距今有5000～4000年，达到史前玉器的高峰，进入文明时代的门槛。另外，还有崧泽文化。

在钱塘江以南，早期文化主要有跨湖桥文化，距今有8200～7000年，发现独木舟及相关遗迹，器物风格自成一体；河姆渡文化，距今约7000年，中国水稻栽培的起源，显示长江流域史前文化的丰富与精彩。

2. 行政建制归属划分

自秦代在全国建立起统一的行政管理体制后，江浙水乡地区除了元代同属江淮行省外，其他任何时期都不属于同一高级行政区划，长期以长江为界，分为江北和江南两部分。

里下河地区在秦汉时期基本处于同一个高级行政区划内，即广陵郡。隋唐基本隶属于淮南道，至南宋，多数城市隶属于淮南东路。直至明代，里下河地区隶属于南直隶，淮安属淮安府、其余基本属于扬州府。清代该地区隶属于江苏省，南通升直隶州，属于江苏布政使司，淮安属于淮安府，其余城市基本属于扬州府。至此，里下河地区又处于同一高级行政区划内，一直延续至今。

太湖地区在明代以前，除五代十国时期外，基本都属于同一个高级行政区划，具有较强的整体性。明初，朱元璋建南直隶，以杭、严二府合浙东七府设浙江行省，以苏、松、常、镇、湖六府直隶京师，列为畿辅之地。但洪武十四年（1381）朝廷因浙江太小而直隶太大，把嘉兴、湖州二府改隶浙江，此时太湖地区才被拆解到两个不同高级行政区划中，一直延续至今。

钱塘江几乎不被作为高级别行政区划的分界线，因此宁绍地区和太湖地区尤其是太湖南部地区长期处于同一行政区划，也具有较强的整体性。

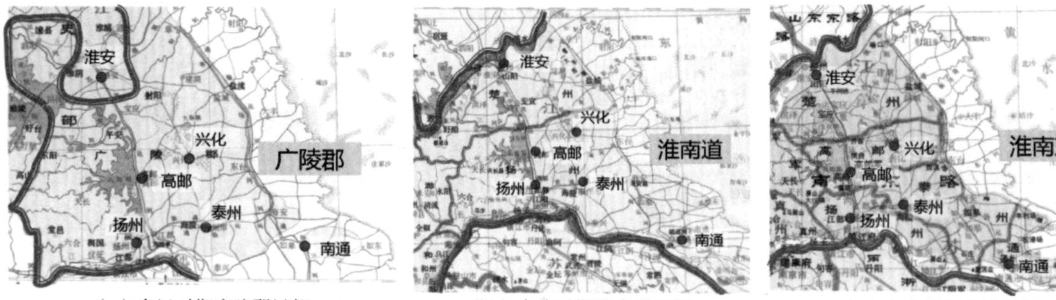

（a）东汉时期广陵郡局部　（b）唐代时期淮南道局部　（c）南宋河南东路局部

图 2-4　里下河地区明代以前归属

（图片来源：根据《中国历史地图集》各时期历史地区改绘）

图 2-5　里下河地区明代归属

（图片来源：根据《中国历史地图集》各时期历史地区改绘）

图 2-6　里下河地区清代归属

（图片来源：根据《中国历史地图集》各时期历史地区改绘）

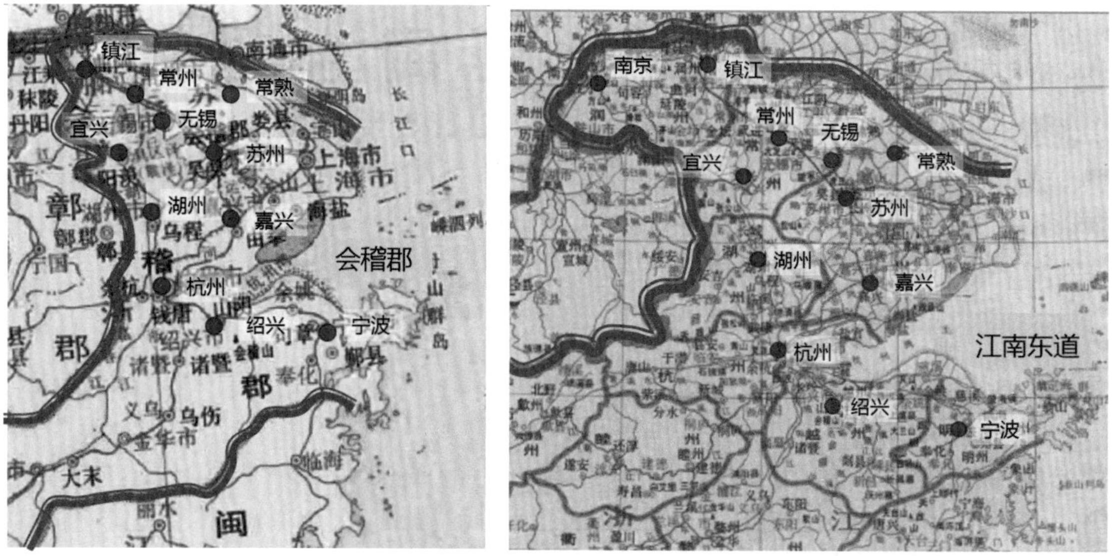

（a）秦汉会稽郡局部　（b）唐前期江南东道局部

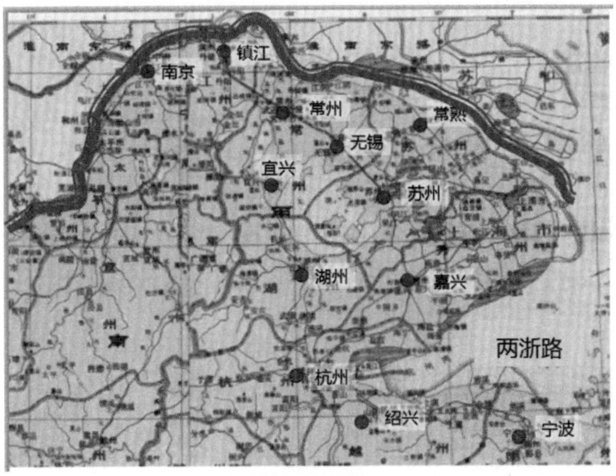

（c）北宋两浙局部

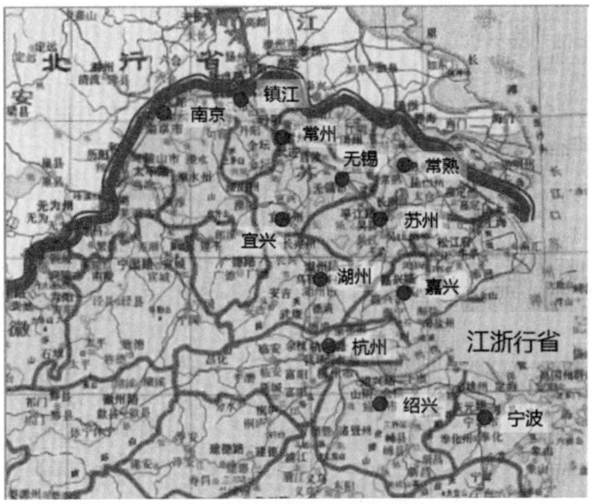

（d）元江浙行省局部

图 2-7　太湖地区明代以前归属

（图片来源：根据《中国历史地图集》各时期历史地区改绘）

图 2-8　太湖地区明代归属

（图片来源：根据《中国历史地图集》各时期历史地区改绘）

3. 地区开发与城市发展

江浙水乡地区由于地理及气候条件优越，区域开发较早，并在较早的时候已经奠定了区域城市体系格局。其后的开发呈现出从高地到低地再向三角洲地区，并逐步精细化的特征。

扬州、苏州、淮安、南京、杭州、绍兴、常州、镇江、湖州、南通、嘉兴作为区域中心城市，一经出现基本没有太大变化（除南京地位变化稍显戏剧性，唐代一度成为镇江下辖地区），而宜兴、高邮、泰州、仪征、江阴、松江、海门、太仓则在某一时期曾作为地区中心城市，很快地位便又下降。

扬州、苏州、绍兴作为三个最早诞生的区域中心城市，长期具有卓越的地位。后来陆续产生的区域中心城市主要对这三个城市最初所辖的地区（扬州主要统辖长江以北地区，苏州主要统辖太湖地区，绍兴主要统辖宁绍平原）进一步切割细分。而南通和上海作为中心城市所管理的地区则是后期才逐渐成陆，稍有例外。

现代江苏、浙江两省省会南京和杭州，历史时期兴衰都有其独特性。南京地位升降颇富戏剧性，而杭州则在历史中后期才崭露头角，并一跃而成整个大区域中心城市，其兴起原因有一定复杂性。

（1）先秦两汉时期

春秋战国时期，今杭嘉湖地区和宁绍地区是越国和吴国的统治中心，社会经济发展水平较周边山区为高，吴、山阴、邗、金陵等已初具城市规模，发展了手工业和商业，成为一方的政治、经济和文化中心。秦代形成全国统一的郡县制，本地区在此时已经发展到一定规模的聚落都以县的形式出现在版图上。秦汉时期，江苏境内的炼铁业和煮盐业逐渐发展起来，金陵、吴等地手工炼铁和铸铁业都已经兴起。以今盐城为中心的淮南煮盐业也发展了起来，沿海城镇也随之逐渐发展。但从全国范围看，本地区此时仍属于开发较落后的地区，远不及黄河流域尤其是关中地区，到西汉时期，此地依然“地广人稀”。司马迁《史记·货殖列传》描述这一地区：“地广人稀，饭稻羹鱼，或火耕而水耨……无积聚而多贫。”地区人口较少，仍有很多土地尚未开垦，耕作水平不及北方。

这一时期初步奠定了江浙水乡地区开发与管理的基础。现代地级中心城市基本全部出现，主要城市基本分布在靠近河流的高地上，但从更大尺度看依然是依水的平原地带而不是山区。而几个生产生活及交通条件具有较大优势的城市则成为地区中心城市，长江以北主要是扬州；长江以南地区前期太湖地区与宁绍平原合一，中心城市为苏州，后期太湖地区包括富春江流域中心城市在苏州，宁绍平原中心城市在绍兴。

（2）三国两晋南北朝时期

三国两晋南北朝时期，由于北方战乱，黄河流域经济受到严重破坏，世家大族等大量人口被迫南迁，对淮南和江南的开发起了很大作用。孙吴、东晋和宋齐梁陈各政权相继在南方建国，地处政权王畿腹地的江浙水乡地区兴起开发热潮。

随着北方移民的到来，比较先进的耕作技术和生产工具被推广，兴建堰塘，扩大耕地面积，发展蚕桑业。太湖流域出现了旱涝保收和高产的农田，逐渐成为鱼米之乡。南北朝时期宁绍平原西部已经开始出现“民多地少”的现象。人口的增加和经济的发展，又推动了城市的建立。江浙水乡地区逐渐摆脱了秦汉时期较为落后的状态，经济重心开始南移。

（a）先秦及秦代置县

（b）两汉新置县

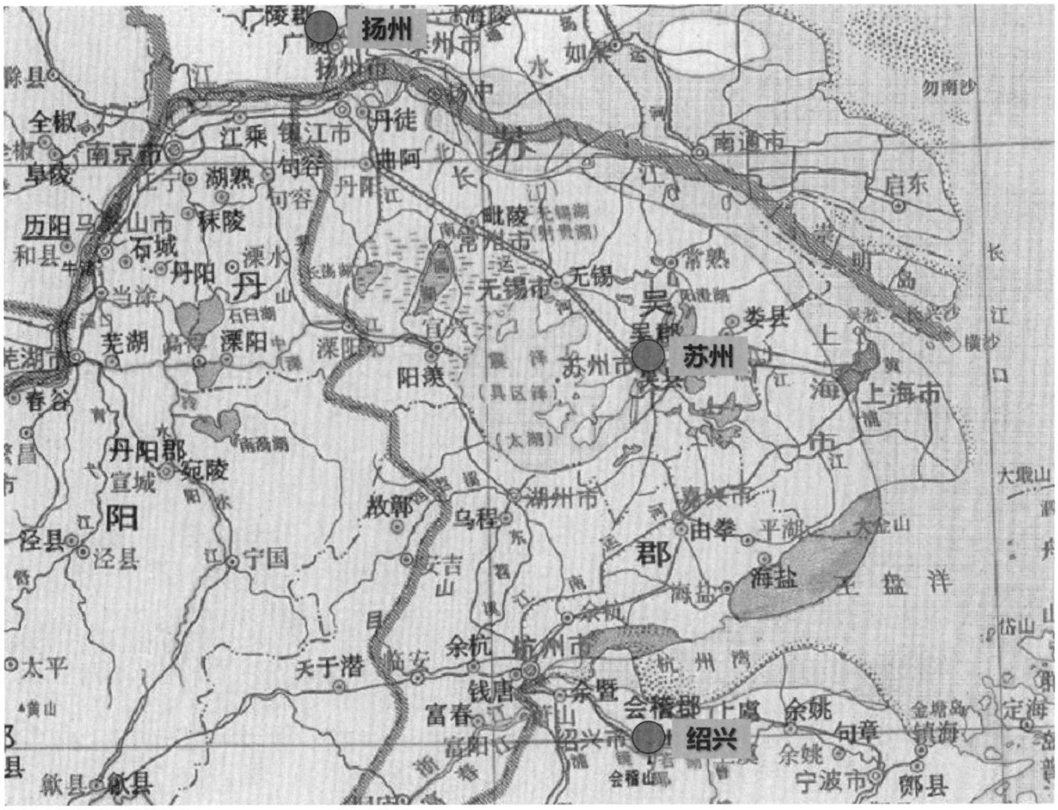

（c）东汉时期地区中心城市

图 2-9　先秦两汉时期历史城市新置县及中心城市

（图片来源：根据相关文献整理后自绘）

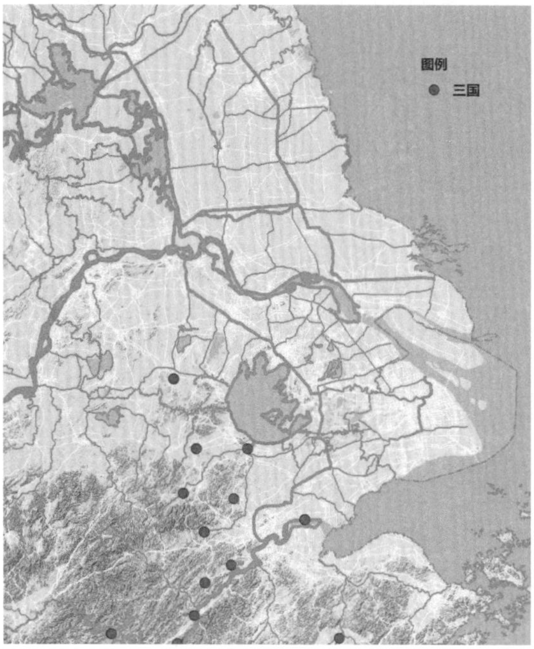

（a）三国新置县

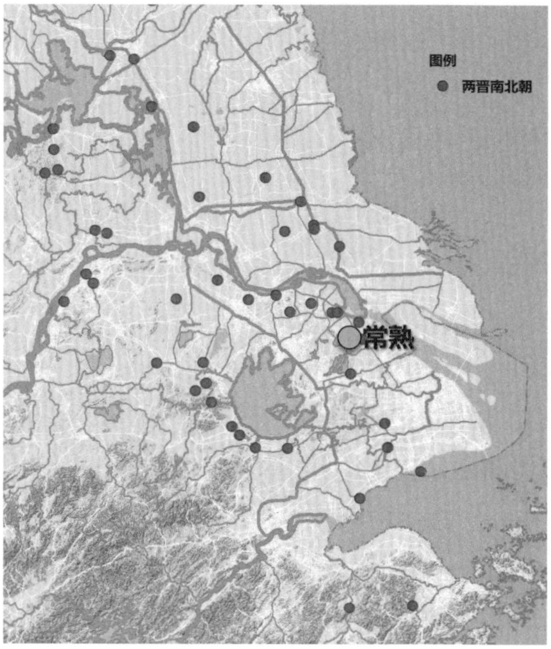

（b）两晋南北朝新置县

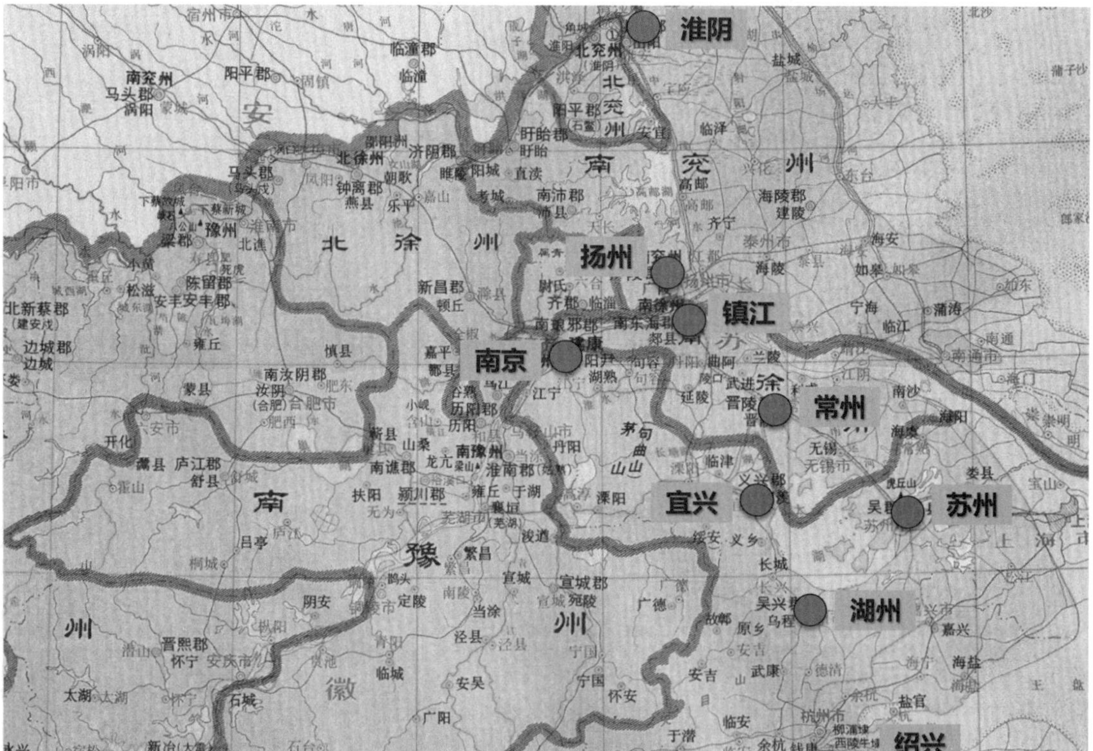

（c）南北朝时期地区中心城市

图 2-10　三国两晋南北朝时期历史城市新置县及中心城市

（图片来源：根据相关文献整理后自绘）

孙吴政权在浙江进行了十分有效的经营，而两晋南北朝则在太湖地区、长江沿线和里下河地区进行了持续开发。同时整个地区为安置北方移民设立大量侨州郡县。因此，这一时期县的数量增加较多。

南京在这一时期崛起并迅速成为全国性中心城市、孙吴政权首都，成为六朝的政治、经济、文化中心，与长安、洛阳并驾齐驱，并开始与日本、东南亚各地进行贸易。长江以南太湖西部地区基本划入南京直接管理地区。

太湖地区经济较为发达的三吴——吴郡（苏州）、吴兴（湖州）、会稽（绍兴），吸引了相当多的北方南迁士族，社会经济得到较快发展。太湖西北地区先后出现两座中心城市——常州、镇江，太湖西南出现地区中心城市乌程（属今湖州），太湖东部出现地区城市宜兴，其余部分及富春江流域依旧由苏州统领，宁绍平原中心城市依旧为绍兴。

长江以北出现另一地区中心城市淮阴（属今淮安），当江北地区控制范围不包括扬州时，淮阴成为整个区域中心城市，当包括扬州时，绝大部分情况下中心城市依旧是扬州。

（3）隋唐五代时期

隋唐五代本地区加速发展，逐渐走向初步繁荣。隋唐以后漕运兴起，大运河沿线的苏州、常州、润州、扬州、山阳、淮阴、杭州都日趋繁荣，发展为著名的漕粮转运口岸和商业都会。丝织业、制瓷业等手工业兴盛，人口大幅度增加，浙北逐渐成为全国丝织业中心。唐朝继续完善区域水利设施，农业生产迎来明显发展，粮食产量普遍提高。史籍记载，“赋出天下，而江南居十九”“今天下以江南为国命”。安史之乱之后，洛阳长安一带受到极大破坏，江淮和江南更加成为中央政权赖以维持的经济基础。

这一时期几乎现代所有重要城市均已诞生。这些城市中扬州最为繁荣，是东南财赋、漕粮、盐以及土特产的运输中心，曾吸引大食、波斯、新罗、日本等国商人前来贸易经商，富甲天下。当时，海外船舶可溯吴淞江直抵苏州城下，各国商人也经常到苏州采购丝绸绫缎等产品，因此苏州也发展为江南第一大城。地区开发趋于成熟，逐渐向山地丘陵延伸，同时由于里下河平原及长江口东部逐渐成陆，地区开发向东部扩展。

地区中心城市中，长江以北仍由淮安和扬州作为主要中心城市；长江以南地区中心城市变动较多。杭州成为新的地区中心城市，将原先苏州所辖富春江流域切割出来进行管辖，并在五代十国吴越国时期成为首都。南京在隋唐地位下降，唐代一度成为镇江下辖地区，在五代十国南唐时期再次成为首都。镇江、常州、湖州、苏州、绍兴地位有波动，但总体来说仍为区域中心城市。宜兴地位下降，成为常州下辖地区。宁绍平原上，宁绍平原东部从绍兴切割出来独立管辖，宁波成为新的中心城市。

（4）宋元时期

早期郡县城市的发展重心主要集中在以黄河流域为中心的北方地区。北宋时期，出现了黄

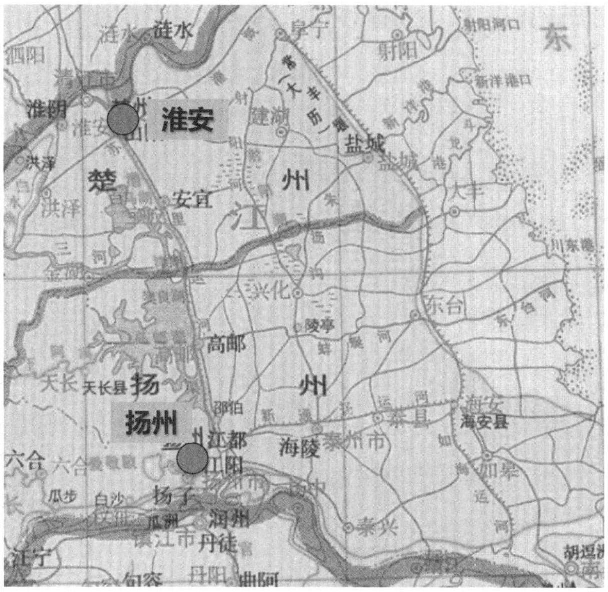

（a）唐代江北中心城市

（b）隋唐五代新置县

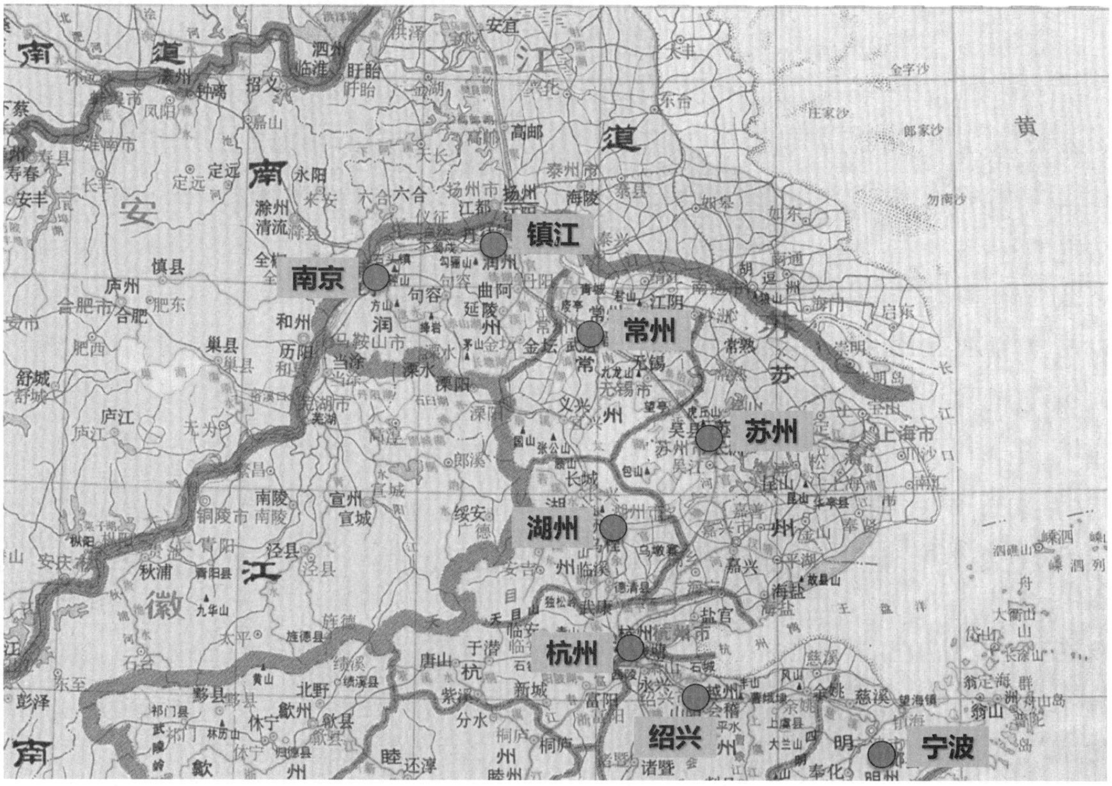

（c）唐代江南中心城市

图 2-11　隋唐五代时期历史城市新置县及中心城市

（图片来源：根据相关文献整理后自绘）

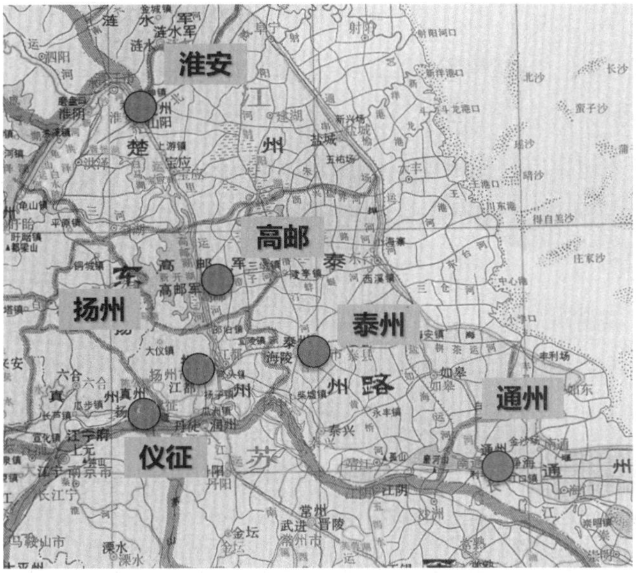

（a）北宋江北中心城市

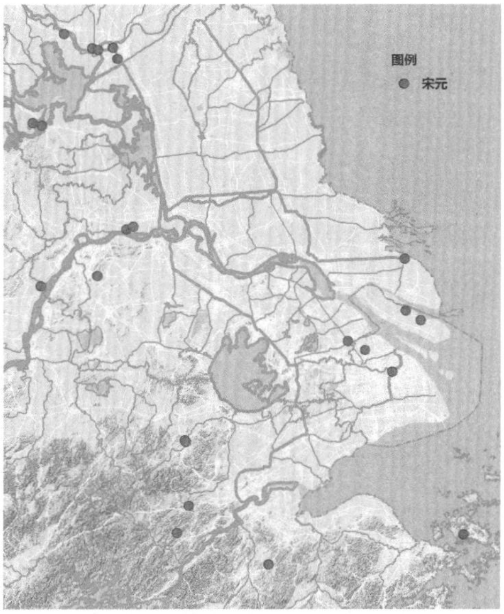

（b）宋元新置县

（c）元代江南中心城市

图 2-12　宋元时期历史城市新置县及中心城市

（图片来源：根据相关文献整理后自绘）

河流域和长江流域城市平衡发展的格局。到了南宋，随着政治重心南移和南方社会经济的全面高涨，南北方之间城市发展的平衡格局被打破，南方地区尤其是江南地区城市的发展水平超过了北方地区。从此，全国城市发展的重心转向南方。发达的交通网络、商品流通的活跃和经商风气的盛行、海外贸易的发展使城市经济全面提升，南宋时期江浙水乡城市工商业空前发达，文教繁荣，同时许多专业性市镇广泛兴起。这一时期江南地区已成为国家基本经济区。《元史·食货志》载："元都于燕，去江南极远，而百司庶府之繁，卫士编民之众，无不仰给于江南。"

地区的开发扩展至新成陆的长江入海口附近区域，上海、南通等地区就此兴起。杭州在这一时期地位显著上升，在南宋成为全国性政权首都。长江以南新出现了江阴、松江、嘉兴三个地区中心城市，江阴切割了原先常州的地域，而松江和嘉兴则切割了苏州的管辖范围。镇江、南京、湖州、苏州、常州、绍兴、宁波仍为各自区域内中心城市。长江以北分区更为细致，出现了高邮、泰州、通州、仪征四个地区中心城市，切割了原先淮安和扬州的管辖范围。

（5）明清时期

明清时期，江浙水乡地区空前繁荣。明代全国 40 多座大城市中，江浙地区占了三分之一。本区域最北部的中心城市淮安由于在大运河中漕运枢纽及河工中心的特殊地位，工商业经济日趋繁盛。而扬州盐业在清乾隆、嘉庆年间达到了极盛，也出现了商业繁荣文化兴盛的景象。明后期，苏州、南京、镇江、嘉兴、杭州、湖州等地，成为我国资本主义工商业萌芽的发祥地，手工棉织业和丝织业都十分发达。棉花普及种植以后，全国丝织业基本总体呈衰落态势，而江浙地区却以原材料的优良品质与精湛的制作工艺成为全国丝织业中心，推动了城市繁荣发展，同时建立在手工业和商业基础上的广大市镇也逐渐走向成熟。江南依然是这一时期基本经济区，但随着北方政治地位的上升，江南的政治地位下降。地区的开发主要往新成陆地区扩展。

明初，南京作为全国性政权首都，地位再次上升。长江以北仍以淮安和扬州为主要中心城市，淮安的控制范围北移，跨过了当时的黄河。清代，扬州控制的地区再次被南通切割，同时出现海门切割南通，高邮、泰州、仪征地位下降。太湖北部地区，镇江、常州、苏州、松江继续作为各自区域内中心城市。清代长江入海口新出现太仓作为区域中心城市，江阴地位下降。太湖以南基本定型，湖州、嘉兴、杭州、绍兴、宁波为各自区域内中心城市。其中，杭州成为省级中心城市。

（6）清末—民国

鸦片战争以后，西方列强用坚船利炮打开了封闭已久的国门，中国社会进入一个大变革时期，城市发展进入一个新阶段。上海开埠通商，由原来的地区性城市一跃成为全国首屈一指的近代贸易、工业和金融业中心和著名的综合性国际大都市，率先实现由传统城市向近代城市的转型。近代工业的兴起，推动了一大批各具特色的工业城市的形成，江浙各地民族资本家先后筹资建厂，发展了以缫丝、丝织、棉纺织、面粉为主的轻纺工业，使地处上海外围的苏州、无

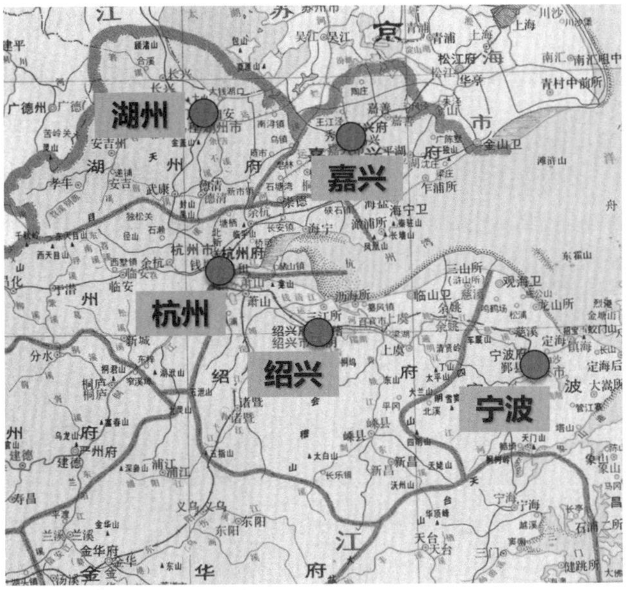

（a）明代浙江中心城市

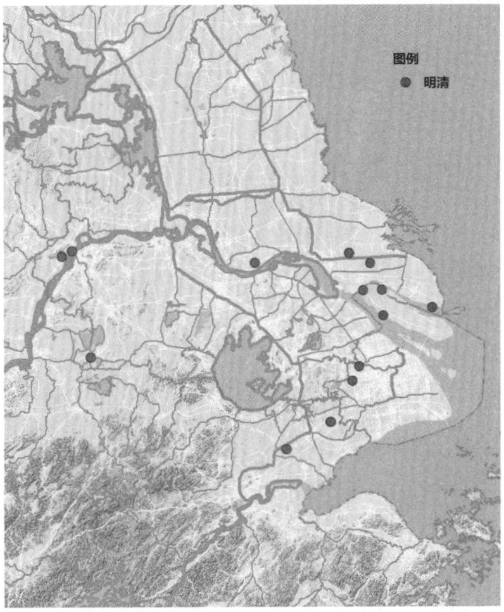

（b）明清新置县

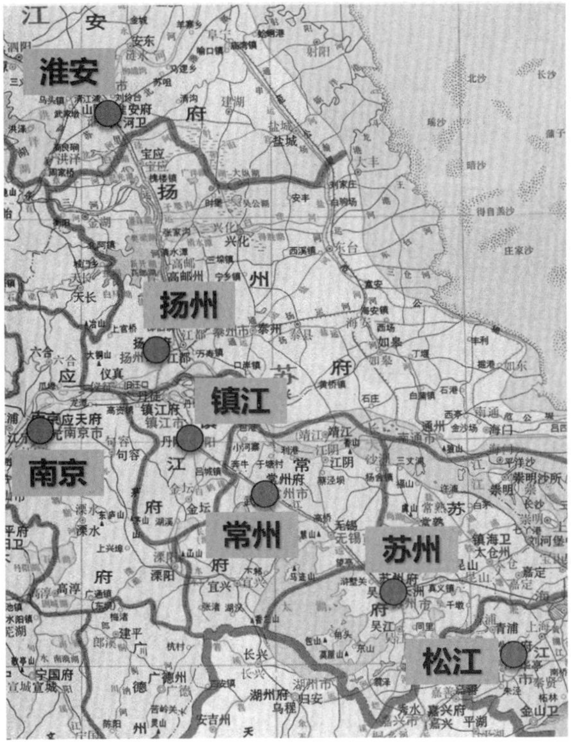

（ ）明代江苏中心城市

（d）清代江苏新增中心城市

图 2-13　明清时期历史城市新置县及中心城市

（图片来源：根据相关文献整理后自绘）

锡、常州、镇江、南通等地，迅速发展成为我国重要的工业新兴城市。近代交通的引进和发展，也促进了众多新型交通枢纽城市的兴起和部分传统城市的转型。宁波以近代海洋航运为依托，对外贸易活跃。

这一时期全国局势变化较为剧烈，但总的来说，江浙水乡地区仍是全国重要的经济中心。南京在民国时期作为较长时间段的国民政府所在地，也是全国的政治中心之一。上海在近代异军突起，成为毫无疑义的全国经济中心城市，也辐射和带动了周围其他城市的发展转型。

本区域在民国时期有国民政府的院辖市两个，分别是南京和上海，这两座城市具有全国级别的特殊地位。而剩下的城市均分属浙江省和江苏省。受战乱局势影响，苏州、南京、镇江、江都、淮阴、兴化、淮安等都做过江苏省省会，但抛开战争因素的影响，苏州、南京、镇江是三个比较客观的省会选择。而浙江比较稳定的省会是杭州，抗战爆发后，省政府也曾迁至金华、永康、松阳、云和等。

4. 重要的地域文化与文化线路

（1）吴文化、楚文化、越文化

吴文化与越文化是本区域最重要的两个区域文化。苏南浙北地区是传统吴文化的核心区，无锡苏州一带则是吴文化的发源地。越文化以杭州湾以南宁绍地区为核心区，也具有突出的地域特色。值得注意的是本区域也长期受到楚文化影响，素来有“吴头楚尾”之称，这不仅是因为本区域与楚国相邻，甚至战国末期楚国疆域已经包含了江浙水乡地区。

（2）东晋士族文化与唐诗之路

宁绍平原是东晋士族南迁的重要目的地和聚集地之一。东晋世家大族在浙东留下大量韵事，也成为唐代仰慕“魏晋风流”的文人们争相朝圣之地。浙东有一条著名唐诗之路，曾在此流连的诗人数量占到了《全唐诗》收载诗人总数的约五分之一，共400多位唐代诗人徜徉其间，不乏李白、杜甫、王维、温庭筠、王勃等大诗人。

（3）江南文化

浙北与苏南同属太湖流域。而且，浙北与苏南地区在明代之前，一直同属同一大政区。同时从浙江省内部文化分区看，杭嘉湖地区一直是一个单独的文化亚区，它与苏南地区的文化氛围更近，同属传统意义上的“江南”。因此，与其说浙北与苏南间是区域间的联系，毋宁说是区域内部联系。对于江南的说法，李伯重的“八府一州”多为历史学界认同，即苏州、松江、常州、镇江、应天、杭州、嘉兴、湖州、太仓为“江南地区”。

第三章
江浙水乡地区历史文化名城形成与发展机制研究

一、水陆变迁与区域治水营田

水陆变迁与区域水患治理是江浙水乡地区历史城市形成和发展的重要基础。江浙水乡地区为水乡泽国，治水、理水为城市发展营建的第一要则。古人在防治水患的同时，也注重治水与农业相结合，促进农耕发展与人居建设。

1. 水陆变迁

本区域位于三江（长江、淮河、钱塘江）入海口，在海岸变迁、江岸变迁、黄河夺淮等的共同作用下，古今水陆变迁巨大。水陆变迁对江浙水乡地区的地理环境、城镇发展、生活生产等方面影响巨大。

（1）海岸、江岸变迁

海岸变迁趋势主要表现在：江苏东部沿海与杭州湾南海岸线外扩，杭州湾北海岸线内缩，长江南岸岸线淤积北移。

① 苏北苏中海岸的历史变迁

江苏北部海岸线的变迁受黄河改道影响深刻。上溯至新石器时期黄河南徙之前，江苏北部和中部海岸比较稳定，大体在今连云港云台山—盐城—扬州—海安一线。今天的云台山过去是大海中的孤岛，往南，淮河水口在淮阴、涟水之间。唐宋时期江苏中部海岸线在盐城附近，盐城在汉代则是岸外的一片沙洲，到唐代时“去海不过一里”。宋代范仲淹修复捍海堰，这就是大名鼎鼎的范公堤，可以看作是一条重要的地貌界线，它标志着在全新世内相当长一个阶段古海岸线的位置。

海岸线变迁深深影响了历史时期的两淮盐业和农垦。汉代两淮盐业迅速兴起，当时的盐灶分布在盐城以西，隋时海岸渐长，西境盐灶始迁至岸外沙洲上。明清时期江苏中南部海岸迅速淤涨，草滩亦相应向外扩张，滩涂生态的自然发展越来越有利于农业，逐渐开始大规模围垦海涂的活动。至民国末期，范公堤以东的盐业基本被棉花垦殖取代。淮北盐业则蓬勃兴起，由衰至盛。

② 长江河岸、河口和长江三角洲的历史变迁

长江下游的河道比较稳定，从南京到镇江段历史变迁主要表现为江中沙洲大量涌现、合并与靠岸，辽阔的江面逐渐束狭。许多曾经出现在唐诗宋词里的江心洲在明清已经靠岸与陆地连为一体。长江在江阴以下河段江面逐步开阔，向入海口呈喇叭形状展开。

距今五六千年前，长江三角洲大部分地区是浅海、潟湖、沼泽和海滨低地。长江下游为溺谷，河口在镇江、扬州一带。当时长江带来的泥沙虽然没有现在丰富，但仍在河口形成沙嘴。

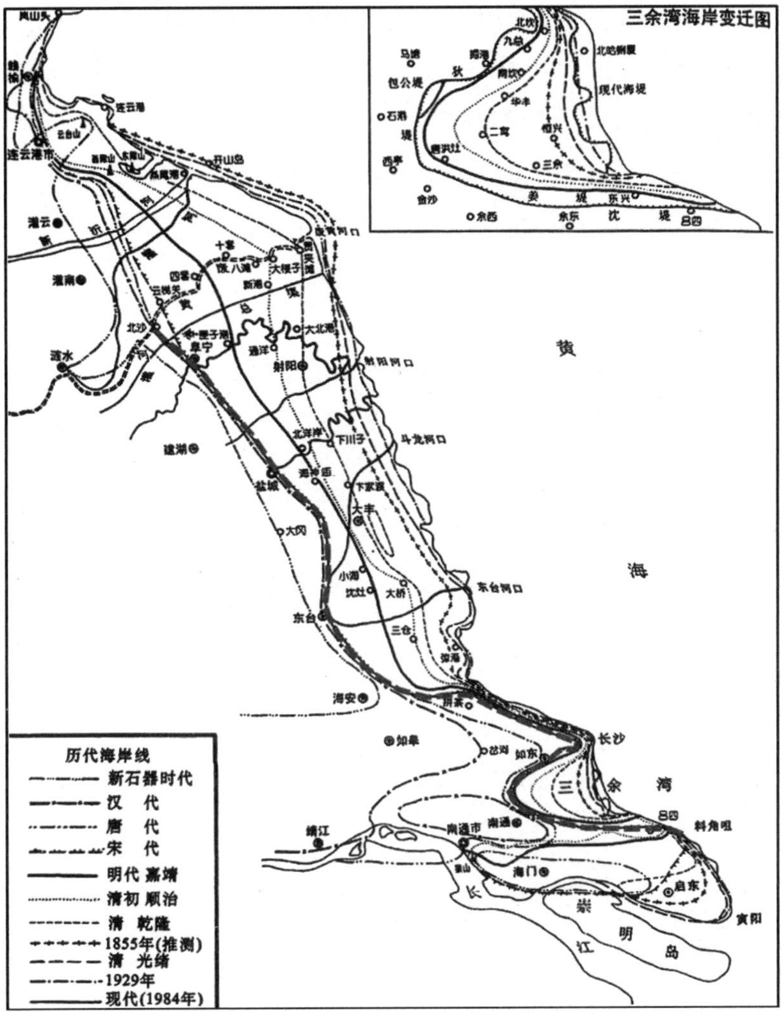

图 3-1　历史时期江苏海岸变迁（红色为范公堤位置）

（图片来源：根据《中国历史自然地理》第 546 页图 15.2 历史时期江苏海岸线的变迁改绘）

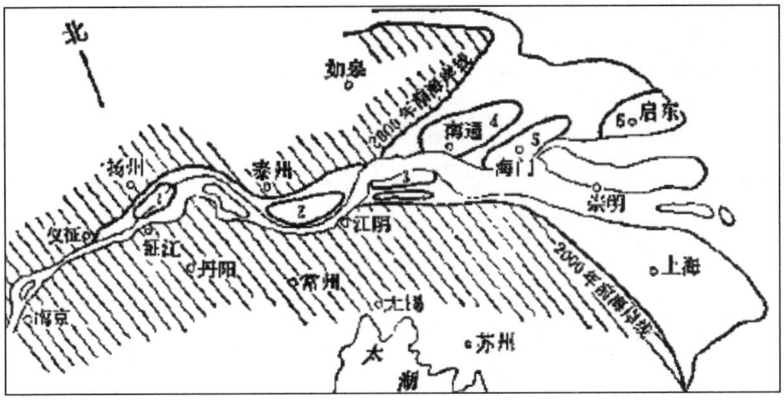

图 3-2　长江河口历史变迁

（图片来源：中国科学院《中国自然地理》编辑委员会.《中国自然地理·历史自然地理》.科学出版社 .1982 年：第 288 页 .）

风浪在海滨的泥沙运动中起着一定的作用，物质的纵向运动和横向运动相结合，在长江口南岸形成与强风浪垂直方向的沙堤。从常熟的福山经过太仓、嘉定的方泰、闵行的马桥、奉贤的新寺，直到金山的漕泾，有几条并列的沙堤，当地人称为冈身。公元前 1 世纪，海岸在白蒲附近。廖角嘴在今如东附近，南通在大海中，称为狼山海。11 世纪中叶，沙嘴已经延伸到吕四附近。19 世纪以后开始显著淤涨，沙嘴南面散布一系列沙岛成为崇明外沙，直到 20 世纪初才连成一片平野，即现在的启东市。

③ 钱塘江河口和杭州湾的历史变迁

杭州湾北海岸线在历史时期的趋势主要是内缩和坍塌。冰后期海侵以后，长江三角洲的南沙嘴一直延伸到王盘山，乍浦九山外曾是一大片良田沃野。公元 2 世纪海盐县治在九山外面的故邑城，王盘山曾经是东晋屯兵处。

北岸的九涂十八滩，海盐东南 50 里的贮水陂，县东 15 里的望海镇，以及海月亭、望月亭等都在唐宋间沦入海中。海盐县城元代还距岸 2 里，到明代距岸只有 1 里了。而金山海岸从 13–14 世纪又坍进 1 公里多。

由于涨落潮导致钱塘江河口沙坎的物质交换，落潮流带来浓度较大的泥沙，促使杭州湾南岸发生淤积，从后海塘到七塘，一系列海塘反映出 14 世纪以后各个年代的海岸位置。

唐宋间杭州湾发生显著变化，对海宁的水文泥沙运动发生了深刻影响。13 世纪以后至 18 世纪的五百多年间，海宁海岸大涨大坍达 11 次之多，平均每 50 年左右就要发生一次显著变化。

（2）黄河夺淮

历史上黄河多次改道由苏北入海，江苏中部海岸在黄河南徙之前基本在范公堤位置，黄河南徙后，岸线逐渐向海延伸。

自西汉以来，淮河多次被黄河所侵，但隋唐至北宋，黄河与淮河尚且稳定，大抵相安无事，里下河水系受黄河影响不大，湖荡面积仍然很大[①]。南宋建炎二年（1128）后，黄河入海道开始持续南摆。明嘉靖中叶（1546）以后，“全河尽出徐、邳，夺泗入淮”[②]，从此黄河形成单股夺淮入海的局面。明末清初，在“蓄清刷黄济运”和“束水攻沙”措施的影响下，黄河成为“悬河”，洪泽湖水域不断扩大，运河西侧诸湖也变广；射阳湖面积逐渐萎缩，里下河逐渐形成平原水乡；东部滨海平原迅速扩展，岸线大幅度东移。黄河每次泛滥并冲入地势较低的里运河地区，泥沙堆积致江淮东部地势逐渐升高，原来地势呈由南向北逐渐降低，乾嘉年间则变为北高南低。黄淮水合流造成运道屡变、水患频发、堤毁坝湮、浊水泛溢，对整个江淮东部的自然环境、漕运系统、水利蓄泄、农业生产、盐渔之利等产生剧烈影响。

① 《太平寰宇记》中载：“射阳湖长三百里，阔三十里”，足以见得宋时古射阳湖面积之大。

② [清] 傅泽洪 . 行水金鉴 • 卷 39[M]. 上海：商务印书馆，1936.

2. 水患治理

在海岸变迁、江岸变迁、黄河夺淮等的影响下，形成了江浙水乡地区为低洼湿地地区、水乡泽国的基本特征。也正因此，水患治理成为江浙水乡地区历史时期重要的建设内容之一。

（1）海堤、海塘修筑

由于江淮沿海均为滩涂，无屏障，常遇到海水倒灌，影响盐业生产。因此，唐大历中间淮南节度判官李承主持建造捍海堰，“北起盐城，南抵海陵”“长一百四十二里”①。海堰主要用于抵挡潮水，屏蔽盐灶，保障堤内农作物生长，故又称“常丰堰”。常丰堰的建造促进了堰以内区域的土地开发，如屯田开发。宋时常丰堰已日渐颓圮，难敌海潮的冲击，对盐灶、农田造成破坏。范仲淹在西溪任职盐仓监时，主持修筑捍海堰，被后人称为“范公堤”。在此之后，范公堤还有多次延筑、增筑，形成北从盐城庙湾南至南通吕四场的御潮屏障。

由于杭州湾喇叭口的特殊地形，钱塘江入海口海潮十分汹涌。为了防范风暴海潮，保护内陆土地，修筑海塘向来是南岸宁绍平原沿岸地区和北岸杭嘉湖平原沿岸地区的重点水利工程。汉代曹华信所筑海塘，是我国见于文献记载的第一条海塘。五代时期吴越钱王筑捍海塘，建成之后，不但江岸益固，保障了都城的安全，而且随着“沙土渐积”，杭城的平陆逐渐扩展，“久之，乃为城邑聚落”。自浙江杭州起，东北经海宁、平湖等县江海沿岸，海塘修筑最繁。浙东的宁、绍二府海塘，又称南岸海塘，与北岸之浙西海塘遥对相望，共遏怒潮奔冲，自古亦为我国塘工重点。

（2）陂塘堰坝修筑

里下河地区的区域环境发展历史可以说是陆地、水体不断动态博弈的过程，也可以说是人类为生存空间与水体不断博弈的过程。为生存和生产需求，历来多进行水患治理。如东汉时期修筑的捍淮堰、高家堰（洪泽湖大堤前身），唐宋时期开通的伊娄河、高邮运堤串场河等；南宋黄河频繁夺淮后，更是修建了洪泽湖大堤、归海五坝、归江十坝等水利工程。同时，在里下河腹地，当地居民疏理滩地，挖深河沟，在湖沼地区人工填高堆成基址台地来理水避洪，形成一套独特的治水方式——堆岛筑垛。

太湖地区因上下游地形不同，水利方式也各有侧重。西南上游地区以丘陵平原为主，山丘错结，多利用山谷兴建陂塘堰坝，防洪蓄枯。如余杭的南湖，丹阳的练湖、新丰塘，金坛的单塘、谢塘、思湖、莞塘，丹阳与金坛之间的吴塘，长兴的西湖等，各地兴修了大量塘坝。明人曹胤儒《水利论》说：“太湖上流金坛、广德、乌程、归安、临安、余杭之间，并有坝堰，当以百计，各志可稽。盖使诸山之水潴而后泄，其潴也，可以救彼地之旱，其泄也，可以杀彼地之潦。且视苏松水势之大小而启闭之，计无便于此者。”② 由此可见，星罗棋布的塘坝对蓄水

---

①［清］吴昆田，高延第纂．中国地方志集成·江苏府县志辑 54·光绪淮安府志 [M]. 南京：江苏古籍出版社，1991.

②［清］金友理 撰，薛正兴 校点．江苏地方文献丛书·太湖备考 [M]. 南京：江苏古籍出版社，1998.

灌溉、拦洪有重要作用，对农耕生产具有重要意义。

太湖西南部地区的苕溪和荆溪水系，源短流急，易涝易旱。为充分利用水资源，消除旱涝，古人运用“横塘纵溇”[①] 的措施来满足“急流缓受”、控制蓄泄。因此，在太湖西缘和南缘区域修筑了苕溪74溇和荆溪百渎。而东缘地区为太湖下游，吴江、平望一带正当湖水宣泄要冲。太湖自西向东倾斜，东缘的下游地区风浪较大，浪蚀现象强烈。为解决风浪问题，唐时修筑了吴江塘路。塘路的修筑使得岸西滩地淤涨，为开拓利用湖田，修筑了吴江18港和震泽72港，使得溇港圩田在吴江震泽滨湖地带发展起来。

太湖东北下游地区，中部低洼，沿海沿江的冈身地势高仰。这种特殊的环境下，必须有相应的水利排灌设施，解决洪涝问题，以保障农耕生产。南朝时期常熟地区就修筑了24浦，北宋时期修筑至和塘和疏浚36浦，“大江之南海滨有三十六浦，泄浙西陂湖之水入于海，浙西因无水患”[②]。宋以后，为解决洪涝出路问题，又修筑了刘家港，福山、白茆等大浦，导水出江。

宁绍地区，山脉较多，且临海面江，南高北低，山洪泛滥与海水倒灌长期困扰该地区的发展。古人为解决这个问题，建湖蓄洪，修筑河塘等。早在春秋时期，就兴建了大批水利工程，如富中大塘、山阴故水道等，之后在会稽山北、绍兴城南人工围筑鉴湖，广纳会稽山区之水，从而形成山地—鉴湖—平原—海洋的平原水系调节系统；宁波地区，为防止海水倒灌，修筑了它山堰。这些工程除了发挥适时调节水利的效益，为宁绍地区农耕发展提供有利条件，还为后世建立城乡互联互通的平原水网、组织水上交通奠定了基础。

3. 农耕系统

（1）溇港圩田

太湖西、南、东部上游区域，横塘和纵溇的沟通，促使在环太湖区域发展形成了一种独特营田方式——溇港圩田。这一圩田系统主要分布在太湖西缘、南缘、东缘地区，宜兴、长兴、吴兴、吴江等地。宜兴、长兴、吴兴等太湖西、南地区的溇港圩田约形成于中唐以后，吴江、平望、震泽等东部地区的发展约在明清时期。溇港圩田是一项由政府有计划、有组织施工形成的大型农田水利工程，它的形成进一步促使环太湖地区农业发展，生产富足。

（2）塘浦圩田

前文水患治理中提到太湖东北下游地区内部治理情况，在这种条件下，将水利与农耕结合，形成了“塘浦圩田”体系。这一体系主要分布在常熟、昆山、太仓以及上海等地区。

---

① 环绕太湖东、南、西三面的横向塘河叫“横塘”或“横港”，分泄入太湖的纵向小渠稍为“溇”或“浦”或“港”或“渎”。一般统称为“溇港”。

② [清] 徐松 辑 . 宋会要辑稿・食货八 [M]. 北京：中华书局，1957.

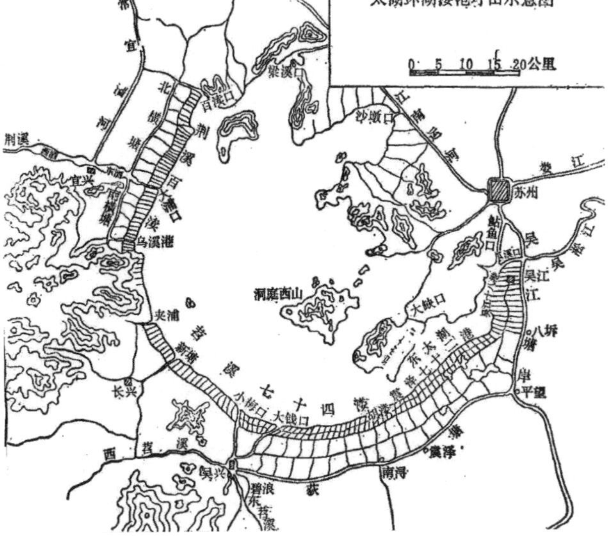

图 3-3 太湖环湖溇港圩田示意

（图片来源：郑肇经．太湖水利技术史，P97）

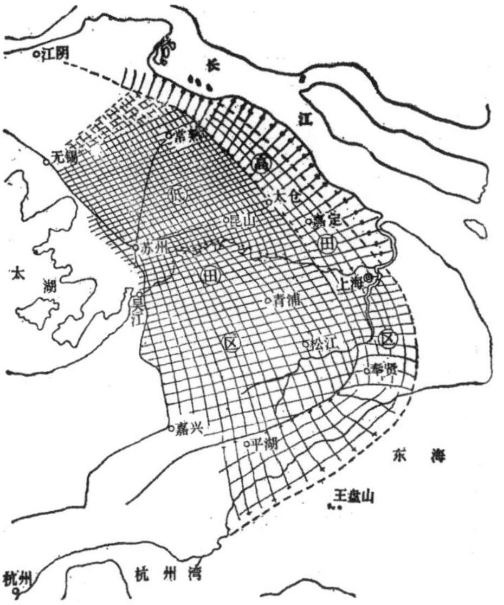

图 3-4 五代吴越时期塘浦圩田示意

（图片来源：郑肇经．太湖水利技术史，P85）

“塘浦圩田”则是一种行之有效的水利＋农业制度：“七里十里一横塘，五里七里一纵浦，纵横交错，横塘纵浦之间筑堤做圩，使水行于圩外，田成于圩内”，形成棋盘式的塘浦圩田系统。它把浚河、筑堤、建闸等水利工程措施统一于圩田建设过程中，这既是田制的一种形式，也是农田水利发展的一种新形式。

塘浦圩田诞生于三国时期，魏吴在江淮地区长期对峙，为解决粮食补给问题，东吴“表令诸将增广农田”，就近屯兵垦殖，拉开了圈圩垦殖的序幕。五代时吴越在太湖流域治水治田，完善了塘浦圩田制度，使得江南最终成为沃野千里的鱼米之乡。塘浦圩田体现的是国家的意志，统一规划、统一管理，必须依靠较为强力而统一的政权实施和维护。宋代以后，随着江南经济

图 3-5 太湖流域塘浦圩田示意及常熟沙家浜南部泾浜圩田景观

（图片来源：常熟历史文化名城保护专题研究）

发展、人口增加，塘浦圩田的“大圩制度”开始受到冲击。农户私自在横塘、竖浦堤岸上开挖小河道，也就是“泾”和“浜”，并进而在大圩内部切割出自己的小圩田。最终塘浦体系被更为精细分散的泾浜体系代替。

（3）垛田系统

垛田是里下河地区人们长时期与水不断斗争过程中形成的，是地处“锅底洼”的古代人民为解决既便于耕作又要防洪防涝的矛盾，以里下河地区湖沼遍布的地貌条件为基础，利用自然改造而成的独特地貌环境。这一人工化了的地表景观主要分布在高邮、宝应、兴化和泰县一带①。

春秋到汉代，出现垛田的雏形。唐宋期间，沿海筑坝，人口渐多，人们与水争田，在沼泽和浅水地区掘土垒垛，开始形成岛状垛田。黄河改道夺淮后，受黄河泛滥的淤积物覆盖，湖泊日渐淤浅为水荡、沼泽和滩地。人们在浅荡地区以木桩、木架塞入水草泥土作基础，再以河泥层层垒积成片的岛状，从而形成垛田。

对城市形成发展的影响：

（1）高邮

高邮是黄河夺淮的重要影响区。黄河夺淮带来的水文变化，改变了高邮地区的地形，使得高邮城由地势较高的阜地，逐渐形成了外高内低的“城市小盆地”。高邮建城之初，择高而建，北宋秦观有诗：“吾乡如覆盂，地据扬楚脊。”南宋《舆地纪胜》卷四十三引《高邮志》云：“盂城，地形四隅皆低，城基特高，状如覆盂。”南宋以后，黄河夺淮带来了水系环境的巨大改变，使得高邮成为水患的重灾区。而运河又不善疏浚，致使逐日淤泥沉积，河床日垫。一遇大水发作之年，洪泽湖水位猛涨，居高临下，注入高邮湖。主事者则惟知堕土以加固，年复一年，堤身竞高出于雉堞。每逢水位升高至一丈以外时则险象惊人。“正如张曾勤秦邮竹枝词有句云：‘人居釜底浑忘险，帆影常看屋上过。’盖记实也。于此可知吾邑之地势从堵水之‘覆盂’变而为受水之‘仰盂’矣。沧桑多变，良可慨也②。”高邮湖和运河水位增高成为“悬湖”和“悬河”，明清统治者更重视运河堤防。采取了修筑运河堤坝、归江、归海等系列的水利工程。康熙、乾隆年间先后在高邮城外建造护堤数百丈。康熙、乾隆二帝先后多次南巡经过或驻跸高邮，督查河工。为了保护运堤安全、保持运河水位、保证漕运畅通，明清时期曾在里运河东堤上设置了归海五坝、船坞、船闸等水利设施。归海五坝中有四坝位于高邮境内，船坞有四处位于高邮湖。

（2）兴化

漫长的海陆变迁，造就了兴化湖荡沼泽密布的水乡环境基底；经过自然与人力的共同作用，

① 吴必虎．黄河夺淮后里下河平原河湖地貌的变迁 [J]. 扬州师院学报，1988，8(1，2)：132 ～ 138.

② 政协江苏省高邮市文史资料委员会．高邮文史资料 [M]，15 辑．230.

形成了独特的垛田广布的地貌特征和以“垛”为基础元素的聚落形态，并由此逐步发展“连垛成城”，形成兴化古城。

在距今 10 000 ～ 7500 年的早全新世，海岸线位于今兴化城区东郊。经过漫长的地质变迁和人地交融，兴化所在区域由海湾到潟湖、碟状平原、黄泛区、垛田水网的环境变迁过程。

“垛”是承载兴化农业耕作与居住生活的空间，数千年前就已经初步形成。兴化地处湖荡之间，地块零散、居住和生产的土地和空间大多在整理水系、堆土建垛的基础上逐步形成。垛是兴化城市的母体，为城市的建立与发展提供了物理空间。兴化古城位于乌巾荡、癞子荡、得胜湖等水域中央，通过数十垛块相联，联垛筑城，形成了兴化古城的主体和城厢区域。垛与垛之间通过桥梁相连，城垣因循水势，城池形态不规则，城内河桥相映。数百年来，随着泥沙堆积、垛块成陆面积逐渐扩大，逐步形成今日的城市空间。古城立于垛块之上，周边即是垛田，其独特的土地利用与筑城方式奠定了特有的城市环境格局。

垛的形成，也造就了水网特色浓烈的居民点聚落模式：城镇依水而生、联垛为聚，临湖河水网形成湖荡型聚落，占圩堤高地形成圩区型聚落。境内大量的地名与“垛”相关，如龚家垛、大尖（垛）、小尖（垛）、任家垛、太平垛、侯家垛、梁家垛等。

（3）无锡

三国时期，无锡还是一片水乡泽国，水利的兴修，排涝条件的改善对无锡的农业发展有着直接的推动作用。六朝时期，无锡水利兴修主要表现在疏浚河道，排水入海，减少内涝，增加可利用土地。孙吴时期，曾以国家的力量疏浚长广溪。长广溪在大运河开通之前曾是南北交通的主动脉，它是联系江苏和浙江的重要水道，又是排水入湖的渠道。东晋、梁时，疏浚了梁溪，进行加宽加深，全河长 7.5 公里，是无锡重要的行洪、灌溉渠道。从明朝开始，梁溪河原有的宽阔水面不断被圈占养鱼，至清代中期已达到七百亩，梁溪河逐渐变成在无数鱼塘中穿行的狭长河道。水道是排涝、灌溉、航行的依托，为无锡明清时期的经济发展创造了有利条件。

（4）常熟

常熟是塘浦圩田系统的主要分布地。“塘浦圩田”为传统时期常熟社会、经济、文化的繁荣奠定了坚实的物质基础。常熟县原名南沙县，因治水有效，土壤膏沃，岁无水旱之灾而改名常熟。塘浦圩田有效解决了江南农耕中的涝泽问题，推动了常熟、太湖地区农业发展。农业经济是封建社会国民经济的决定因素，农业产量的提升，常熟社会地位随之得到了提升。

塘浦圩田水乡经济背景下，形成了多层次的市镇空间网络，逐渐形成了市镇生产、外贸分工的特征。常熟以航道水体、稻作、棉作农田为基础，形成了交通、渔业、编织业市镇。商贸繁荣、经济发达是常熟市镇的外在表现。市镇成为附近乡村聚落的经济中心之后，贸易聚集，商贾辐辏，成为“地方小都市”。梅李镇是常熟东乡第一大都会，海舶由徐浦抵镇中，河船则由盐铁塘抵镇中，终年络绎不绝。福山镇“镇则有市舶所集，人烟繁盛，每值鱼汛，商贩尤多”。唐市“百工居肆，无雕文刻镂之技，唯治田器，制渔具，作舍编篓，捆履织席为能事”。

（5）嘉兴

嘉兴所在的杭嘉湖平原早期是一片并不适合人类居住和生产的“地湿卑下”的地区，从孙吴经营江东开始，区域水环境得到明显改善，嘉兴地区粮食产量明显增长，成为全国重要的粮食生产基地之一。这一过程也给地区聚落的发展带来了明显影响。

三国时期，魏吴在江淮地区征战，开始屯兵圈圩垦殖。两晋、南北朝时，嘉兴得到进一步开发，“一岁或稔则数郡忘饥”。唐代嘉兴屯田27处，“浙西三屯，嘉禾为大”，有“嘉禾一穰，江淮为之康；嘉禾一歉，江淮为之俭”的说法。

由于滨海，嘉兴地区也长期遭受海潮侵袭影响，对城市造成巨大破坏，海盐县治在历史上的反复搬迁就与海潮侵蚀有关。海塘的修筑对稳定区域经济社会、繁荣城市生活也有较大意义。区域内较为著名的两段海塘分别为海盐县境内黄光升首创时期的鱼鳞石塘，以及海宁市内的盐官海塘。

（6）湖州

溇港圩田系统的建立，改善了区域水环境，使湖州地区逐渐成为国家重要粮仓，富庶的丝绸与鱼米之乡。溇港圩田滋养了独具特色的湖州古城和大量历史村镇。

湖州的溇港圩田系统，是太湖沿岸发端最早的地区之一。自春秋时期吴王阖闾之弟夫概在今长兴县西南建蓄水工程西湖始，其后历朝历代多有名人筑塘，如胥塘、蠡塘、荆塘、青塘、荻塘等，至梁初吴兴太守重修青塘，把青塘和荻塘联系起来，表明早在六朝时，南太湖的湖岸已经基本成型。到陈朝时吴兴郡已经呈现“良畴美柘，畦畎相望，连宇高甍，阡陌如绣”的景象。自唐中叶以后，从苏州经平望、乌程至长兴，环绕太湖东南半圈，关系下游洪涝问题的长堤就已全线接通，由此促进了太湖下游圩田的加速发展。吴越国为了巩固其统治，在偏安局面下，十分重视农田水利建设，置“都水营田使”，统一规划水利工作，将治水与治田结合起来。在基本完成了水环境治理后，湖州地区逐渐成为国家重要粮仓、富庶的丝绸与鱼米之乡。

湖州的许多城镇因水而生，依水而建，依托太湖溇港系统、水路交通和丝绸业的发展，形成了发达的市镇网络体系，如頔塘（旧称荻塘）沿线的织里、旧馆、南浔等。頔塘是多条横塘中重要的一条。

湖州的太湖溇港圩田及其衍生的桑基圩田、运河水运系统，滋养了湖州独特的城乡历史文化聚落。太湖溇港系统与运河水运系统、城乡聚落体系融为一体，正因为此，湖州的溇港才能保持经久不衰的生命力。

二、水陆交通网络与交通方式变迁

1. 交通网络与交通方式发展

（1）内河航运

江浙水乡地区古代交通普遍以内河航运为主，其中又以浙北杭嘉湖平原内河航运最为发达。

早在春秋时期，吴越两国人们就以船为主要交通工具。越人“水行而山处，以船为车，以楫为马，往若飘风，去则难从”。隋炀帝开凿“江南运河”，从苏南入浙江，这条运河是隋唐大运河和京杭大运河的重要组成部分，“江南运河”对沟通浙北与苏南起着无可替代的作用，浙北地区的“江南市镇”就是靠它紧密联系起来的，至今仍可通航。

除了杭嘉湖宁绍平原之外，钱塘江干流及其支流的航运也是浙江内河航运的重要组成部分。钱塘江流域即今衢州市、金华市、杭州市三地，古代虽有陆路交通，但三地间的人员、货物往来主要还是依靠水上航运。

（2）驿路交通

传统时期江浙水乡地区的陆路交通也非常发达，驿路作为交通干道通达全区。由于江浙地区水网发达，水陆兼程的方式较为常见。

秦时修筑了以咸阳为中心，通往全国各地的驰道，范围“东穷燕齐，南极吴楚”①。驰道以咸阳为中心，有向东和向南两条，向南的驰道经过江苏、浙江等省。秦朝的驰道到汉朝时仍被沿用，在汉武帝时期，由会稽经苏州北上长安的驰道，仍是一条重要的陆路交通线。秦汉驿传制度分为“亭”“邮”“驿”“传”四种形式，“亭”是供旅客住宿的地方，同时兼有基层政权性质②，如秦时设有高邮亭，汉代沿邗沟设东陵亭（今宜陵）。

隋唐宋时期，江浙地区开挖大运河等河道，挖沟所得泥沙堆于沿岸成为河堤道路，逐渐形成了沿运河水陆并行的道路线。同时，在江苏中南部地区，沿湖筑堤、塘、堰等，形成圩塘道路，如高邮湖侧的平津堰。自润州（今镇江）至杭州的道路主要是江南运河的塘堤③，《咸淳临安志》载：“运河有塘，衣带潮水，自帝都东北桥镇，薄吴头楚尾，绵亘千余里。……邮递辇运，憧憧傍午。④”

---

① [东汉] 班固 撰 . 汉书 • 传 • 贾邹枚路传 [M]. 北京：中华书局，1962.

② 江苏交通史志编纂委员会 . 江苏公路交通史（第一册）[M]. 北京：人民交通出版社，1989：7.

③ 曹家启 . 唐宋时期南方地区交通研究 [D]. 杭州 : 浙江大学 ,2001:42

④ 潜说友 撰 . 影印文渊阁四库全书 • 咸淳临安志 • 卷三八 [M]. 台北：商务印书馆，1986.

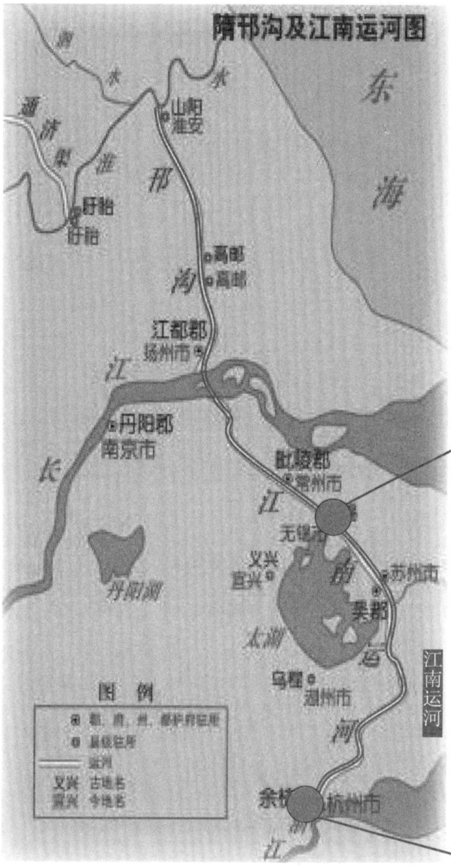

(a) 隋邗沟和江南运河

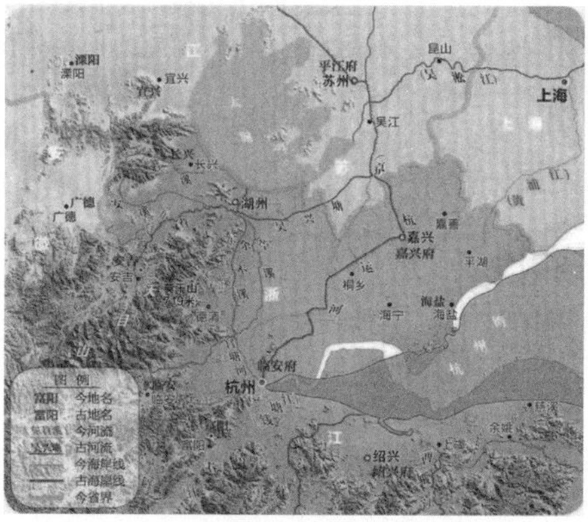

(b) 杭嘉湖平原水系示意

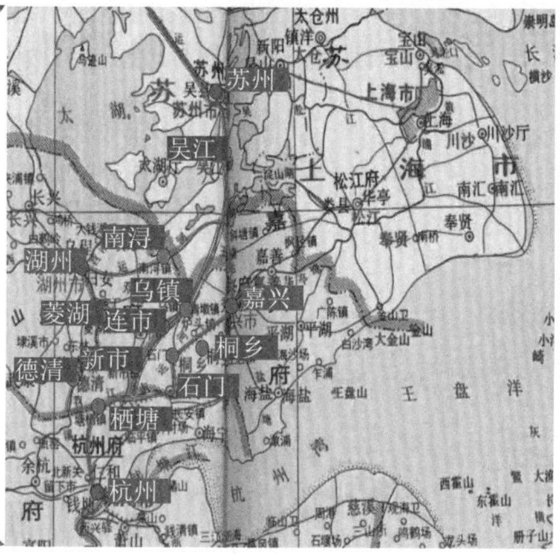

(c) 明清时期江南运河

图 3-6　隋邗沟及江南运河、明清时期江南运河、杭嘉湖平原水系示意
(图片来源：根据相关文献整理后自绘)

唐宋时期，江淮地区的邮驿主要沿水运干线布置，故多是水驿[①]。浙江地区唐时以陆驿为主，宋时水驿逐渐增多。除了驿站外，在县与县之间还增置驿道直线，设置“铺”以利交通。驿铺通常位于水陆便利的交通要道，使得这些驿、铺逐渐演变为城镇、市镇。如扬州的瓜洲驿，高邮境内的露筋驿、界首驿等。

明代形成以北京为中心的全国性干线道路，官路、支路所经之处是区域的中心城市，对区域内部城镇连通起关键作用的是铺递路。驿、铺、递运所是陆路运输重要节点，规模不同，等级不同，功能各异，但均设有差官和配套建筑，这些交通运输机构与不同等级的聚居点分布于江浙间，形成完整的交通运输网。不少聚居点逐渐发展成为市镇等。清末驿邮制度废除，旧的道路日渐失修报废。

① 陈饶．江淮东部城镇发展历史研究 [D]. 南京：东南大学，2016：64.

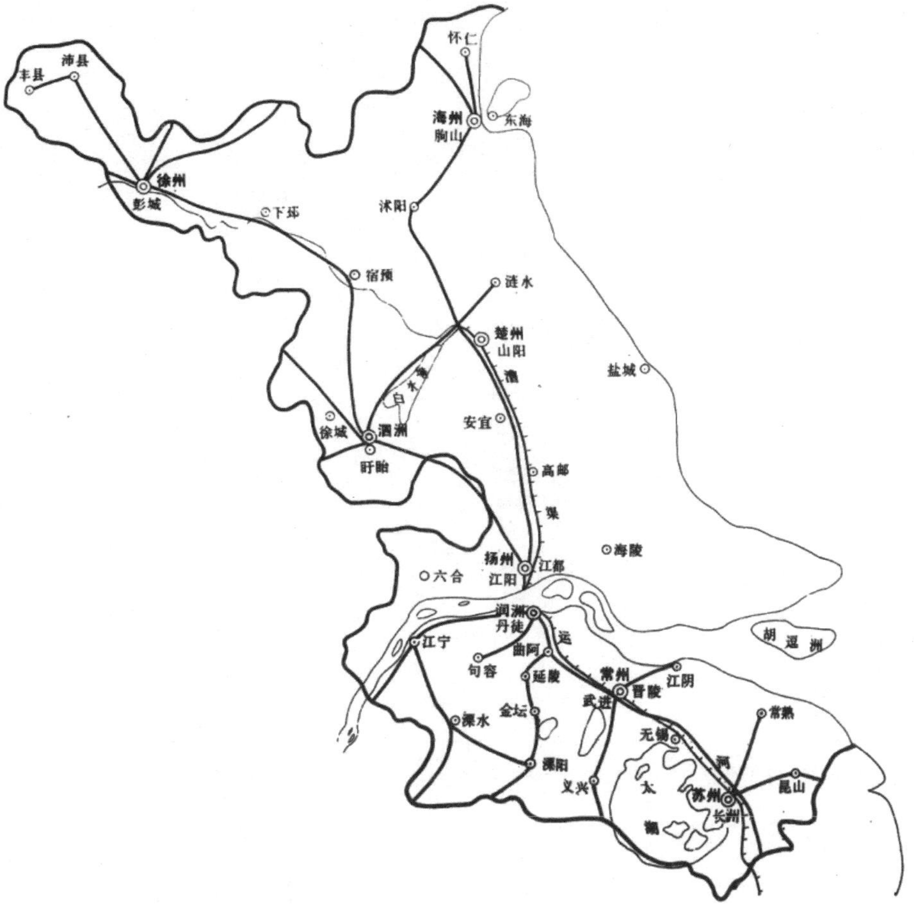

图 3-7　唐代江苏道路示意
（图片来源：江苏公路交通史第一册《唐代江苏道路示意图》）

通达的驿路网络集结，形成了几处重要的驿路中心城市，长江以北的江浙水乡地区主要有扬州、淮安两个重要节点，长江以南地区的驿路网络主要以南京、杭州为中心展开，联系各区域内主要中心城市。虽驿路在各时代均有变化，但驿路的通达、驿站、铺递等的设置，依旧成为各城市城镇发展的重要影响因素。

（3）海洋交通

唐代以前，沿海航行以长江口以北海域为多[①]。唐代是我国海上交通开始大规模发展的时期，扬州、明州（今宁波）成为当时全国著名的港口。

唐时，扬州濒临长江入海口，凭借运河、长江、东海交汇的优势，成为当时对外贸易最繁忙的重要港口之一。但因长江岸线与东部海岸的不断变迁，后逐渐失去临海优势，逐渐转变为

① 曹家启 . 唐宋时期南方地区交通研究 [D]. 杭州：浙江大学，2001：62.

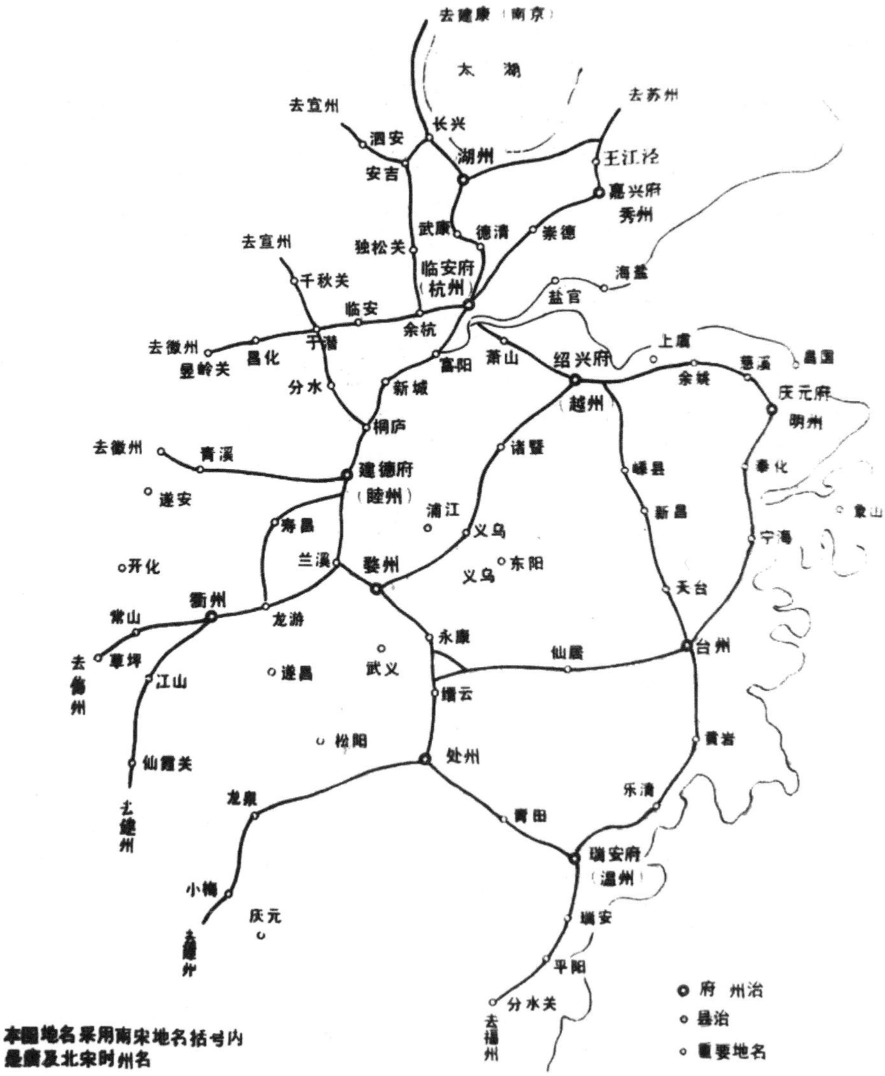

图 3-8　唐代江苏道路示意

（图片来源：浙江古代道路交通史《唐宋时期浙江境内主要道路分布图》）

内河港口。根据曹家启的研究，从登州出发的沿海航线，途经江浙水乡地区的泰州石港（今崇明）、通州料角（今启东港东北），过料角后入长江口，过长江口南行，可至苏州、明州。这些中途港口，为今天的南通、上海等地区的城市发展提供了一定的基础。

浙东沿海区域多岩质海岸，海岸线曲折，因而优良港口多。唐宋时期，浙江由于航海事业的发展和对外贸易的繁荣，沿海港口也随之发展，杭州、明州、温州、澉浦是重要的对外交通贸易港口。在 1844 年上海港逐步崛起之前，宁波一直是长三角区域最大的中外贸易港，是东亚贸易的中心。

但随着近代海洋贸易的兴起，宁波逐渐被新崛起的上海所取代。从 19 世纪六七十年代起，

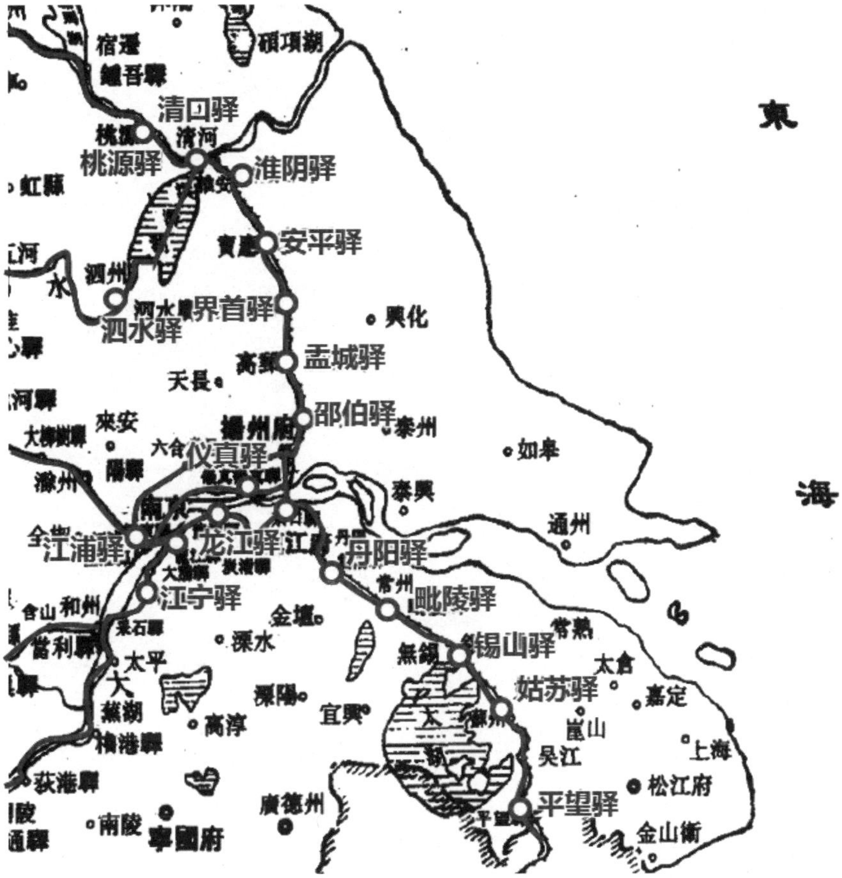

图 3-9　明代南京驿路

（图片来源：根据 1857 年明代驿路图之南京驿路分布图绘制）

图 3-10　明代浙江北部驿路

（图片来源：根据 1857 年明代驿路图之浙江驿路分布图绘制）

图 3-11　民国时期江浙水乡地区名城与铁路分布位置

（图片来源：根据民国二十三年（1934）中国铁路图改绘）

浙江经济所面临的外来冲击越来越大。随着光绪三年（1877）和二十二年（1896）温州、杭州相继开埠，浙江沿海形成了以上海为依托的通商口岸体系。

（4）近代铁路

近代以来，铁路作为一种新式交通开始逐渐取代传统的驿路，交通方式的变革也使传统城市的格局及地位产生了剧烈变动。

江浙水乡地区主要出现的铁路包括从天津到南京浦口的津浦铁路（现代京沪铁路的前身，作为新式交通的南北动脉极大影响了京杭大运河的传统运输地位）、民国时期从南京到上海的“京沪铁路”、沟通上海、杭州和宁波的沪杭甬铁路。

随着铁路的修建，运河交通运输地位下降。从铁路线路上可以看到，苏北传统运河沿线城市淮安、扬州等，由于位处铁路网络之外，城市交通区位优势丧失，地位陡然下降；而作为铁路重要站点的徐州、蚌埠则地位逐渐上升。而浙北由于铁路网络发达，传统中心城市除湖州外（因此湖州近代地位也有所衰落），基本上都被接入新型交通网络中，继续维持着较高的经济地位。

2. 对城市形成发展的影响

（1）扬州

扬州因水而生，因运河而兴，其城市的形成与发展、兴盛与衰落也与水陆交通网络的发展密不可分。

扬州凭借其扼守江、海、运的便利区位，在隋唐时期便已成为全国最重要的水运枢纽与国际港口，城市经济、文化、建设等方面空前繁荣。

而近代铁路的修建，使得运河水运地位进一步下降，铁路取代传统水运的地位，对扬州造成致命影响，城市交通区位优势丧失，地位陡然下降，同时也缺少支撑城市发展的新兴支柱产业，更使扬州逐渐没落。

（2）高邮

高邮因“邮”得名，城市的形成与发展与中国的邮驿制度密不可分。邮亭、驿馆、递铺等的设置，使得高邮成为中国古代沿海南北邮传的重要节点，同时也促进了高邮周边城乡聚落的形成与发展。

秦王嬴政二十四年（前223）灭楚，为修筑滨海驰道，在今高邮境内“筑高台，置邮亭”（中国交通史上最早记载的邮亭之一），作为联系关中和东南地区“滨海道”的咽喉之地。高邮（亦称秦邮）因此而得名，并形成初具规模的人口聚居地。其后境内屡设亭、驿、馆等，如汉高邮亭，唐高邮候馆，宋迎华驿、高沙馆，元高邮驿（秦邮驿）、界首驿，明清盂城驿、界首驿等。隋唐至宋朝，驿站除了是国家物资运输的停靠站外，也是商队、车船的中途休憩点。朝廷对每个驿站的监管制度、人员配备都有明确规定。每座驿站都是一个小型聚居点，依据规模大小配有战马、船只，有百余名马夫、水夫，下辖多座铺舍。在近代通信邮政取代古代邮驿制度之前，高邮一直是中国古代沿海南北邮传的重要节点，且因紧邻运河，成为邮传政令、皇帝巡幸和外国使节、朝廷官员往来的必经之处。

邮驿的设置，不仅促进了高邮城的发展，也带动了高邮地区的城乡聚落发展。明清时期，邮驿分为驿递、铺递两种。铺递以铺兵走递公文。驿递以马走递，除送公文外，还护送官物及官差。高邮境内的驿递有盂城驿、界首驿二处。据雍正《高邮州志》记载，高邮境内每隔十里便设铺递一处，共十五处之多，如八里铺、王琴铺、露筋铺等。

（3）南京

清末，沪宁铁路在南京城北下关设火车站，下关就此成为南京的门户地区之一。其后修建的津浦铁路与沪宁铁路在下关交汇，下关由此成为铁路南北交通的转运站。下关地区迅速发展成为繁华的商业街市，成为南京重要的新城区。为加强下关与城南地区的联系，修建了南京第一条穿越城区、联系南北的近代道路——江宁马路[①]。穿城马路的修建，也成为南京社会由封闭向开放转化的表征之一。

（4）嘉兴

嘉兴地区水网密布，水路四通八达。贯穿南北的大运河的开通对嘉兴的发展繁荣具有举足轻重的意义，使得嘉兴由原先一座默默无闻的小城变成运河南端的枢纽之一。同时，嘉兴地区还拥有乍浦、澉浦、青龙等优良港口，宋代之后东南沿海繁荣的海洋贸易也给嘉兴地区发展注入了新的活力。

据测算，嘉兴境内河流密度平均每平方公里达 12 公里以上，大多数河流可常年通行，水上交通运输十分便利，水路东由江苏吴江之震泽而达上海，南至海宁杭州，西走湖州安吉，北抵苏州无锡。下辖各市镇乃至较大乡村均有水路通行。

唐宋时期，由于航海事业的发展和对外贸易的繁荣，沿海港口也随之发展，嘉兴地区的澉浦是重要的对外交通贸易港口。而乍浦港则自古就有"海口重镇"之称，在元代还设置有相当于海关的市舶司。孙中山先生在他的《建国方略》中曾提出在乍浦开辟"东方大港"，现代乍浦港是浙江省北部杭嘉湖地区唯一的出海口和对外贸易的主通道，也是长江三角洲地区的一个重要港口。

（5）宁波

海外贸易的繁盛是古代宁波城市发展的一大动力。尤其宋元时期，受全国乃至欧亚大陆整体形势的影响，海外贸易空前繁荣，宁波作为东南沿海三大贸易港口之一，是江浙地区最重要的贸易港口，确立了区域经济中心的地位。

东晋时，三江一带的港口海上航路已经北至渤海湾，南及台湾、海南岛、交趾(今越南地)等港口城市。

隋唐时期，大运河开通，经由明州港的浙东运河成为大运河对外延伸的一部分。唐中后期，北方少数民族政权的崛起与频繁的战乱使陆上丝绸之路受阻，南方却因相对稳定的环境和政府的开放贸易政策，促进了海外贸易的迅速发展。明州依靠这种条件，迅速成为沿海中部地区沟通海陆、连接南北的交通要冲。

宋、元时期，明州(庆元)港形成了一个内、外港遥相呼应、河运与海运两相结合的港城——集内河港、河口港和海港于一体的深水大港，逐渐成为与广州、泉州齐名的东南三大贸易港口之一，也是东南亚及其他地区与中国海外贸易的重要港口，其区域经济中心地位逐渐确立。

① 薛冰. 南京城市史 [M]. 南京：东南大学出版社，2015：166-167.

三、重大人口迁移

在我国漫长的历史长河中，人口迁移始终没有停止过。造成人口迁移的原因是多方面的，由天灾人祸引起的自发迁徙、由战乱引起的避祸迁徙、由政治需要的迁徙。大规模的人口南徙主要有三次，分别是西晋时期的永嘉南渡、唐中后期“安史之乱”“黄巢起义”后的南迁和北宋靖康之乱后的建炎南渡。大量的人口迁移促进了南北方地区经济、文化、生产等多方面的融合发展，促进了江浙地区的开发。此外，明初本地区内的江南移民渡江北上，促进了江南地区与江北地区的发展。

1. 西晋时期的永嘉南渡

我国历史上北方人口南迁的第一次高潮，发生在西晋永嘉之乱之后。西晋元康元年（291），爆发了“八王之乱”。八王之乱后，西晋政权衰弱，经济残破，社会矛盾尖锐。永兴元年（304），南匈奴贵族刘渊在左国城（今山西离石）起兵，建立汉赵政权。其后，汉赵政权开始向西晋发动大规模进攻。与此同时，各地发生空前的自然灾害，北方大乱。内迁各族趁机起兵反晋，引起民族混战。建兴五年（317），南逃的皇族司马睿在建康（今南京）建立东晋政权。这段时期内，北方士族百姓为躲避战乱，纷纷渡江南下，史称“衣冠南渡”。这是北方人口第一次大规模南迁，士族大姓带领宗族、部曲，数千家南下，人口达到数万之众。正如《晋书·王导传》曰：“洛阳倾覆，中州士女避乱江左者十六七。”此次南迁过程中有相当数量的中原士族，如王导和谢安两大家族逃入会稽（今绍兴）。

西晋的灭亡和东晋的建立，促使北方人口南迁达到第一次高潮。此后，在东晋及南北朝时期，凡北方战乱或南北作战，均有一定数量北方人口迁入南方。

由于受地理条件限制，我国古代人口南迁主要有东、中、西三条路线。东线主要顺淮河水路南下今安徽、江苏，渡过长江再进入今上海、浙江、福建乃至广东地区。迁移至江浙地区的人口主要沿东线南迁。移民的迁入分为东西两区，东区以淮河流域和长江下游地区为主，江浙地区即位于该区域。

这一时期移民的迁徙和定居多以世家大族为核心形成集团。东晋朝廷为便于安置移民，展示收复失地的决心，采取了设立侨州郡县的办法，即在移民定居的新地按照原籍贯的州郡县设置政区。

侨州郡县的分布整体较为分散，如江南、江淮、江汉等区均有设置。但在迁移的南北交通道路周边地区分布较为集中，如渡淮而南经邗沟至江南运河的淮阴、广陵、京口一线侨置较为密集。过江侨民最为集中的为旧晋陵郡即今镇江、丹阳、常州、无锡一带。

永嘉南渡很大程度上促进了长江中下游地区的发展，为之后江南一带以及整个南方的大开发奠定了基础。经过北方人口的南迁，南方人口数量大大增加，为南方的发展提供了大量劳动力。同时，由于南迁移民具有较高水平的生产技术和文化，经过他们的传播，南方的生产与文化都有了较大进步。此后，江南地区冶铁、造纸、纺织、制瓷等技术也得到进一步发展。至南朝中期，长江中下游和太湖周围，已开发成为我国经济发展水平较高的地区。如地处江南的建康城社会相对安定，加上统治阶级政策的调整，交通的改善，促使农业、手工业、商业均得到了长足发展，成为江南的经济中心，也是全国的经济重心。

随着北人南迁，各族人民杂居，南北方民族逐步融合。同时汉族文化和非汉族文化双向影响，南北方文化逐渐融合，并各自保持特质。南朝时期南方文化发展迅速，不仅较好地保存了源自北方的传统文化，并有了一定的创新与发展。例如，东晋南朝著名诗人和书法家多是北方移民或其后裔，但在南方秀美环境和土著文化的影响下，逐渐形成了新的风格和体裁。以陶渊明为代表的田园诗，以谢灵运为代表的山水诗，以王羲之、王献之父子为代表的书法，都在中国的文学艺术史上占有重要地位①。其影响意义远超文学艺术领域，并对后世文人的思想、意趣以及城市、园林、宅院等的建设影响深远。

建康（今南京）城内外，北方移民多于本籍之吴人，改变了城市的风俗习惯与传统文化，促使南京从单纯的江东城市演变为融南北风格于一体的全国性都会。

镇江是座位于江南的城市，但无论在物质生活、风俗习惯还是在文化特征上都明显带有北方的特征。这是因为大量北方移民不断南下对镇江产生持续的影响。永嘉南迁时，接受“北方移民最多最杂的是南徐州”②，南徐州即今镇江地区，当时南徐州下辖丹徒、曲阿、武进、延陵、无锡、昆陵、暨阳七郡县。“南徐管辖下的流民除江北三个直属郡外，其余就分散侨居在江南这七个县内。晋陵地区成为当时侨置郡县最多的一个地区，侨寓户籍数约 22 万，超过了土著户籍数 (约 20 万)。”③北方移民的迁入，改变了镇江地区的人口结构，进而影响了人民的生产和生活，生活习俗和语言使用发生“北化”，如北方流民的面食习惯被带到了镇江地区。这种影响一直延续至今。

大量中原人士南迁，使中原文化同吴越文化互相渗透、融合，促进了湖州文化教育事业的发展。偏安江东的东晋朝廷，比较注意发展地域经济，许多名门望族之士，先后被委任为吴兴太守，王羲之、殷康、王献之、谢安、谢璞等均曾任吴兴太守，对文化教育的发展起了催化作用。同时，南迁大族在湖州地区定居后，在宗族繁衍、财富积蓄和文化方面，都超过了当地豪杰。

---

① 邹逸麟 . 中国历史人文地理 [M]. 北京 : 科学出版社 .2001:150.

② 葛剑雄 , 吴松弟 , 曹树基 . 中国移民史 [M]. 福州：福建人民出版社，1997:349.

③ 严其林 , 程建 . 京口文化 [M]. 南京：南京大学出版社，2001:35.

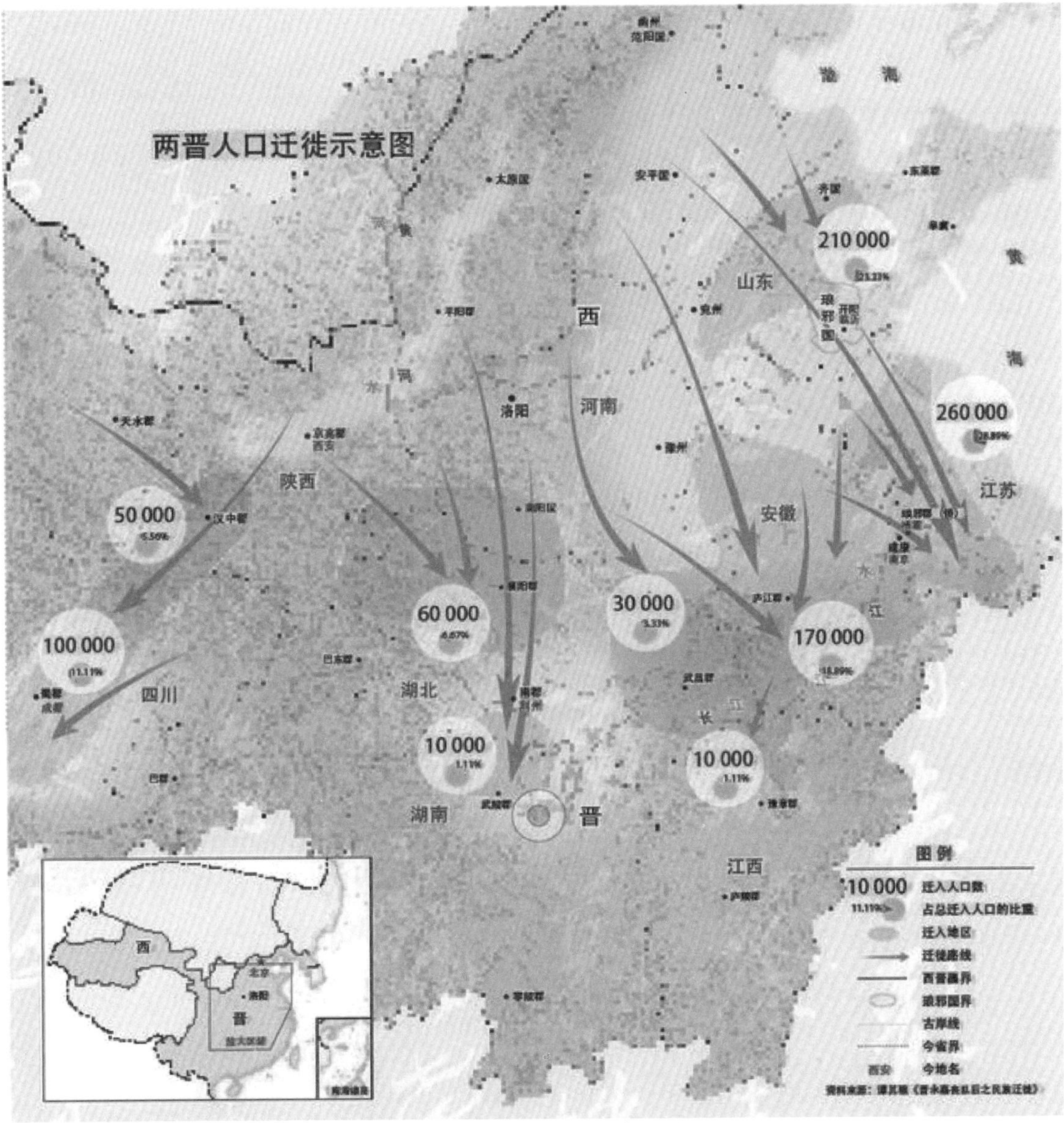

图 3-12　永嘉之乱后北方人口迁徙示意

（图片来源：贻芥.《丧乱帖》的乱世悲歌[J].中华遗产.2016（8）.）

士族南迁也对南方地区城市的建设带来一定影响。如大批士族豪门建立的庄园极大地开发了浙江。其中庄园经济最发达的是会稽郡，其次是吴兴郡和吴郡所属钱唐县（今杭州）。而名士们对山水田园的热爱，对恬淡自如、洒脱自如的追求，在园林建设中亦有体现。这一时期，名士园林在会稽郡迅速崛起，它融生活、游憩、生产于一体，园林景观体系多采用山水、植物等自然形态为主导，完美体现名士们崇尚自然山水的志趣。

2. 唐中后期的北人南迁

“安史之乱”以及“黄巢起义”导致了我国北方人口的第二次南迁高潮，江浙地区成为移民的主要迁入区域之一。

唐天宝十四年（755），安史之乱爆发。战争蔓延至黄河中下游主要地区，北方人民为躲避战争向较为安定的南方迁徙。李白诗“三川北虏乱如麻，四海南奔似永嘉”，描述了北人南迁的广阔画面。安史之乱平定后，仍有不少人因躲避战乱或过重的赋役外逃，以及官员士大夫于任官之地置产定居等方式，迁入南方。唐乾符二年（875），黄巢起兵反唐。在镇压黄巢过程中，引发各派军阀混战。这些战争的主要战场在黄河与淮河流域，主战区仍在北方。为避乱，北人不得不再次向南迁徙。迁徙方式有一家一户零散迁徙的，也有在官将带领下集体迁徙的，还有随军进入南方的。

在此期间，约有数百万北方移民定居南方，遍布各地。其中，淮南与江南地区吸收了大量

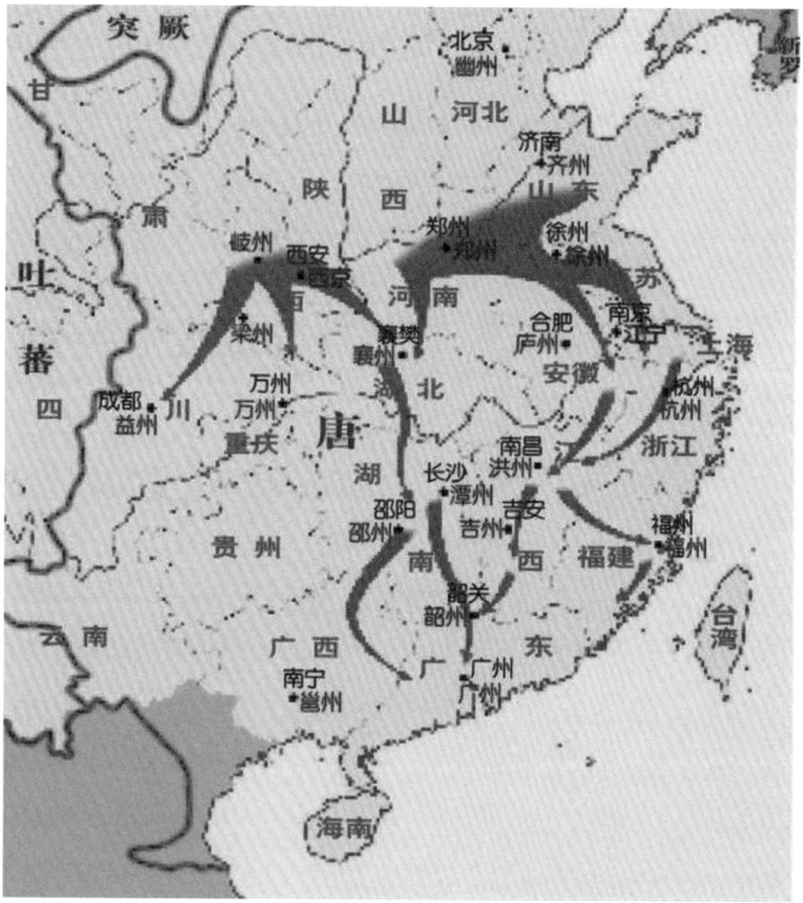

图 3-13　安史之乱后北方人口迁徙示意

（图片来源：葛剑雄．迁徙的姓氏：追寻移民的脚步 [J]. 中国国家地理，2007（2）.）

的移民，韩愈曾经说“士多避处江淮间”[①]。五代十国时期，割据南方的九国中，有六国统治者都是北方移民。

经过东晋、南朝、隋和唐前期的发展，南方地区的经济文化已具有相当水平。此次北人南迁，无疑为南方的生产技术和文化水平的提升增添一大助力。同时，较安定的社会环境，也为地区的开发提供了有益的条件。唐后期南方经济水平超过北方，至五代时期人口和文化发展水平也超越北方。

唐代后期南方经济大发展，制墨、丝织、陶瓷、雕版印刷等手工业生产技术不断提高。农业方面，稻麦混合种植制度形成，粮食作物生产提升。农业和手工业的发展促进了经济中心南移。粮食和丝织品是唐代最重要的农业和手工业产品，至唐后期，朝廷经济上严重依赖南方，“今天下以江淮为国命”[②]。南北人口数量的变迁，使得人口密度受到影响，至唐后期人口密度较高的城市已大多分布在南方。如扬州，接纳移民数量较多，“侨寄衣冠及工商等多侵衢造宅，行旅拥弊[③]”，足以看出其人口有多稠密。江南地区，自六朝以来便是南方经济发展程度最高的区域，唐后期五代更成为全国人口最为密集、经济水平最高的地区。

安史之乱之前，全国的文化重心在北方，各类人才多集中在北方，南方人才略少。安史之乱后，较多的北方人才也移民南方，北方的文化、艺术、思想等，随之传到南方，并吸收南方文化特色，形成更加独特的艺术风采。同时北方的尚学之风，也促进了南方崇文尚教风气的形成与提升。

3. 两宋之交的建炎南渡

靖康之乱后的北方人口南迁，是我国历史上第三次南迁高潮。

北宋末，金大举进攻宋。靖康元年（1126），金军攻陷宋朝都城开封，徽宗和钦宗沦为俘虏，史称“靖康之乱”。次年，赵构在南京应天府（今商丘）仓皇继位为高宗，改元建炎，建立南宋政权。其后，高宗带领部分皇族和官僚向南方迁移，一路从淮河到扬州渡江，经过南京、镇江、杭州、越州、明州、台州、温州等地，最后迁至杭州，并于绍兴八年（1138）定都临安，从此在此建都达 140 余年。这一事件称为“建炎南渡”。

南宋政权的建立，对北方人口的南迁起到重要作用。此次移民南迁的规模，远超前两次。据研究，仅在绍兴和议签订前的 10 余年中，便有约 500 万左右北方人口迁入并定居南方[④]。当时大批人口南渡，据《建炎以来系年要录》卷一五八记载：“四方之民，云集二浙，百倍常时。”

---

① 周绍良主编 . 全唐文新编 • 卷五六六 • 考功员外卢君墓铭 [M]. 长春：吉林文史出版社，2000.

② 周绍良主编 . 全唐文新编 • 卷五六六 • 考功员外卢君墓铭 [M]. 长春：吉林文史出版社，2000.

③ [后晋] 刘昫 . 旧唐书 • 卷一四六 [M]. 北京：中华书局，1975.

④ 邹逸麟 . 中国历史人文地理 [M]. 北京：科学出版社 .2001：153.

此次南迁途经与驻跸之地多为江淮、长江下游沿线及太湖地区以及浙江大部分地区，这些区域成为移民的主要聚居地。南渡之初，高宗曾在越州驻跸，所以初期移民浪潮集聚越州，州城内挤满了南下的百官士大夫，城内“凡空第，皆给百官寓”①。其后朝廷迁往杭州，正式定都临安，于是百官士大夫和平民又大量涌向杭州。当然，浙江省内其他各州，北来移民也都有很大数量。这些对今浙江省境各方面的影响，远远超过了晋室东渡。

南宋定都临安（杭州），政治中心南迁为江浙地区的发展带来了动力。北宋时期，南方经济发展程度和速度已超过北方，南宋时南方经济在原有经济基础上更进一步。我国经济重心完成南移，南方经济地位完全超过北方。杭州原来已有吴越建都的基础，此后飞速发展，到南宋后期，已经成为一个人口逾百万的国际性大都市。以杭州为中心的今浙江省境，在这段时期中，获得了极大发展。除首都杭州外，江浙地区如苏州、越州、明州、湖州等，都已经相当发达。

图 3–14　靖康之乱宋室南迁示意

（图片来源：葛剑雄 . 迁徙的姓氏：追寻移民的脚步 [J]. 中国国家地理，2007（2）.）

---

①［清］陈梦雷纂，蒋廷锡校 . 古今图书集成：方舆汇编・职方典・卷九百九十三 [M]. 北京：中华书局，1934.

杭州建都，这些地方多为近畿，所以其影响深远，及于今浙江整个省境南至江苏南部地区。

南宋的经济发展必然促进文化进步，尤其是北方文化精英南迁，对南方文化水平的提高又起了一定促进作用。同时北方文化人才南迁，导致北方文化衰落，促使文化先进地区南移。南宋以后南方文化远超北方，形成南重北轻的局面。同时，北方文化注入南方，形成了新的南方文化。文学艺术的许多方面都受到北方文化的影响，如诗词绘画的内容与风格，临安等地的说唱，江南古琴的曲调等。

4. 明初的江南移民北上

明朝初期，明太祖朱元璋效法汉高祖刘邦徙天下富豪于关中的做法，强令江南富豪和百姓搬迁到京师南京、凤阳府、淮安府等地，被称为“洪武赶散”。

大量江南富户和工匠迁入应天府城，再加上驻军和官吏，南京人口快速增加。人口的集聚，使得南京的社会经济快速恢复和振兴。但随着永乐迁都北京，大量人口北迁，导致南京户口减半。

因为长期战乱，江淮一带人口锐减，田灶荒芜，亟待移民充实。为尽快恢复发展经济，朱元璋决定移民屯垦。故在明朝初年，进行强制性的大规模移民。另一方面，据说江南地区地主阶级有很多人拥戴张士诚，朱元璋遂以移民垦荒为由，将王府绅民数十万人丁驱赶到苏北。根据《明史·食货志》，明初，迁苏、松、嘉、湖、杭之地居民四千余户，至临濠垦田，并且提供牛、种、车、粮等生产资料，实行三年免税政策。后又迁江南民十四万于凤阳府。此后百余年中，又陆续将江南的人民迁徙到淮安府境。

据载，这一时期，淮安府、扬州府新增移民数十万。移民迁至的地区包括江都、仪征、高邮、泰州、泰兴、宝应、兴化、如皋、通州、海门八县二州（地域范围大致相当于今扬州市、泰州市和南通市），山阳、清河、盐城、安东、桃源、沭阳、海州、邳州、宿迁、睢宁、赣榆（地域范围大致相当于今淮安市、盐城市、徐州市和连云港市一部分）。为了安抚新到移民，对自苏州阊门出发的移民，提供农具粮种，并实行免税政策。

这些移民原籍多来自苏南、浙北、江西等地。根据现存地方志及族谱资料，苏北地区一带的民间传说，他们的祖先是明初从苏州阊门迁移而来。泰兴居民的祖先，多原为皖赣名族，于元末之际迁入，而兴化则有原籍苏州的家族，如施耐庵家族、郑板桥家族等，于洪武初年陆续迁入兴化。淮阴望族朱姓，也是明洪武年间整族“奉旨”迁来。其他如宝应、江都等县望族，都认为祖先由苏州迁入。原籍附会苏州的情形，是苏北移民普遍的现象。正因如此，扬泰地区许多城市说睡觉往往说“上苏州”，意即梦回故乡，如扬州、兴化等。

洪武赶散给江浙地区尤其是江苏里下河平原地区带来了多方面的影响。移民为当地带来了充足的劳动力和先进的生产技术，促进了当地农业发展，进而促进其经济发展。就人口输出区来说，大家族的迁移使得它们的文化受到影响，至明中期才逐渐恢复；就输入地而言，新文化

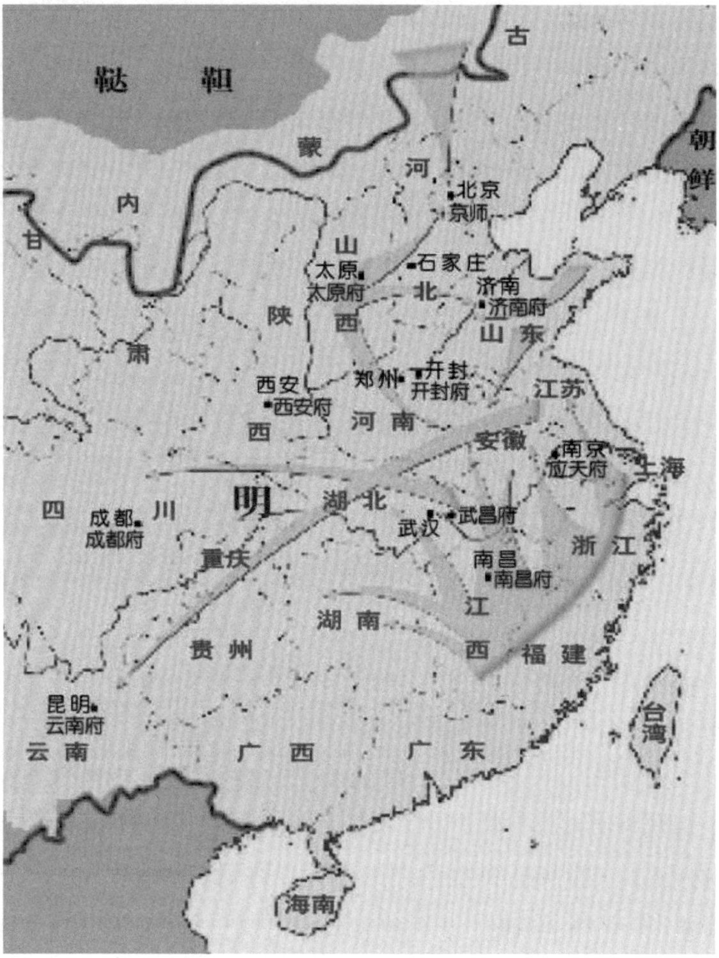

图 3-15　明代移民示意

（图片来源：葛剑雄. 迁徙的姓氏：追寻移民的脚步 [J]. 中国国家地理，2007（2）.）

因子的输入，促进了江南富庶地区特色文化与江淮等地文化积极交流和杂糅。文化的交融，影响了移民输入地的传统文化，逐渐形成了独具特色的地方文化。如江南的戏曲——昆曲，自明初传入扬州地区，其后“满城丝管”，并逐渐形成了带有扬州地方特色的“扬昆”①，扬州成为昆曲的第二故乡。

扬泰地区许多文人望族多有移民背景。如兴化，施耐庵是具有苏州移民身份的兴化人，据咸丰《施氏族谱 · 卷首 · 序》中记载：“吾兴氏族，苏迁为多，白驹场施氏耐庵先生于洪武初由苏迁兴化，复由兴化徙居白驹场。”李春芳家族在明初由句容迁至兴化；郑板桥先祖原是“江南细民”，明洪武年间迁至兴化。移民家族多合族而居，形成若干个乡土小社会。新的移民家

① 扬昆，即扬州昆曲，在明朝时就出现了以扬州方言道白的剧本，在清朝康雍乾时期又出现了一些对昆曲有影响的戏和至今未刊的专门演出本，融合了扬州小唱和十番的音乐，形成地方特色。

族不仅具有固有的家族秩序，同时还具有较为一致的文化认同性（苏州文化），因此彼此之间相互关照。这些江南移民家族在兴化的存延，使兴化相对松散的乡土社会更加紧密，也使得江南悠久的“耕读传家”的价值观念与兴化“耕读文化”的传统融合、并更加根深蒂固。同时，移民的迁入也促进了兴化本地文化与江南文化的融合。这也是兴化文化艺术在明清时期繁盛空前的原因之一。

苏州迁民入泰州，使得泰州人口迅速增加。城市经济复苏的同时，也带去了苏州的建造技艺与能人工匠，使得“泰式民居”在原有北方建筑的雄浑大气上兼具南方建筑的清秀、典雅。

除上述四次大规模的人口迁移，历史上还有若干次规模略小的人口迁移，对城市发展，尤其是文化交融产生重要作用。如唐末军阀割据，吴兴（今浙江湖州）人姚氏家族三代（姚存制、姚廷、姚彦洪）统治胡逗洲（其时称静海）、东布州达半个世纪之久，其军队和家属有万人之多，多为吴兴人，促进了南方文化的发展。

四、运河建设与漕运发展

大运河沟通海河、黄河、淮河、长江和钱塘江五大水系，是古代中国人创造的伟大工程。作为沟通政治中心与江南基本经济区的动脉，大运河是古代中国最重要的水利工程，也是最繁忙、繁盛的漕运和商业水运线路。历史上大运河沿线许多城市因运河而生、因运河而兴，江浙水乡地区尤为突出，既有运河南端点的杭州，又有长江、淮河与运河转运枢纽城市的镇江、扬州、淮安，还有沿运城市苏州、常州、高邮等，形成沿运河繁荣发展的城镇经济带。

1. 江浙水乡地区运河的建设

（1）里运河（淮扬运河）

① 春秋末期吴王夫差开凿邗沟　大运河始建于公元前 486 年，最早的河段是春秋末期开凿的邗沟。《左传》记载：周敬王三十四年（前 486）“吴城邗，沟通江淮”。吴王夫差为北上争霸中原，开凿邗沟，沟通长江和淮河。

② 西汉刘濞开凿的茱萸沟　西汉吴王刘濞开挖“茱萸湾”，东通海陵仓（今泰州）及如皋磻溪，使江淮水道与东边的产盐区连接，在运盐与物资运输方面发挥了重要作用。茱萸沟又名运盐河，是后来通扬运河的前身。

③ 东汉末年陈登开凿的邗沟西道　东汉建安二年至五年（197 ～ 200），广陵太守陈登开

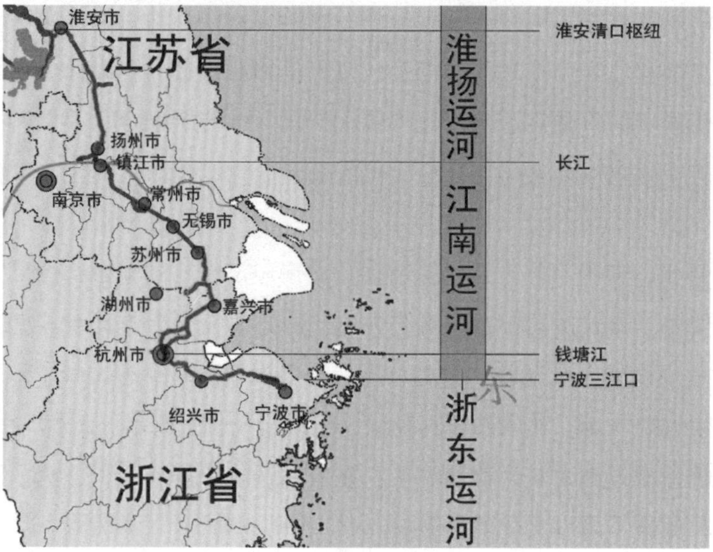

图 3-16　江浙地区大运河分段示意

（图片来源：中国文化遗产研究院 . 中国大运河遗产管理规划 [Z].2013.）

凿邗沟西道，从樊良湖穿渠至津湖，再从津湖凿渠至白马湖，至山阳末口入淮。

④ 隋代开挖山阳渎与邗沟　隋文帝开皇七年（587），开挖山阳渎，南起江都北至山阳（今淮安），是沟通江淮的重要孔道。隋炀帝大业元年（605），“又发淮南民十余万开邗沟，自山阳至扬子入江。渠广四十步，渠旁皆筑御道，树以柳”。[①]

（2）江南运河

江南运河的开凿最早可追溯到三国孙吴时代，孙吴政权为了沟通南京和太湖平原而开凿江南运河，以后历朝历代又不断加强，隋炀帝大业六年（610）重新疏凿和拓宽长江以南运河古道，至唐代基本形成现在的格局。

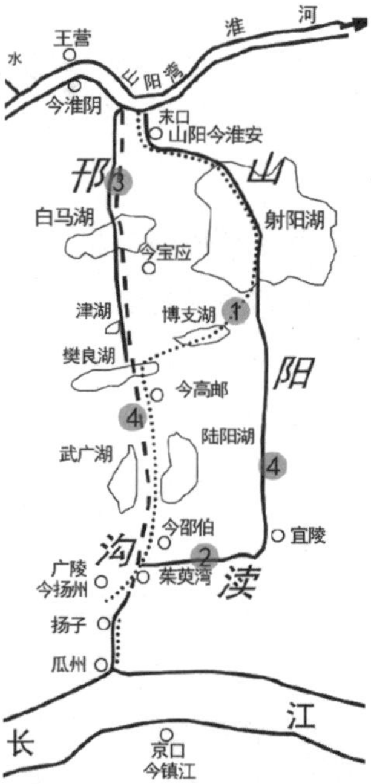

图 3-17　淮阳段运河变迁

（图片来源：高邮历史文化名城保护规划）

其中，江南运河嘉兴—杭州河段分为东、中、西三线，江南市镇分布其上。东线是古运河线，从平望经嘉兴、石门、崇福、塘栖、武林头到杭州；中线从平望，经浙江乌镇、练市、新市、塘栖、武林头至杭州；西线从江苏震泽入浙，途经南浔、湖州、菱湖、德清、武林头至杭州。沿线大量市镇因运河而兴。

（3）浙东运河

浙东运河的兴建始于春秋越国的山阴水道[②]，西晋时开挖西兴运河。此后各朝也多对运河进行整治、疏浚等。浙东运河，从西而东横贯绍兴平原，南与鉴湖各涵闸沟通，北与南北向诸多河流如曹娥江、姚江和甬江等成“十”字交接，且连通诸多湖泊，形成四通八达的水系。当然，最重要的是，它将南北“黄金水道”京杭大运河与浙东广大地区的水网连了起来。而沿线城市的发展也与浙东运河息息相关。

2. 漕运的发展

运河最主要的功能便是漕运，中国古代漕粮数目相当巨大，一般保持在每年 400 万石左右，最多时竟达 800 万石。漕运的发展与兴盛，为城市兴起聚集了庞大的物质产品及各色人口。而为保证漕运畅通，运河沿线又设立了众多衙门机关，布置了相当数量的兵丁、水手、船工、纤夫，这一切都为运河城市的发展提供了持续不断的动力支撑。因而可以说是运河及漕运造就了运河沿线城市的兴起与发展。

清末著名思想家与政治家康有为曾说：“漕运之制，为中国大政。”漕运作为维系中国古代国家政治、经济、军事正常运转的物质基础，对京城供需、粮价平衡、灾荒赈济都起到了重要作用。而在漕运发展与演变的过程中，随着经验的积累与制度的完善，至明清时期，中国漕运建设达到了历史的鼎盛时期。

明清时期，官府明确规定漕船北上时可搭载一定数量的商货即“土宜”沿途贩卖，免抽其税，回空时又可携带商货，漕船人员可借此补贴往来开支，甚至获得更多利益。与明朝规定“多带者入官”的严格限制不同，清廷对漕船携带土宜的限制不断放宽，数额逐渐增加。因而运河城镇的经济活动也因此更加繁盛。船运不仅带来南北方各色货物，而且将江浙地区货物运销全国各地。这一切使得运河沿岸大多城市成为商船辐辏之处，商业特别繁荣，同时还促成商品集散型集镇大量涌现。

清末，漕运改为海运，沿线部分城市因此逐渐衰退。如运河漕运枢纽的淮安、镇江，扬州亦是如此，“漕运改途，昔之巨商去而他适”。

3. 对城市形成发展的影响

（1）淮安

由于水陆交通枢纽及漕运中枢的重要地位，使得淮安境内成为漕运重要通道，漕运对淮安的兴衰起着极其重要的作用。

---

① [宋] 司马光 撰 , [元] 胡三省 注 . 资治通鉴 • 卷一百八十 • 隋纪四 [M]. 北京：中华书局，2011.

② 国家文物局 . 中国大运河申报世界文化遗产文本 [Z]. 2013.

夏商周时期，扬州贡道和徐州贡道以淮阴故城北岸淮、泗水交汇处的大小清口为转轴，淮安成为南北交通枢纽。周敬王三十四年（前 486），吴王夫差开邗沟，位于邗沟入淮处古末口的北辰镇（河下古镇）迅速兴起，其与淮、泗交汇处的泗口镇和淮阴故城各据冲要，淮阴故城居中策应，襟带二口，西控长淮，淮阴成为淮、泗水下游地区的经济和文化中心。而后，秦始皇修筑驰道，陈登筑邗沟西道，江淮交通更便捷，淮安日益兴盛。

隋炀帝大业元年（605）挖通济渠，并开凿自洛阳至扬州的漕运要道——大运河，淮安境内成为漕运重要通道。自隋至清末，朝廷一直在淮安设置官署，委派大员掌管、督办漕运。明永乐中，确立以内河为主的漕粮运输制度，漕运总督驻节淮安老城。明中叶后，黄河全流夺泗、夺淮，淮安作为黄、淮、运河交汇处，是治理黄、淮、运河的关键所在。清代设总漕运部院于淮安老城，又单独设河道总督署于清江浦。接着又在今市区城南体育场附近建立漕粮转搬仓——淮安常盈仓 。此后，创办了全国最大的内河漕船厂——清江督造船厂，船厂管理均驻清江浦。由此，清江浦很快成为“侨民宿贾，巨室鳞次”的通商大埠。

（2）高邮

高邮作为运河沿线城市，随着运河与漕运的发展，逐步成为江淮地区的漕运重镇。高邮城紧邻大运河而建，古城有若干因运河而设的建（构）筑物。漕运的发展，使得城市商贸一度十分繁荣，并促进了城市南北关厢发展。此外，因运河之便，在高邮境内形成了若干漕运重镇、运河市镇。

唐宪宗元和三年（808），淮南节度使李吉甫驻节高邮侯馆，在高邮城北筑平津堰以调节运河水位。宋元时期，高邮经济发展迅速。宋咸淳元年（1265），扬州制置使毕侯为保护城北门外的繁华市井而筑土城，称为新城。元延祐五年（1318），在高邮城北开修运盐河，沟通大运河和沿海的淮南盐场。城北门外为运盐河与大运河交汇处，交通方便，官仓、税务、宗教、居民等密集分布于此。明洪武八年（1375），在通往南京的南门外运河边设盂城驿。由于盂城驿是水陆驿站，里下河地区粮食和淮南盐场海盐汇集于此，再经运河转运至南京及全国各地。因此，在南门外围绕盂城驿形成了繁华的商贸街区，促进了南关厢的发展。

因运河之便，京杭大运河东岸、运盐河（今北澄子河）、山阳渎（今三阳河）等主干运河沿线的许多村镇，商贸发展繁华，形成若干漕运市镇。如京杭大运河东岸的界首镇，宋初建镇，明朝重开界首驿，成为苏南与苏北里下河地区重要的商品物资集散地。山阳渎（今三阳河）沿线的临泽镇，以米市、布庄、南北杂货为主，商贸繁华，有“广陵小扬州”之称。

（3）扬州

扬州位于南北水运交通的扼喉之地，城市发展与以运河为主体的水运交通密切关联。发达的水运，促进了扬州漕运、盐业等产业的发展。扬州在隋唐时期，成为全国最重要的商业性城市与国际港口。扬州城的城址虽多有变迁，但为方便运输物资与城内的交易，城市建设布局也多依运河发展。

春秋末期建设的邗沟是扬州运河的起源，在各朝多有疏通或修筑，从而奠定了扬州的水运基础。随着隋代大运河的连通，扬州扼据江、海、运三大水系，成为江淮地区南门户，更是全国的水运交通枢纽，使得扬州经济繁荣发展，城市规模空前扩大。这一时期城市的商业功能集中在城内官河与运河水系的辐射区。两宋时期，扬州城的建设虽多出于战事需要考虑，但与运河也息息相关。如宋大城的南壕、东壕均为运河，成为扬州城的护城河。到了明清两代，因京杭运河经济价值得到较好开发。尤其盐运发展突出，这一方面内容将在海盐产业发展的一节中详细论述。

（4）镇江

镇江地处长江和大运河两条黄金运河的交汇点，交通便捷，成为江南太湖流域漕粮、贡品运输的咽喉要道，长江中下游中转集散的重要商埠。

明清时期，镇江港发展成为长江与大运河沿岸商品中转的重要口岸。鸦片战争后，镇江成为长江沿岸第一批被迫开放的通商口岸之一，近代码头设施逐渐出现。随着招商局镇江分局的设立，航运业在镇江逐渐发展。运河沿岸的苏北地区以及山东、河南等地物资多在此中转，镇江港成为仅次于武汉港的重要港口，镇江也因此成为长江沿岸商贸繁盛的城市。

运河不仅带来了城市商业的繁荣，更带动了流经乡镇的发展。南宋，镇江境内运河更加发达，地域内乡镇显著增多，其中沿江南运河有丹徒镇、新丰镇、陵口镇、吕城镇等。这些市镇因运河而兴起，具有浓厚的商业色彩，一些乡镇的商业税额甚至超过其所属县的税额。如吕城镇就是为船只经过堰闸所产生的纳税交易而兴建，运河上繁忙的船只给吕城镇带来大量商业税收。

（5）常州

常州上通京口，下行姑苏，北环长江，南抱滆湖。这种襟江带湖的地理优势，使常州成为“三湖襟带之邦，百越舟车之会”的交通枢纽。

自唐以来，中央政权的财赋收入，主要源于东南。每年数百万石漕米和大批贡物，都要从运河北上。宋代，在常州专门设立了江浙、荆湖、广西、福建路都转运使司来承办漕运，使常州成为整个长江以南地区的水运交通枢纽和赋粮转运中心。“自苏松至两浙七闽数十州，往来南北两京者，无不由此途出”，常州成为“赋必由之路”。

（6）苏州

由于大运河开通，南北交流通道得到完善，货物集散、人口流动以及文化交流更加频繁，大运河漕运的发展催生了许多行业门类，加速了传统商贸业发展；整体的社会经济得到较大发展，生活质量明显提高，文化娱乐和休闲需求逐渐引导城市的发展。

（7）杭州

运河是杭州城市发展的重要契机。作为沟通全国南北大运河的南部端点，杭州地位日渐提升。

隋大运河的开通，使杭州成为大运河水运的一个起讫点，其地位益见重要。杭州成为大都会的基础也已具备，但隋朝短促，杭州的繁荣实始于唐。南宋乾道《临安志》记，“唐贞观中杭州户口，至十一万人”。中唐而后，遂以“东南名郡”见称于世（见李华《杭州刺史厅壁记》，作于代宗永泰元年），又白居易撰《卢元辅袭杭州刺史制》（德宗时）：“江南列郡，余杭为大。”

五、海盐产业的发展

盐税是我国古代税收极为重要的部分，明清时期，盐税几乎占到国家税收的一半。西汉时，盐业收归国有，其后两千年来，虽然在收购、运输、销售形式上有所变化，但盐业由国家控制专卖的情形，却从未改变。

江浙水乡地区沿海，自古海盐生产较为发达，是我国东南沿海海盐产地的重要组成部分。淮安、扬州、泰州、兴化、南通、嘉兴、杭州、绍兴、宁波等地区都曾是东南海盐产业的产地或重要中转地、集散地。《新唐书·地理志》等记，唐时江浙地区海盐主要产地有淮南道扬州海陵、楚州盐城2州2县；江南道苏州嘉兴、杭州盐官、越州会稽、明州鄮县、温州永嘉、台州黄岩、宁海（唐后期上述6州分属浙东、西）。诸地之中，淮南最盛，两浙次之。淮浙一带成为政府依赖的主要海盐产区。在隋唐及以后，江淮、两浙及运河水系的贯通，使得淮浙海盐的生产与销售成为一体，扬州更是成为海盐运输的中心。江浙地区海盐的运输中转，通常与漕运相配合而进行。如宋时，荆湖地区的漕船，载上供钱粮沿江而下，空船返航时，“回脚”运盐。

1. 两淮盐业

（1）两淮盐业发展概述

两淮盐产长期居于全国首位。西汉时吴王刘濞“即山铸钱，煮海水为盐”，并开凿了一条运盐河，沿海城镇也逐渐出现，这些城镇一般都与盐业发展有关。汉代盐城因盐置县，名盐渎县。唐时淮南置盐城、海陵监以管盐课。“天下有盐之县一百五，淮南海陵盐城县二”。淮盐的生产中心在明以前在淮南，由于黄河夺淮后泥沙大量堆积沿海，淮南盐业逐渐衰弱。至清代，淮北盐业日益繁盛，代替了淮南盐业的地位。

明代施行“纲盐制”，对两淮盐区盐商群体的形成起到至关重要的作用。食盐由官方专卖演变为商人专卖或委托专卖，使个体盐商转变为有组织的商人集团，并垄断了产盐区的食盐购买、运输以及特定行盐区（即引岸）的销售。这一转变对江浙水乡地区的扬州、泰州等城市影响最为明显。两淮行盐区域广阔，南至湖广，西抵河南，东尽东海。其盐船运行路线，凡是在淮南20场装盐的船只而开往江西、湖广销售的都通过串场河、运盐河，出湾头闸，入运河，到仪征批验所掣验；凡是在淮北各盐场装盐的船只，从盐河、运河抵达淮安批验所，通黄河、淮河、洪泽湖分销至河南与江北的安徽、江苏一带地区。

清代两淮食盐运销仍为官督商销，清代纲运法规定，湖南、湖北、江西、安徽四省食盐，均需从两淮盐区运销，因此四省盐商聚集扬州，并在扬州建有四岸公所。道光年间，改“纲盐制”为“票盐制”后，淮北盐转至西坝集散，江运之盐，由西坝转运河南下。淮南盐运至泰州盘坝，经运河、仪扬运河至仪征出江。同治年间，在瓜洲设有淮盐总栈，故瓜洲一度成为淮盐出江口岸，后因坍江，迁至仪征十二圩，十二圩成为淮盐出江口岸。

民国时期，国民政府实行盐政改革。淮南盐业与淮北盐业分开管理，内陆食盐改由铁路运输，沿江沿海食盐改由海运。这一系列措施，对扬州、淮安等城市影响巨大。

（2）对城市形成发展的影响

① 扬州

早在西汉时，扬州就是淮盐转运中心，至明清时期达到顶峰。明清时期，淮盐所衍生的大量财富聚集于此，盐铁转运使常驻扬州，各地商人和各道节度使也派人驻扎扬州，经营商业。盐商在后世对扬州乃至江淮地区的社会经济、文化、生活、城市建设等均起到重要作用。也正是因为盐商的富有，才开创了扬州城市经济快速发展、文化艺术极度昌盛的黄金时代。

扬州盐商经济富有，生活奢靡，他们强烈的消费欲望与追求奢华的喜好，客观上刺激了扬州的经济发展，催生了城市乐于享受的氛围，促进了城市商贸行业、手工业和服务业迅速发展，也出现了“扬州瘦马”等特殊现象。

清朝，扬州园林臻于极盛，源于扬州为两淮盐务衙门驻节之地，众多盐商聚居于此，财力富厚，“商人多造园”。盐商私家园林多集中在新城西北的盐运史衙署和城南的南河下街一带，这里正是盐商的聚集居住区和主要活动区。康乾南巡驻跸扬州，盐商更是不惜重金营建园林景观，各类亭台楼阁遍布南巡经过地区。这些园亭构成了扬州独特的城市景观，至今扬州园林依然盛名国内外。新城内多为盐商奢侈性消费而麇集的服务型店铺和街巷。有些街巷的名称也因淮盐交易而得名，如引市街，因明清时期盐商多在此处进行盐引[①]交易而得名。明清时期，扬

① 盐引为历代政府发给盐商的食盐运销许可证。

州盐商多来自徽州一带，城市的建设和格局受到徽州移民文化影响明显。如瘦西湖水道沿线以及扬州城内散布的盐商私宅和私园，建筑风格多体现徽州传统。

在我国古代，“士农工商”，商人地位最低。扬州盐商为满足个人与家族社会地位与声誉的需求，往往注重与文人名士等的交往，通过修建书院、资助文人、兴办书会、振兴刻书、收藏书画等方式提高社会地位。如安定书院、虹桥书院等大多由盐商与盐官出资筹办；“扬州八怪”之首的郑板桥得“扬州二马”资助书画创作。这些活动虽是满足私欲，但客观上促进了扬州画派、扬州学派的形成，促进了扬州文化艺术的繁荣。扬州盐业的发展，为我国四大名著之一的《红楼梦》提供了创作背景和丰富素材。

盐商对扬州饮食文化也有较大影响。盐商追求奢华精致，因此维扬菜心思精巧、刀工精致，如扬州名菜“文思豆腐”；盐商讲究饮食氛围和环境，因此多有曲艺助兴、清幽的景观环境，也形成了食、曲、境融合的饮食文化。受盐商影响，扬州百姓也愈加推崇饮食。从今天的扬州饮食中仍可窥一斑。

扬州戏曲的发展与盐商的大力支持不无关系。为了招待官员、富贾、士绅等，以及家庭娱乐与欣赏的需要，盐商多有家庭戏班、乐队，培养了一批名优。清代，康乾二帝多次南巡至扬州。乾隆为戏迷，为迎接御驾，扬州官商聘请名流演员、制曲名家，招集各地戏曲班表演等更甚，这些更离不开盐商财力的支持。这些活动推动了扬州戏曲的发展，也在一定程度上促进了全国戏曲的交流，使得扬州成为戏曲中心之一。

② 兴化

江淮东部地区海岸不断东移，沿海盐区也随之迁移，因此带来了地区开发、行政管理东移，也使得江淮东部地区部分城市在盐业发展中所承担的角色逐步变化。

兴化历史上东临大海，拥有生产海盐的先天优势。唐宋时期海盐大规模发展，在兴化沿海地区兴建了大量盐场，并为抵御海潮威胁建了捍海堤堰。在堤堰内侧挖河沟通沿线盐场，名为“串场河”，同时修建从串场河到大运河的运盐河，是盐从滨海地区运往大运河的重要通道。明清以后随着海岸线东移，海盐的生产范围和产量进一步扩大，兴化境内更是疏通了海沟河、白涂河、车路河、蚌蜒河等一系列运河航道，辅助串场河，将滨海盐场与京杭大运河进一步联系在一起，兴化成为极为重要的海盐中转站和集散地。

③ 泰州

盐业的发展提升了泰州的经济实力与政治地位。西汉初年，吴王下令大力开发盐场，开凿通往海陵地区的运盐河，海陵海盐的生产与运盐河的盐运就和城市发展一路同行。汉至唐宋间，泰州地区所产盐一直史称“吴盐”[①]。安史之乱时期，盐税成为国家重要收入，时人称“鱼盐之殷”。南唐升元元年(937)，由于盐税的突出贡献及经济实力的提升，海陵由县升格为泰州。南宋时期，为保护朝廷盐税来源，曾把泰州作为淮南重镇，修筑泰州城墙，抵抗金兵侵犯，历经700多年，至民国二十六年才拆除。洪武元年（1368），两淮都转运盐使司设立在泰州，下辖泰州、通州、淮安三个分司。永乐二年（1404），泰州通往东台联结盐场的泰东河开挖而成，盐船到达泰州后，不能穿城而过，需在泰州过坝。无数盐船到泰州后，经人工挑抬盐包过坝，盐多、船多，人力与道路所限，不能随到随运，各种商铺不断开办，居民逐渐聚集，人流量猛增，泰州城北从此喧闹起来。顺治年间，在泰州设置泰坝监掣署，规定泰州所属盐船在赵公桥停顿，从板桥将盐包抬过坝检验后，抬到坝南边护城河的船上，通州所属各场盐船在泰州南门检验后才能换船续行。延续至明清时代，江苏淮盐产区逐渐演变为两淮盐业三分司。从西汉至清末年间，盐的生产和运输与监管成就、发展了泰州。

④ 南通

得利于自然地理环境优势，南通历史上的经济发展，始于盐业生产，至明朝时期盐业达到最盛。盐业生产带动了盐运业，引起人口集聚，同时促使城市规模扩大。

唐代，盐业生产日渐发达，泰州到如皋的运盐河也逐渐延伸到通州。自汉唐始盐业官营，严禁私煮私卖。唐初，设盐亭场，并派驻盐官对产销、运输、征税等加以管理。唐高祖武德元年（618），胡逗洲为盐亭场，“多流人，煮盐为业[②]”。“北宋太平兴国年间（976～983）通州创设利丰监、管理市境南部各场盐务。元代，市境盐业生产继续发展，共有12处煎盐场，盐区总面积约300万亩。明初于两淮运盐使司（驻扬州）之下创设通、泰、淮三分司，以通州分司领“上十场”。至明代中叶，通州分司所领“上十场”年产量达到12万吨左右，为市境古代盐产量的最高纪录。至清朝，盐业由盛而衰，逐渐萎缩。

由此可见，汉代至清代相当长的一段时期，海盐业对促进南通城市发展起着非常重要的作用。北宋崇宁年间（1102～1106）通州城已有居民4.3万余人。明洪武年间（约1373～1386）发展为6.9万人，通州成为当时苏北地区的重要城市之一。

2. 两浙盐业

（1）两浙盐业发展概述

两浙地区盐业发展仅次于两淮盐业。《越绝书》卷八载：“朱余者，越盐官也。越人谓盐曰余。”《浙江古今地名词典》指出：“余姚、余暨（今萧山）、余杭地濒沿海，其地名都与越的盐业生产有关。”秦置海盐县，因地处沿海，斥卤为盐。至唐代，除浙西海盐、海宁外，已扩大到浙东沿海的宁波、宁海、黄岩、温州等地。据《舆地纪胜》卷四十转引《元和郡县志》所记，扬州海陵监为诸监之首，而“楚州盐城，浙西嘉兴、临平两监，所出次焉”。唐时，杭州、湖

① 胡可明 . 一粒淮盐 一座名城——浅议淮盐助成扬州历史文化名城 [J]. 中国盐业，2014（22）.

② [北宋] 乐史 撰 . 影印文渊阁四库全书・太平寰宇记・卷一百三十 [M]. 台湾：台湾商务印书馆，1986.

州、绍兴成为两浙地区海盐销售中心，因此商贸更为繁盛。

为管理盐业，多设有盐业监管机构。明朝时，“置两浙都转盐运司于杭州”，并在嘉兴（治位于海盐县芦沥场）、松江（治在上海县下沙镇）、宁绍（治在绍兴府城）等地设有分司。作为海盐销售的主要城市多设有盐仓，如宋代在浙盐区的秀州设有华亭转般仓。盐运司、盐仓等的设立，使得相应的管理官员、盐船、盐商、人流等必然会在这些地方停留，进一步促进商贸发展。

（2）对城市形成发展的影响

“海滨广斥，盐田相望”是嘉兴地区早期发展最重要的自然资源，滨海盐业的开发是嘉兴境内早期聚落生发的最重要刺激因素。今嘉兴境内的海盐县具有出色的海盐生产条件，史书记载此地“海滨广斥，盐田相望”，因而取名海盐。公元前222年海盐置县，是嘉兴境内历史最悠久的县之一。三国时吴国雄踞江东，析由拳县南境、海盐县西境置盐官县，也就是今天的海宁市，可见海宁置县的原因也与盐业生产及管理息息相关。而除海盐与海宁之外，地区还有许多小型聚落与盐业生产相关，如场前、五团、八团、汤家团等地名，就是历史上沿海盐场所在地。

六、经济重心南移与手工业、商业的发展

1. 全国经济重心南移

基本经济区[①]的存在和变化是学术界观察历史时期全国经济宏观形势的一个经典概念。一般认为，秦汉时期基本经济区在以长安为核心的关中地区和以洛阳、开封为核心的中原地区。而唐宋元明清时期基本经济区则发生了明显转移，变成了长江中下游地区。汉唐时代则是基本经济区转移的过渡时期。

秦汉时期基本经济区和当时的政治中心是统一的，而唐宋元明清大部分时间基本经济区与政治中心相分离。因此，全国范围长距离交通运输变得尤为重要。尤其是作为水运系统中主要经济干道的京杭大运河，成为沟通统治中心与基本经济区的命脉。南方经济的发展远超北方经济，江浙水乡地区的江南区域，更是基本经济区中的重中之重。

① 基本经济区，其农业生产条件与运输设施，对于提供贡纳谷物来说，比其他地区要优越得多，以致不管是哪一集团，只要控制了这一地区，就有可能征服与统一全中国。

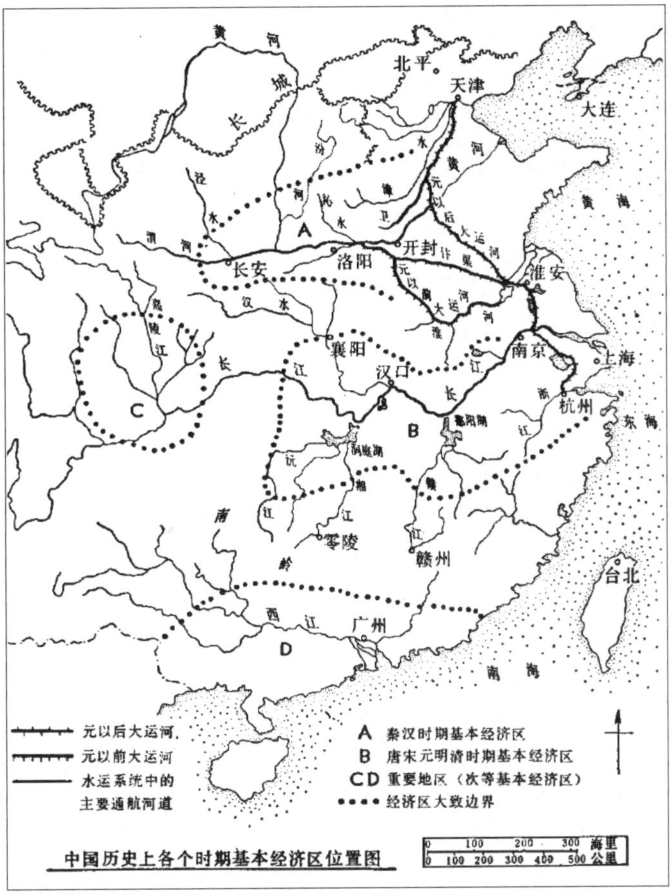

图 3–18　中国历史上各个时期基本经济区位置

（图片来源：冀朝鼎．中国历史上的基本经济区 [M]. 北京：商务印书馆，2014.）

2. 传统手工业、商业与市镇

基本经济区的南移，使得江浙地区经济发展迅速，发达的经济进一步促进手工业、商业的繁荣。唐代，江淮地区晋升为大江南经济区的重心，此后逐步形成了漕运业、制盐业、农业、织造业及铜矿冶金和铜器制造等核心产业。宋以后，经济重心继续南移，江南经济已大大超越江淮地区。明清时期，江淮地区的支柱产业是漕运业与制盐业，如淮安、扬州、泰州等。江南地区的支柱产业则以织造业为代表，如南京、苏州、嘉兴、湖州、杭州等。明清时期，苏州手工业、农业以及商业发展起来，成为全国工商业重地和丝织业中心。随着桑棉等农业经济作物的种植面积大量增加，作为家庭副业的纺织业兴起，棉织、桑叶、蚕丝以及丝绸作为商品流入市场，经济作物的商品化，加上此时期大量进城的工匠，手工业生产规模扩大，开始出现了资本主义萌芽的手工工场，也就是所谓“机户出资，机工出力”的“机房”；至清乾隆年间更是“城东比户皆织，不啻万家”，其规模和从业人数更是空前。南通一带不仅是海盐生产地，同时棉桑种植发达，成为著名产棉区，与江南沿江海城市如松江、常熟等产业联系较强，棉纺业也成为其城市发展的重要产业。

经济的繁荣发展，同样促进建筑建造工艺的发展，并促成了具有一定特色、技艺精湛的匠帮。如苏州的香山帮，以擅长建造复杂精巧的苏式建筑而闻名。明代，香山帮的蒯祥负责营建故宫，将苏作的建造工艺与建造材料运用其中，使得宫殿结构精巧、富丽堂皇，成为我国传统宫殿建筑的典范，对后世影响至深。匠心独运的苏州园林，是香山帮的重要代表作，明清时期特别是清末更盛，达到了极高的艺术成就。园林也成为苏州的特色，有“江南园林甲天下，苏州园林甲江南”之称。如今，香山帮依然活跃在苏州园林的修复、中国传统园林的建造工作中，代代传承。

随着城市经济活动的频繁，里坊制使城市生活受到许多限制，唐代，城市出现“侵街为商”的行为，里坊制逐渐被突破，商业街诞生。此时，江浙地区经济发展已经非常发达，尤其是扬州、苏州、杭州等城市。城市商业活动在空间上已经从规定的“市”向之外的街区乃至城郊扩展，临街设店，坊内置肆，已经较为普遍；在时间上，产生了突破法定贸易时限的夜市；这些预示着从“里坊制”向“街巷制”变革。

唐代后期均田制的瓦解、两税法的推行促进了商品经济的发展，同时财赋基础萎缩也促使政府采取重商措施，鼓励地区间的商品流通，以“草市”为中心的农村商业圈趋于形成。宋代的经济政策更为灵活自由，采取不抑兼并的土地政策和更为开放的商业政策，积极发展海外商业贸易。平原地区的大规模开垦提供了坚实的农业基础，由于西北内陆领土的丧失使交通运输由陆路转向更为高效的水运，纸币、白银用于流通促进了货币经济的发展。

表 3-1　唐宋时期江南各州贡品中的手工业品表

时期＼地区	润州	常州	苏州	嘉兴	湖州	杭州
唐开元、天宝	方纹绫、水波绫、纹陵、京口绫、衫缎、丝	紫纶巾、红紫二色绵布	红纶巾、方纹绫		丝布	白编绫、绯绫、纹纱
唐元和、长庆	衫罗、水纹方纹鱼口绣叶花纹等绫、火麻布、伏牛山铜器	细、绢布、红紫绵巾、紧纱、纻、兔褐、帛布、龙凤席	丝绵、八蚕丝、绯绫、丝葛、布、白角簟、草席		御服鸟眼绫、绵䌷、折帛布、布、纻	白编绫、绯绫、藤纸
五代	方纹绫、水波绫、罗、绢、绵	红紫绵布、紧纱	绫			绯绫、白编绫
宋代	罗、绫	白纻、纱、席	葛、花席	绫	白纻、漆器	绫、藤纸

（来源：陆希刚．明清江南城镇 [D]. 上海：同济大学，2006.）

商品经济的发展、士大夫和市民阶层的上升，促进了城市经济职能的强化和新兴市镇的兴起，奠定了近世城镇的基本特征。宋代以后，镇逐渐由军事驻地向民政系统转化，并与具有商业功能的市结合，形成传统意义上的市镇。江南主要的手工业部门是棉织与丝绸业，新兴市镇也主要与棉纺织与丝绸业相关。此外，席草、茶叶、竹木山货、染料、苎麻、油料等相关产业，与家具、文具、首饰等精细做工也是江南主要的手工行业。

嘉兴地区是我国最早的蚕桑丝绸产地之一，历史上就有着植桑养蚕缫丝的传统优势，唐代嘉兴丝织业已经相当发展。明代在农业和手工业发展基础上，商品经济日渐繁荣，带动了嘉兴市镇经济的发展，出现了许多手工业专业市镇。嘉兴地区气候条件非常有利于各种农作物的生长，特别是对桑树的培植极为有利，因此，嘉兴地区普遍种植桑树，桑地在耕地总面积中所占比例很高。唐代，随着全国经济重心逐渐南移，嘉兴地区丝织业已相当发展，丝绸已成为主要贡品之一，海外丝绸贸易从唐代开始逐渐兴盛。嘉兴的商业市场也相当发达，在丝绸贸易中，活跃着各类商人。客商、牙商、坐贾和小商小贩等不同层次的丝绸商人，以商业活动的各类形式，结成统一的、多层次的市场网络，进行地方性的、区域性的以及国际市场的丝绸贸易。商品经济的发展还带动了嘉兴市镇经济的发展，出现了许多手工业专业市镇，如乌镇、濮院、王店、王江径等。明代，在农业和手工业发展基础上，商品经济日渐繁荣，棉布丝绸行销南北，远至海外，嘉兴王江泾镇的丝绸有“衣被天下”的美誉，嘉善有“收不完的西塘纱”的谚语，桐乡濮院镇丝绸“日产万匹”，名闻遐迩。明弘治《嘉兴府志》记载：“嘉兴为浙西大府”“江东一都会也”。

工商业、手工业等的发展加速提升绍兴城经济实力，促进城市商业空间的分异与生活空间的扩展。隋唐至北宋是商品经济发展的重要历史时期，传统手工业如纺织、制瓷、造船等在传承中不断精益求精，越州成为江南丝织业中心以及全国最重要的青瓷烧制中心。南宋时期，消费业逐渐发达，流通性商业和服务业活跃。商店遍布、市场林立，形成城北和城西南两个繁华的工商业聚集区。元代对农业较为重视，社都水监和河渠司掌管水利、复垦因战乱荒芜的土地。对税制进行改革和调整，促进绍兴纺织业、黄酒产业、茶叶等产业发展。人口增加、工商业发展等因素，使绍兴原有城市规模不再适应。南宋嘉定十六年，汪纲主持将隋代罗城①由二十四里扩展到二十七里，设九门，重修绍兴府城，史称“宋城”。同时扩建住宅区，调整城市街区格局，形成开放的城市功能区。这一时期开始形成街河布局，府城之内已形成街随河走、河随街流的“一河一路”“一河两路”及“有河无路”的街河布局②。

---

① 王景，潘墨苑．浅析历史上影响绍兴城市风景营造的因素 [J]. 城市建设理论研究，2013（14）.

② 朱佳木等．当代中国城市发展丛书・绍兴 [M]. 北京：当代中国出版社，2012：18–19.

宋元时期杭州为全国手工业中心，产品行销全国乃至海外。城市生活热闹且极富吸引力，人烟繁盛。同时由于白居易和苏轼等文化名人推广，西湖声名远扬，也为城市增添了不少文化魅力。按《有美堂记》中已有“其俗习工巧”之语。则杭州手工业的发达，殆亦始于五代、北宋时。南宋时杭州百工分十二行，每行凡万二千家，每家至少十二人，多至二十人、四十人不等，制造品行销极广，工人几无暇晷。

江浙水乡地区部分城市具有独特的资源条件，并因此发展传统手工业，如宜兴。宜兴南部山区蕴藏有丰富的陶土资源，陶业的发展对宜兴城市建设和发展起到极关键的作用。根据贺盘发[①]的研究，大约七千多年前的新石器时代，宜兴先民便已熟练掌握了制陶技术。秦汉时期，宜兴陶瓷生产达到了一个空前水平，其质量和产量均处于全国领先地位，著名考古学家蒋赞初先生在论及宜兴陶瓷时说：“至迟在两千多年前的汉代，宜兴就已形成了一个制陶业中心。”唐宋以后，各地名窑蜂起，宜兴因缺乏优质瓷土而另辟蹊径，转而生产日用陶瓷。至明清时期，宜兴已成为全国影响最大的日用陶瓷产地，而且创烧了紫砂、宜均等日后闻名海内外的陶瓷新品，备受上至皇亲国戚、下至平民百姓，尤其是文人们的喜爱。在明末清初时被大量销往日本、东南亚和欧洲各国，成为当地上层社会炫耀身份的奢侈品，并对欧洲陶瓷的创烧产生了深远影响。“宫中艳说大彬壶，海外竞求鸣远碟”，各地商贩为此而云集宜兴，“千里之外，趋之若鹜”，“商贾贸易塞市，山村宛然都会”[②]。由此，宜兴就有了“陶都”之誉。民国以后，特别是中华人民共和国成立以来，宜兴陶瓷的规模和影响与日俱增，陶瓷品种日益繁多，形成了以紫砂、宜均、青瓷、精陶和美彩陶为代表的“五朵金花”，从业人员十余万人，产值数百亿元，成为名副其实的“中国陶都”。

3. 近现代工商业的发展

近现代城市经济的变化，是随着通商口岸的开辟逐渐展开的。鸦片战争后，1843 年上海正式开埠，宁波于 1844 年正式开埠。此后，温州、杭州、苏州等地相继开埠。这些城市主要为条约口岸城市，被迫成为外国倾销商品、掠夺原料的据点。为了抵制侵略，在清末民国初，全国陆续出现主动对外开放的商埠，自开商埠与条约口岸共同构成中国通商口岸的有机整体。但多数自开商埠难以支撑，如无锡自开商埠四年后失败，反映出该时期无锡近代经济发展模式和城市化程度。

① 贺盘发 . 宜兴陶瓷发展史概论 [J]. 江苏陶瓷，1989（01）：34 ～ 41.

② 贺盘发 . 宜兴陶瓷发展史概论 [J]. 江苏陶瓷，1989（01）：34 ～ 41.

开埠促使城市空间走向开放。如宁波，由一个封闭的中国封建府城向开放的近代城市发生转变。开埠后，进入宁波的西方人为了便于开展对外贸易及满足居住需求，划定了外人居留地，并开始修建码头、建筑，使宁波城市格局发生显著变化，即由原来的海曙老城区为主、江东附属两个区块的模式转变为老城、江东、江北三个区块，并奠定了此后城市发展的基本格局。开埠直接导致了城市空间的扩展。到 1860 年代，城市中心已从海曙老城区移至江北，城市范围拓展。港口的开放促进了宁波与周边腹地的联系，增强城市的外围辐射力。

铁路的开通，促使城市格局也随之变化。原来荒芜的地区变成了工商业繁华之地，并形成城市密集区。铁路交通便利了人口流动和客货运输，促进了商品流通的扩大和信息传播，其便捷的交通优势使沿线城市商业中心由原来靠近运河向铁路附近转移和扩张，靠近车站的地方成为商贸繁盛之处，一些新生事物也相继出现，如商店、照相馆、旅馆、转运公司等逐渐增多，城市工商业及进出口贸易随之发展和繁荣起来，城市功能和结构开始向以商业区、金融区、工业区转变，逐渐形成以经济、商业为主的空间格局。

上海开埠前，苏州是国内物流运输的终点和起点，海内外货物先集中到苏州，然后再由苏州散发出去。上海只是苏州的重要转运港，因而被称为“小苏州”，这个称呼恰如其分地体现了上海在江南城市格局中的位置。

近代，上海因开埠通商而迅速崛起，江南地区传统的市场体系发生裂变并重新组合，以上海为中心的苏南城市体系也随之形成。上海作为当时全国最大的城市，无疑对整个城市体系的形成和发展起了重要的促进作用。但是在这背后，它对周边地区所产生的抑制作用也不容忽视。苏州从传统的经济中心下降为上海的经济附属，但它凭借传统的金融优势对整个江南地区城市的发展起到了一定促进作用。

虽然无锡早期开埠失败，但之后凭借优越的地理交通位置而成为上海贸易体系中的重要一环。近现代工商文化仍然成为开启无锡“百年繁华”历史的重要文化因素和精神力量，无锡成为中国民族工业的发祥地。在抗战前跻身中国六大工业都市之一，以荣氏家族、唐氏家族等六大家族为主体的民族工商资本群体在近现代中国独领风骚。近代无锡是闻名全国的“米市”“丝市”和“布码头”。清末，无锡是江苏第一个出现工业企业的县份，光绪二十一年（1895），杨宗濂、杨宗瀚兄弟筹银 24 万两，在锡城东门外羊腰湾创办了无锡第一家民族资本企业——业勤纱厂，拉开了近代无锡机器生产的序幕。业勤纱厂开工后，无锡的棉花经营开始兴盛，北门外江阴巷、竹场巷一带出现专营棉花的纱号。从 1895 年到上世纪二三十年代，涌现出一大批民族工商实业家，他们的积极创业与生产运营始终伴随并支撑了无锡“码头经济”的发展。1900 年，荣宗敬、荣德生兄弟与朱仲甫合伙创办保兴面粉厂，匡仲谋创办吉利布厂，1904 年，周舜卿开办裕昌丝厂。1913 年，无锡近代主体产业的纺织、缫丝、面粉三大产业已基本形成。第一次世界大战后，无锡棉纺织业崛起，使无锡成为与上海、汉口、天津、青岛并称的棉花销售中心市场。纺织业生产对淀粉需求的增加，又带动面筋、粉皮、面粉、榨油等近代食品加工业的发展，促使因漕粮停办一度变衰的无锡米市再度兴旺。1933年，无锡工业总产值在全国六大工业城市中居第三，产业工人总数居第二，仅次于上海，无锡也因此被誉为“小上海”。工商业发展，人口日益繁盛，城市规模扩大，街面店号兴建，道路铺设，桥梁修筑，公共照明等市政工程建设相继发展。

嘉兴在近代整体呈现衰落趋势，尤其是大运河全国性南北交通干道价值被新兴的铁路运输方式取代之后，加上开埠后上海的异军突起，整体经济由“靠江沿河”转向“靠海沿江”。在这种情况下，嘉兴开始了较为被动的工业化，主要仍围绕传统优势产业丝绸业。而沪杭铁路的通车则加快了这一进程，也把嘉兴真正接入了近代发展转型的网络中。由于嘉兴传统缫丝和丝织技术的先进与市场机制的完善，在相当长时间内嘉兴并没有出现新式工业，仍保持了传统的个体生产方式，较多的是产生了一些被称为工场手工业的新型手工业。嘉兴真正意义上的工业化起步相当晚，主要是在商业领域，丝绸贸易国际市场的拓展。1909年沪杭铁路全线通车，加速了嘉兴现代工业的发展。20年代初，民族资本利用嘉兴便捷的交通运输条件，在城区兴建了禾丰纸厂，在南湖东岸建起了纬成丝，利用城北水运，办起了嘉禾布厂、禾兴丝厂、厚生丝厂、秀伦丝厂等。位于铁路、公路沿线的海宁、嘉善、平湖、桐乡等也陆续办起了丝厂、袜厂、布厂等。据史料记载，在30年代，嘉兴市区共有工厂14家，海宁县和桐乡县的丝绸业、平湖县和海宁县的织袜业、嘉善的窑业都有相当规模。上述工业构成了嘉兴市现代工业的雏形。抗战前期，嘉兴工商经济发展迅速，成长为农业、工业、商业、金融业、交通运输业、服务业都比较发达的综合性地区经济中心。嘉兴与新兴的地区中心城市上海间互动频繁，便捷的交通运输成为两地经济快速成长的基础性环节。

七、文化中心转移与地域文化影响

1. 崇文思想与科举的影响

江浙地区文化的发展与我国经济中心从北向南迁移关系密切。随着大量北人南迁，文化中心与人才中心也随之南移。人口南迁使得南方尤其是江浙地区集中接纳了北方各类政治文化精英，从整体上提高了南人素质，使南方的社会经济与文化教育向更高层次发展。江浙地区的“平江、常、润、湖、杭、明、越，号为士大夫渊薮，天下贤俊，多避地于此”；陈亮、黄幹就曾分别指出：今之“公卿将相，大抵多江浙闽蜀之人”。

宋朝以文立国，受重文轻武思想影响，科举更为盛行。加之江浙地区经济发达、生活富裕，对文化教育投入增多，受教育机会增大，文化氛围也日益浓厚，这样形成良性循环。加之江浙地区簪缨望族众多，家学渊源深厚，耕读传家的传统使家族对后辈的教育更加强化。在文科人才选拔上，明清时期全国科举中心逐渐转移至江浙地区，江浙两省的进士与人才占到全国“半壁江山”①，尤以苏州、杭州、常州等城市更为突出。而这一时期，江北地区科举人才相对较少，并非江北人士不注重学术，而是由于扬州学派、泰州学派以朴学为主，诸子一般为士流所不见容，他们与官场保持一定距离，不远涉及仕途，因此选举人数较江南低。②

明代，朱元璋重视文化教育，在南京设有国子监，全国各地设立各种学校。学校之兴盛，为历朝之冠。南京国子监是当时的全国最高学府，吸引大量学生，其中不乏高丽、日本等国留学生。江南贡院是明清时期苏皖两省的秋试之地，为除北京以外全国各省乡试考场之冠。每三年的秋闱，苏皖两省学子汇聚南京。历史上，许多著名人物，如唐寅、李鸿章、张謇等都从这里脱颖而出，大量文人才子聚集南京。

在崇文大环境下，形成了学者如林、大家辈出、学派纷呈、文化繁荣的景象，使江浙地区发展成为文化发达区。如兴化，素有“无舟楫不行”“自古昭阳好避兵”之称。尤其自明初后，兴化基本没有大的战乱。相对而言，物产丰富、生活安稳的社会环境，有利于文化的传承、积累和发展。兴化历代官府均重视学校教育。北宋范仲淹任兴化知县期间，就建学宫、筑文会堂，促进文化教育。明清时期，文化空前繁荣，名宦乡贤著书立说蔚然成风，各类文学体裁中尤以章回小说见长。兴化人施耐庵撰写的《水浒传》是中国古代第一部白话文长篇章回体小说，开辟了章回体小说的源流。此后，兴化人继续发扬，涌现出一大批优秀古代章回小说，成为古代章回小说的重要基地。兴化书画传统源远流长，经历了明代发展期、清代兴盛期、民国繁荣期等历史阶段，产生过六百余名有记载的书画家，如“扬州八怪”的李鱓、郑燮等，对中国书画发展史产生重要影响。这些都促使兴化逐渐发展成为古代江淮地区的文化艺术重镇。千百年文化的养育与熏陶，使得兴化形成了独特的文化底蕴和文化现象。

2. 地域学派思想的影响

两宋时，可谓中国古代文化、学术史上的第二次百家争鸣时期。在学术思想领域，随着地域文化的发展，宋代儒学摆脱了官方一统的局面，分散于各地的思想家自由阐发，各树一帜，因不同的地域界限分别形成各自的学说，浙东学派就源于这一时期。明清时期，江浙地区文化昌盛，有泰州学派、扬州学派等，对文化思想、城乡建设、百姓生活等都带来较大影响。

---

① 根据沈登苗《明清全国进士与人才的时空分布及其相互关系》的研究，明清江浙两省的巍科人物占全国总数的 50%。

② 陈饶 . 江淮东部城镇发展历史研究 [D]. 南京：东南大学，2016:41.

表 3-2　学派信息及影响梳理表

学派	创立时间	创始人	主要思想或研究领域	影响区域	对城市文化等的影响
浙东学派	宋	—	经世致用，偏重于史学研究	浙江（绍兴、宁波等）	● 代表人物：绍兴——黄宗羲、朱之瑜、章学诚、宁波——邵廷采、邵晋涵、全祖望；杭州——毛奇龄。 ● 浙东学派发祥地——宁波白云庄。 ● 文化思想影响：重视工商发展，提倡工商皆本。 ● 城市建设：民居建筑中，既明确张扬功利内容，有反映经世致用思想
泰州学派	明中期	王艮	“万物一体”的生态哲学思想、“百姓日用即道”的民本思想、“仁人君子”的平民教育思想、“大明万世”的社会和谐治理思想	泰州、兴化、江西等地	● 思想：促成晚明文艺启蒙思潮和科学启蒙思潮。 ● 乡村建设：泰州学派起于劳动阶层，其思想在劳动人民中广泛流传，并成为建设乡村的重要力量。 ● 城市建设：泰式民居受王艮思想影响，形成了独有的简朴实用特色。 ● 代表人物：泰州——王艮、王栋、王襞，兴化——韩乐吾等
扬州学派	清中期	—	经学、小学、校勘学、训诂学	扬州、高邮、兴化以江苏、浙江、徽南为中心，向外辐射	● 代表人物：扬州——焦循、汪中、阮元、刘台拱、刘宝楠、刘恭冕、刘文淇；高邮——王念孙、王引之、李惇、贾田祖；兴化——任大椿、顾九苞等

（来源：根据资料整理）

八、战争或主要建设者的主观意图等历史事件

1. 军事战争

军事战争对城市形成与发展影响可以分为两个方面：一是军事战略地位影响城市的形成与发展建设；二是因军事战略形势，江浙水乡地区，尤其是沿江、沿河、沿海城市成为某些重要战争的发生地，战争使得城市被破坏，又逐步重新建设，战争对城市建设、经济发展、习俗等带来一定影响。

（1）军事战略地位

江浙水乡地区，跨越长江，东临大海，长期处于政权争夺、南北对峙的重要防御地区。古代中国大战均以南北战争为主，而南北战争，有三条防线，一是黄河天堑，二是淮河流域，三是长江天堑。江浙水乡地区涉及淮河流域和长江流域，且多数城市沿江、沿海、沿河，多为交通枢纽，更是军事要地，如淮安、扬州、南通、镇江、南京等地。因此，不少城市的形成与发展多与军事所需相关。

淮安，位于淮河之滨。在魏晋南北朝时期，长期处于战争和对峙前沿，经济发展受到严重遏制和破坏，泗口古镇、淮阴故城、北辰镇等古城镇，几乎都沦为纯粹的军事堡垒。南齐永明七年（489），割直渎、破釜以东，淮阴镇下流杂100户置淮安县，"淮安"之名始见[①]。

扬州枕江距海，扼守南北交通线，其军事战略意义之重要不言而喻。早在春秋时期，《左传》记载：周敬王三十四年（前486）"吴城邗，沟通江淮"。吴王夫差为北上伐齐争霸中原，开凿沟通长江和淮河的邗沟，筑起了一座邗城，即今扬州城前身。邗城、邗沟的建设，均起源于军事战争需要。但是，其后吴国被越国击败，无力北上争霸，所以这座城当时实际并未起过什么重要作用。虽如此，但邗城的建设为此后扬州的发展奠定了基础。

南通，临江滨海。唐僖宗乾符二年（875），设狼山镇遏使，统管防务诸事。五代十国时期（907～960），设静海军，始称通州，筑州城、设刺史、领静海、海门二县，属扬州府。

南京城的产生和发展与其所处军事地理位置密不可分。南京上连荆楚，下联吴越，势控两江，进可战，退可守，使得南京历为军事重镇。春秋战国时期，南京地区是吴、越、楚交界地带。越灭吴后，筑"越城"，城为与楚国争霸而建，是有明确记载的今南京市区内最早的古城。楚国战胜后在石头山上建金陵邑。这些城市是南京城的前身，它们具有同样的一个功能，就是长江沿线的军事据点，基本作用是控制长江的交通。由于城邑建设出于军事需要，因此在选址上都位于江河交汇处，依山川形势建立，地势险要、易守难攻。东吴孙权更是因南京重要的军事地位而建都于此。东汉末，孙权自京口徙秣陵，筑石头城，改秣陵为建业，后迁都建业。此后的六朝、南唐等大都也因南京优越的地理形势造就的军事因素而以南京为都城。同时，军事战略要地使得南京成为战乱频发地，数次改朝换代的战乱都涉及南京。这些战乱给南京城带来巨大甚至是毁灭性的打击，南京的城市发展就是在"崩溃和修复"的周期性振荡中逐渐发展演变的[②]。重大战争对南京的影响将在下文具体论述。

镇江在军事上受到重视是基于其地缘位置的重要性与地形。北临长江，与扬州隔江而望；东南则为太湖平原，连接吴越之地；西南则为南京。镇江城北有金山、焦山、北固山，虽海拔

① [清]卫哲治. 乾隆淮安府志・卷二[M]. 北京：方志出版社，2008：57.

② 王毅. 南京城市空间营造研究[D]. 武汉：武汉大学，2010：118.

不高，却成掎角之势，俯瞰长江，为天然堡垒，为镇江提供了优越的镇守形势。因此，镇江历来为沟通南北、镇守江南的咽喉之地。早在三国东吴时期，孙权选择镇江（时称京口）作为治所，在此筑“铁瓮城”。铁瓮城利用山体修筑，内外皆固以砖壁，平面形如卓瓮，是一座坚固的军事堡垒。东晋时期，谢安以在镇江的南迁移民为主，招募成立朝廷直控的北府兵，镇江的军事地位再度增强。六朝时期，镇江成为都城南京的东部屏障，军事地位提升，使得该地区大力发展。唐代，为保障分布在铁瓮城周边众多衙署的安全，筑夹城，夹城分为东、西两座①。唐时在镇江设立水师，宜控东南。明代，南京初为国都，后为留都，镇江作为南直隶地区，同时拥有拱卫留都、扼守江南的双重责任。正如陈仁锡所言：“镇江者，上为留都辅郡，下为吴越咽喉，乃江南第一城也。”②

此外，湖州、常州等城市也与军事战争相关。如，湖州早期城址的建立均与军事战争有关。吴王阖闾时期建立了大量军事堡垒，如太湖边的“三城三圻”，其中的邱城是湖州城市早期雏形阶段的重要遗址。现今湖州市所在地则源于秦末项羽起兵时所筑项王城（子城），自此后湖州城址未经变迁。

（2）重大战争

① 五代十国后周与南唐的战争

后周与南唐之战涉及江苏地区较多，如扬州、泰州、常州和淮安。

表 3–3　五代十国时期研究区域内部分重要战争及影响梳理表

时间	战争名称		涉及的研究城市
后周显德二年至五年（955—958）	后周攻南唐之战	连克数州	扬州、泰州
		常州之战	常州
		扬州之战	扬州
		周世宗第三次亲征	楚州（淮安）、泰州、扬州

（来源：根据资料整理）

这一时期江淮地区因军事防御需要，各地多有筑城建设。如扬州城市破坏严重，重修扬州城，为后周江都小城。泰州后周显德五年（958）在大城内增筑小城（又称子城）。

② 宋元时期的宋金、宋元战争

江浙位于南北防御战略区，战事频繁，受影响城市较多，如扬州、泰州、常州、淮安、苏州、杭州等。因军事防御需要，各地多有加强城防建设。

① 徐耀新主编 . 历史文化名城名镇名村系列 • 镇江 [M]. 南京：江苏人民出版社，2017：14.

② [明] 陈仁锡 撰 . 中国史学丛书 • 皇明世法录 • 江南倭防 • 镇江府总论 [M]. 台湾学生书局，1965.

表 3–4　宋元时期研究区域内部分重要战争及影响梳理表

时间	战争名称		涉及城市
北宋建隆元年（960）	扬州之叛		扬州
北宋靖康年间（1126–1127）	靖康之变		—
南宋建炎年间（1127 ~ 1130）	金军进军南宋之战（含黄天荡之战）		楚州（今淮安）、建康（今南京）、扬州、真州（今仪征）、镇江、常州、平江（今苏州）、秀州（今嘉兴）、临安（今杭州）、越州（今绍兴）、明州（今宁波）
南宋绍兴四年（1134）	大仪、承州之战		承州（今高邮）、大仪（今江苏扬州西北）
南宋绍兴三十二年（1161–1162）	金攻宋之战		楚州（今淮安）、扬州、泰州、通州（今南通）、平江（今苏州）、明州（今宁波）
南宋德祐年间（1275–1276）	宋元战争	临安之战	扬州、常州、平江（今苏州）、临安（今杭州）
		常州之战	常州
		扬州之战	扬州、通州（今南通）、高邮

（来源：根据资料整理）

这一时期，扬州为城防布局，建“堡砦城、夹城、大城”，形成三城一体的城市格局。南宋，扬州作为南宋北部边境的最后一道防线，其战略防御地位与日剧增。整个南宋时期扬州城池的变化相当复杂，曾数度增筑或修缮城池，增设堡寨等防御设施，完善防御体系。从建炎元年（1127）至乾道三年（1167），三次大修城池，完成宋大城的修建。淳熙二年（1175）郭棣知扬州，因唐子城“凭高临下，四面险固”，所以在已废的蜀冈唐子城故址之上重加修筑，谓之“堡砦城”或“堡城”。堡城与作为州城的宋大城南北对峙，“相隔二里余，为通来往，又筑土夹城，疏两壕。至此宋三城基本建成，即自北而南为堡砦城（后改为宝佑城）、夹城和大城。宋代三城一体的城市格局，是两淮流域城防布局的重要体现，也是平原地区筑城防御的典型代表。此外，城池周边建设堡寨等，完善城池防御体系。郭棣在修筑堡城后，又在其旁边筑石城堡寨一座；李庭芝兼知扬州，为阻止元兵，于东南角外高地，构望楼，筑城包之，名为平山堂城”。平山堂，为扬州城制高点之一，成为扬州城防御的一个设防重点，由此构成了完备的城池防御体系。元代沿用宋大城，至元末战争中，城已被破坏。

高邮是南北水陆要卫、淮扬咽喉，军事战略地位明显，尤其是宋金时期。因其战略地位重要，北宋置高邮军，直属京师，并建高邮城。城垣外形接近正方，周长 10 里 316 步，高 2.5 丈，面阔 1.5 丈，四围皆有壕堑。城市建设体现军事城镇特点，其军城城址一直沿用至今。南宋与金划淮河为界，高邮战略地位提升，建炎四年（1130）升高邮军为承州。著名的抗金将领岳飞、韩世忠、张浚先后率军在高邮抗金。韩世忠曾命高邮提举董旼营修缮高邮城墙。

泰州在南宋也有修城记录。南宋初期，修城浚濠，开四城门，加筑月城，月城上加建门楼，在城门外又筑瓮城。建炎三年至宝祐三年，城河多次大修加固，城坚濠宽，不易攻取。

此外，其他城市也存在修城行为，如南通在北宋时期为防金兵增筑瓮城，常熟等。

宋金对抗时期，江淮地区是南北政权军事冲突最频繁的区域。由于金军不习水战，江淮东部河网密布，湖荡繁多，因此该地区成为南宋最有利的防守优势。南宋政府在此建立了一系列防御措施和城防建设，如修筑城墙和山水寨等。江淮间大量的村镇因宋金之战而得名，并留用至今，如高邮境内的三垛镇、一沟镇、二沟镇。一沟镇（今为龙虬镇），相传南宋韩世忠抗金在此（今北澄子河）筑过第一道壕沟，故名一沟。兴化的得胜湖，原名缩头湖，因梁山义军在此大败金军，而更名为得胜湖。

③ 元末张士诚反元

张士诚反元涉及区域主要为江浙一带，包括兴化、高邮、泰州、扬州、常熟、常州、苏州、湖州、松江、绍兴等地。

兴化，为张士诚揭竿起义之地。张士诚出身穷苦的“亭民”之家，以“操舟运盐”为业。元至正十三年（1353），张士诚在兴化草堰场率众起兵，当时起义的共有18人，因起义时的武器为扁担，又称为“十八条扁担起义”，起义人多为兴化、高邮、海陵的百姓。

高邮，为张士诚称王之地。张士诚起义后，很快攻克高邮，次年在高邮城北的承天寺称王，号大周。高邮作为张士诚的王都，直至至正十六年（1356）迁都平江（今苏州）。

泰州，因战争城毁，被迫向北拓展。张士诚率军两次入泰州城，致使城池被毁，百姓流离失所。此后，徐达、常遇春攻打泰州，泰州城再次毁于一旦。但在攻下泰州后，当年立即兴宫修城，留兵屯驻守。两次重大的兵灾彻底毁坏泰州城。城市被迫沿北城门向北拓展，也促进了城市北部发展，为商业中心在城北形成奠定了基础。为攻打泰州而开挖的南官河，给里下河农业与运输业带来充足水源。

苏州，为张士诚迁都之地。元至正十六年（1356）张士诚迁都平江，改为隆平府。在苏州，张士诚减少田赋、奖励蚕桑、兴修水利、疏浚白茆江，发展经济和文化教育，开办弘文馆，促进了苏州农业、经济、文化的大力发展。同时，加紧巩固城防，在阊、胥、盘、葑、娄、齐门加建瓮城，使苏州城防更加完善。

在此战争期间，为军需开挖的河道等也对城镇发展起到一定作用。如在嘉兴，起义军张士诚发动民开挖从塘栖至杭州的新河，使江南运河南端改道，不再经长安闸和上塘河，而是经桐乡崇福折西过大麻后入余杭界；运河的改道促进了崇福镇的繁华。

张士诚在其势力范围内，革除赋税弊政，劝课农桑，受百姓拥戴，在民间影响力巨大。因此张士诚死后，苏南一带人民多供奉张士诚，形成具有特色的民俗。如在泰州，张士诚成为城隍神，民众开展系列“祭张王”活动；常州的挂天灯活动；苏州每年农历七月卅日烧“狗屎香”[①]。这些民俗，代代相传，流传至今，成为地方民俗文化的重要组成部分。

④ 明代的海防抗倭

明代倭寇对我国沿海的侵扰逐渐猖獗，明廷为抗击倭寇，建立了一套以卫城、所城为骨干，堡、寨、墩、烽堠等相结合的海防防御体系，并沿东部海岸大力建设军事聚落。江浙水乡地区为海防重要区域，几乎所有城市都设有卫所等军防设施。如明初，在江北区域设有扬州卫、高邮卫、仪真卫、淮安卫、通州所、泰州所、兴化所、仪真水寨、狼山水寨、圌山水寨等；在江南区域设有镇江卫、苏州卫、太仓卫，浙北杭州湾区域的海宁卫、绍兴卫、临山卫、定海卫、观海卫、乍浦所、澉浦所、三江所、三山所、大嵩所等。

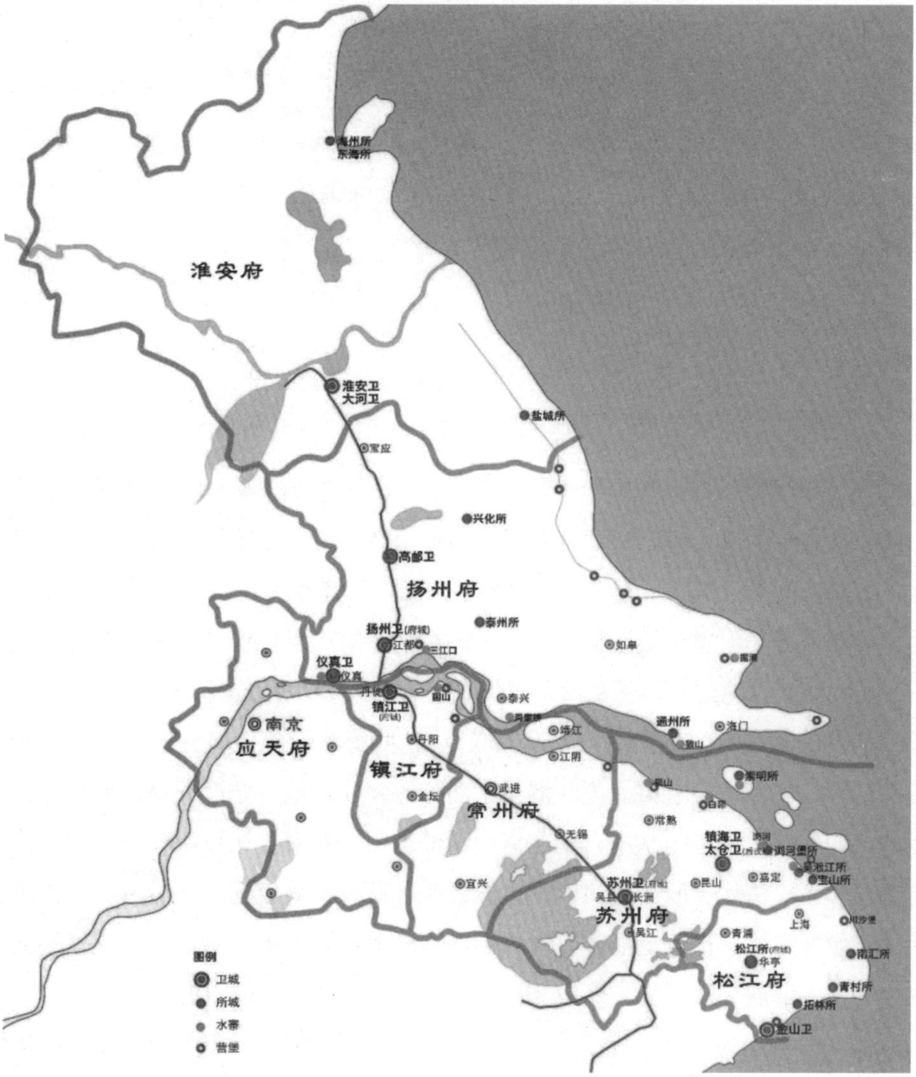

图 3-19　南直隶海防军事聚落分布总图

（图片来源：陈嘉璇 . 明南直隶地区海防军事聚落体系研究 [D]. 天津：天津大学，2018.）

① 据说张士诚小名“九四”，因避明朝忌讳，而称为烧“九四香”，经与苏州方言结合演化为“狗屎香”。

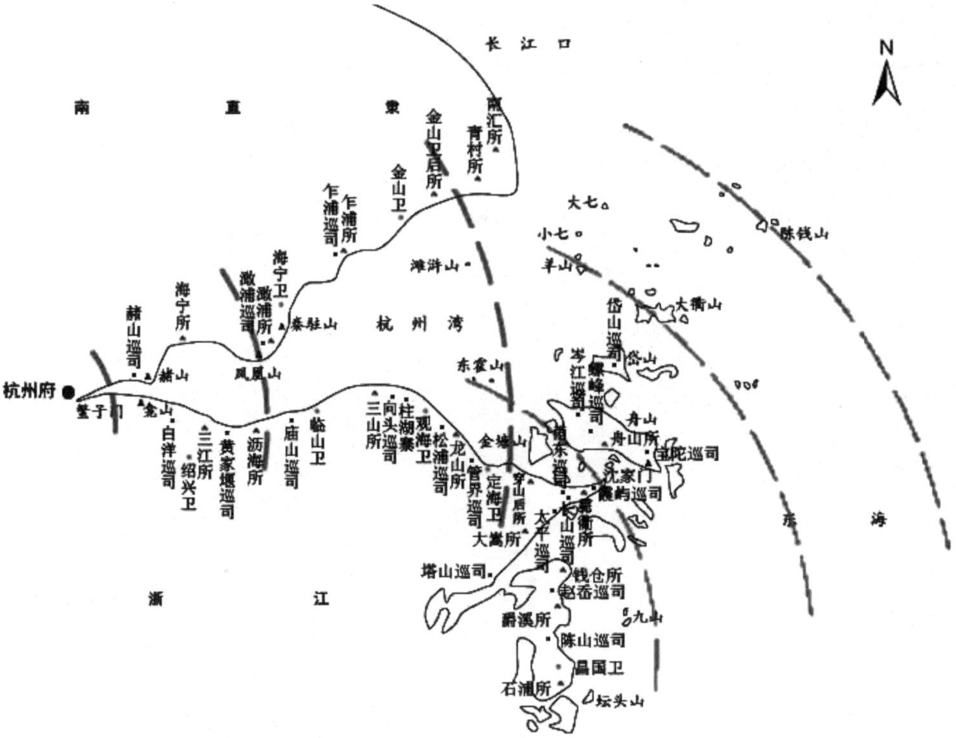

图 3-20　杭州湾沿岸地区海防聚落布局图

（图片来源：尹泽凯 . 明代海防聚落体系研究 [D]. 天津：天津大学，2015.）

这一时期城镇聚落发展与规模等多受防御影响，尤其沿长江入海口、沿海的城镇影响更甚。如宁波，它在海岸线上的重要位置和其特殊的地形特点，决定了宁波在海防上的重要性。自唐代起，其海防设施就不断发展。唐代为强化军事功能，在城的基础上建立军镇。宁波就有慈城、鄞塘、望海、城关等。但多未设置显著而长久的军事布防。元代宁波作为海上门户的海防意义初现端倪，明代海防设施建设达到高峰。明代宁波地区设有 5 处卫城、8 处所城、15 处巡检司、6 处山寨、29 处关隘、2 处瞭望台、88 处烽堠①。这些海防设施沿海分布，北至余姚、慈溪，南至象山三门湾，多选址于宁波海湾、港口、岛屿等险要之地，宁波的地理形势得到最优质的利用。因此，明代宁波海防的基本布局在清代继续沿用，并通过增设墩台、汛地、营房等，进一步完善海防体系。清代宁波的海防建设虽然较明代而言，规模远不如后者，但在精细程度上做了严密的考量和安排，部署更周密。清代后期，随着商贸发展，军事功能逐渐被削弱，军事设施所在之处，多发展为重要的集镇或乡村，如大嵩、石浦、观海卫等。

同时，这一时期出现较多大规模的修城建设行为。由于所城、堡寨等多身处防倭前线，防御需求较高，修城需求更加迫切，长江、钱塘江入海口江岸两边地区尤为集中。

明嘉靖年间，扬州经历了一段较长时期的抗倭斗争，为保护旧城外的商业和手工业工区，知府吴桂芳在旧城东南角循运河折而向北，复折而向西另筑新城，约十里，有门七座。新旧城

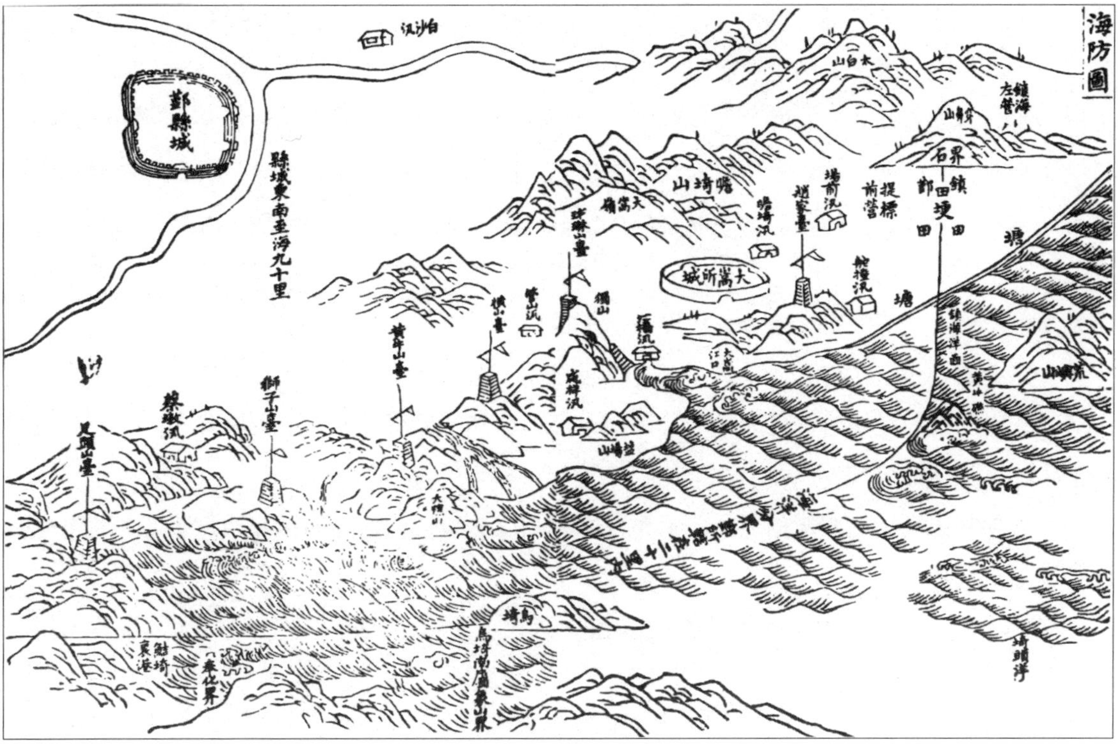

图 3-21　海防图

（图片来源：清光绪三年（1877 年）《鄞县志》）

之间有护城河，增建南水门。

明万历年间，为防倭知州王之城在南通城南建新城。新城从南望江楼两翼建城墙，“分别向东、西延伸，再北折，几在垂直方向，东接原州城之东南城脚，西接原州城之西南城脚，延袤七百六十丈。”

⑤ 清末太平天国战争

太平天国运动东征江南时涉及区域包括苏南及嘉兴、上海一带，也包括南京、常州、无锡、宜兴、苏州、常熟、嘉兴等地。其最主要影响：苏南地区和浙北地区，人口骤减，经济遭破坏，影响漕运，运河城市带急遽衰落，文化遭破坏。

南京，为太平天国都城，受其影响尤为明显。太平天国时期，湘军的洗劫与纵火焚城，使南京城遭受重创。太平天国攻占南京后，定都南京。“城中房屋十之八九毁于兵火”[2]，城内居民多惨遭屠杀。太平天国军队大肆敛财，强争民房，各王大规模兴建王府或衙署等，至太平天

① 根据张亚红、徐炯明的《宁波明清海防研究》中对明代宁波地区海防设施的研究统计而得，统计范围包括宁波的临观战区、定海战区、昌国战区。

② 薛兵 . 南京城市史 [M]. 南京：东南大学出版社，2015：149.

国后期南京城内王府约有20处，主要分布在堂子大街以南区域。太平天国初采用供给制度，禁止商贸，手工业者按不同行业分编，集中管理，手工业为官营，田地收成归天国所有，百姓无以为生。后指定城外“六处”进行商贸，但仍需官方许可，不允许私自经营。这一时期南京传统手工业大为衰落，尤其是南京云锦。清道光年间，“城厢内外隔离丝织机台总数已达五万多台。机杼之声，比户相闻”。为躲避战火，机户大多流寓外地，加上战火毁坏，云锦业元气大伤，规模大不如前。清军收复南京后，重建官署学府，建金陵织造局，修复贡院、恢复科考等，城市建设、经济发展和社会生活逐渐正常化。

镇江，在太平天国时期，是天京门户，也是太平军和清军争夺的重要焦点。太平军占据镇江后，积极加强镇江城防，建造新城，以山为城，长江、运河为池，南则屏蔽大城，北则俯瞰击敌水师，最得形势①。

镇江被占据后，清政府的运河漕运中断，被迫改为海运，这也间接导致位于江北的漕盐枢纽扬州经济衰落。

苏州，在太平天国期间，经济损失惨重。清咸丰十年（1860），庚申之劫，枫桥至阊门二十里商业区被烧毁，街道、桥梁、建筑等遭受极大破坏，数万百姓逃往上海。正如诗文所言：“清军十万仓皇来，三日城门闭不开。抚军下令烧民屋，城外万户成寒灰。”战后，苏州作为全国经济中心的地位被上海取代。

江浙水乡地区的其他城市，均受到不同程度影响。如无锡，崇安寺和无锡洞虚宫均被毁；湖州，人口锐减，丝绸贸易中断，大量富户移居上海；杭州，人口锐减，从当时世界十大都市中除名，经济遭严重破坏。

太平天国战争之后，伴随着区位性的大移民和社会秩序重构与整合，江南地区逐渐成为中国近代化的先行区域。

⑥ 民主主义革命战争

江浙地区是晚清时期经济、文化最发达的地区之一，也是思想最先进、最开放的地区之一。这些为民主主义革命的开展提供了一定基础。

民主革命促进了江浙地区新的社会阶层——工商业者形成的资产阶层的产生，有利促进了民族工业发展，加速了农村经济的发展和城乡经济联动。常州、无锡、南通、苏州、上海、湖州、嘉兴、宁波等地都有体现。如常州、无锡等涌现一批实业家，开办工厂、变商为工，促进城市近代工业化发展；苏州、湖州等地的蚕桑产业发展，带动周边村镇的农业商品化发展，城乡经济联动发展的体制越加强固。

由于战争与武力冲突连年不断，对城市发展造成巨大影响。尤其是日军全面侵华战争期间，

① 徐耀新主编 . 历史文化名城名镇名村系列 . 镇江 [M]. 南京：江苏人民出版社，2017：15.

许多城市多损毁，城市人口锐减，商贸经济严重萎缩。如南京逾 30 万同胞惨遭日军屠杀，1/3 房屋被烧毁；日军入据镇江时，烧毁房屋 16700 间，大路西段、南门街等变成焦土；苏州的阊门外石路商业区、火车站、观前街、道前街、护龙街等多处均惨遭轰炸，破坏严重。

2. 建设者的主观意图

（1）南通

南通造就了张謇，张謇也造就了南通。张謇大力推进发展实业，奠定了南通以棉纺织业为主导产业的工业体系，促使南通农业经济社会向工业经济社会转型。工业的发展促进了商业、金融、教育、交通等方面的繁荣，使得南通城区转向以商业区、金融区为中心的城市布局，城区功能分区出现分工的近代类型的演变；市域空间上出现功能突出的新兴工业市镇、港口区、风景区，形成“一城三镇”的城市布局结构，南通城市布局和形态向先进的近代化城市转变。近代南通经济的发展带动了区域经济的全面增长，也推动了淮南盐垦区农业的发展和垦区卫星市镇的兴起，江苏东部沿海地区出现大量盐垦公司和新市镇，南通对区域发展的辐射效应明显，成为区域性多功能城镇中心。

经济发展带动城市各方面的全面规划建设，从文化教育、慈善公益到公园游憩，反映南通的发展不仅局限于物质规划，而是重视全面的社会规划。张謇非常重视教育文化发展，极力倡导开创，使近代南通实现了由传统教育体制向近代教育体制的转变。南通的近代教育不仅是体制的转变，更主要体现在“开民智、明公理”“德、智、体三育”的教育理念，即现代所崇尚的素质教育。南通教育体制的转型，不仅为南通民众提供接受新式教育的机会，也为南通乃至全国培养了大批人才，这也正是南通领近代教育翘楚之所在。此外，近代南通较早领受了中西文化融合的结晶——南通博物苑，由此拉开了普及科学知识、推广近代文化的序幕。图书馆、巡回文库、阅报社、通俗教育社等的设置，更进一步推动现代文化普及。这种影响对今天的南

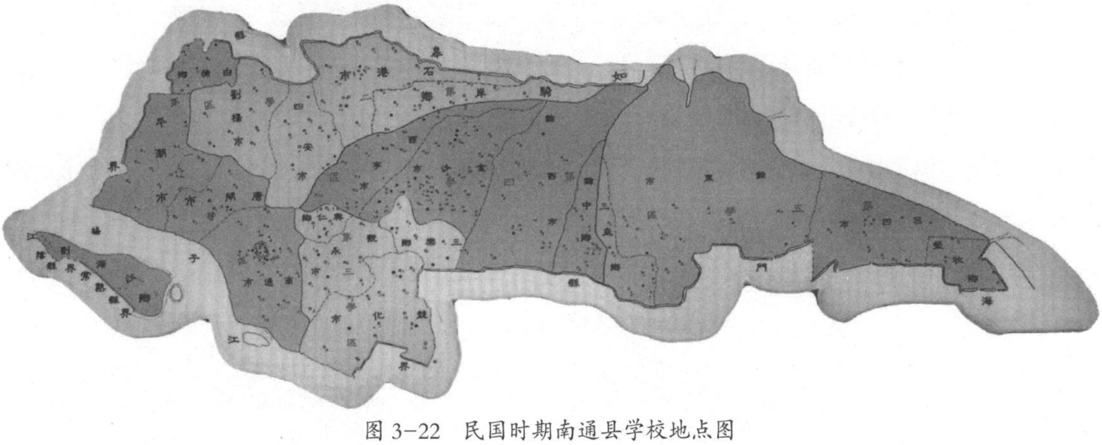

图 3-22 民国时期南通县学校地点图

（图片来源：自摄）

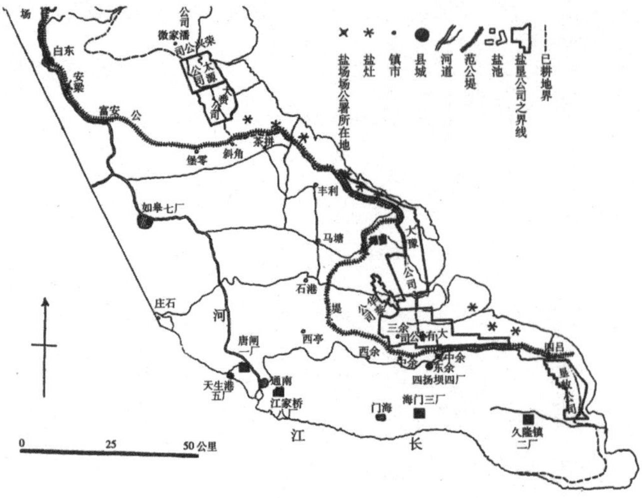

图 3-23 大生八大纱厂规划

（图片来源：于海漪．南通近代城市规划建设 [M]. 北京：中国建筑工业出版社，2005.）

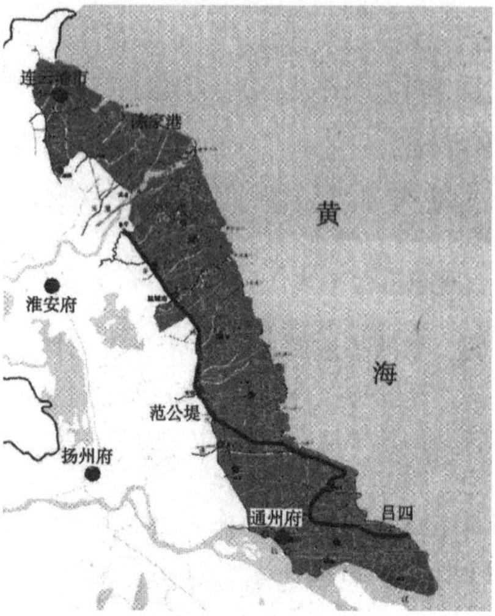

图 3-24 两淮盐垦区示意

（图片来源：于海漪．南通近代城市规划建设 [M]. 北京：中国建筑工业出版社，2005.）

通依然存在，南通人重视教育、积极参加社会活动的特点使现在的南通充满活力。

（2）苏州

阖闾元年（前 514），吴王欲称霸中原，委计于伍，伍子胥提出“立城郭，设守备，实仓禀，治兵库”的建国方略，遂派其筑城。伍子胥“相土尝水，象天法地”，“造筑大城。周围四十七里，陆门八，以象天八风。水门八，以法地八聪”①。伍子胥在对实地地形、土壤、水源与流域等调查基础上，选择太湖边一块高亢之地作为阖闾城城址，并将城的结构、位置座向与天象相呼应，建造阖闾大城。科学的选址，精心的规划，使得阖闾大城延续至今。

阖闾大城为三重城，子城居中，大城居中，外有城郭，亦即“郛”环卫之。这也契合周朝延续的“城内有城，城外有郭”的营城制度。是时，吴王意欲争霸中原，阖闾大城的建设，也充分体现了吴国之争强意愿。“筑小城，周十里，陵门三，不开东面者，欲以绝越明也。”子城的修筑与一般城池四面开门不同，仅设三门，在城东不开城门，示意已绝越国之路。吴意欲吞并越国，从两国地理位置上讲，越国在吴国东南方位，处于十二生肖蛇的方位上，因此在东南方向设蛇门以制约越国。因吴的主位正处于辰位，为龙位，因此在小城南门上的瓦头上设置鲵鱼来象征龙角，以龙克蛇，同时在南大门上设有向北叩首的木蛇，以表示越国臣服归属于吴国。盘门上曾悬有木制蟠龙，以示震慑越国，龙以盘为势稳，因此西南为盘门。这些布局充分

① 《吴越春秋》· 卷二阖闾内传第四：“子胥乃使相土尝水，象天法地，造筑大城。周围四十七里，陆门八，以象天八风，水门八，以法地八聪。筑小城，周十里，陵门三，不开东面者，欲以绝越明也。立阊门者，以象天门通阊阖风也。立蛇门者，以象地户也。阖闾欲西破楚，楚在西北，故立阊门以通天气，因复名之破楚门。欲东并大越，越在东南，故立蛇门以制敌国。吴在辰，其位龙也，故小城南门上反羽为两鲵鱙以象龙角。越在巳地，其位蛇也，故南大门上有木蛇，北向首内，示越属于吴也。”

体现了吴必胜越的意愿。《史记·律书》中说："阊、阖风居西方。"因此，向西建阊门以象天门，引入阊风以通天上。而当时，楚国在吴国西北方向，因此阊门又被称为破楚门，以示吴必胜楚的决心。如此规划布局的古城，意欲振兴强盛，其主题思想不言而喻。

（3）绍兴

越王勾践在经历了"会稽之耻"后，做出了"定都树国"的重大战略决策，并委托范蠡在"平易之都""四达之地"建造越都城，由此奠定了绵延至今的绍兴建城史。

公元前490年，越王勾践归国，之后为重振国威，灭吴雪耻，更想逐鹿北上，称霸中原，将越国都城从会稽山北麓的山会山区移建到会稽山北麓的山会平原。又在公元前468年，迁都琅琊，都城仍在绍兴，琅琊为越国陪都。楚越之战后，今钱塘江以北地区被纳入楚国版图。秦王政二十五年，"降越君，置会稽郡"，于会稽中心地设山阴县。绍兴古城作为越国都城的历史终结，进入山阴县城和会稽郡城时期。东汉永建四年（129）分会稽郡，钱塘江以南置会稽郡，郡治设在山阴，会稽地区经济逐步发展。山阴县城即会稽郡城，即钱塘江以南浙江全部和今福建北部行政区域中心。

九、江浙水乡地区历史文化名城形成与发展规律

1. 江浙水乡地区发展各阶段的主导影响因素

先秦时期：影响地区的主导因素有海陆变迁与区域水环境治理、军事战争。

秦汉时期：影响地区的主导因素有海陆变迁与区域水环境治理、盐业发展。

三国两晋南北朝时期：人口迁移、区域水环境治理。

隋唐时期：运河建设与漕运发展，盐业发展，手工业、商业发展。

五代十国时期：军事战争。

两宋时期：经济中心南移、手工业、商业发展，运河建设与漕运发展，军事战争。

元：军事战争，运河建设与漕运发展，手工业、商业发展。

明清时期：运河建设与漕运发展，盐业，手工业、商业发展，军事战争。

民国时期：近现代工商业发展，军事战争，盐业。

2. 各影响因素与城市发展的关联度

水陆变迁与区域治水营田：影响城市17座，影响覆盖程度最高，是江浙水乡地区名城形

成与发展的重要基础。在城市形成与发展早期，尤其是隋唐以前，海陆变迁影响较大，至两宋时期，江浙地区水环境治理基本定型。

水陆交通网络与交通方式变迁：影响城市13座，影响覆盖度高，其中影响较突出的有高邮（驿路体系的影响），扬州、淮安（内河航运衰落与近代铁路运输崛起），宁波（海上运输的发展）等。水陆交通网络是江浙水乡地区形成与发展的主要动力之一。

重大人口迁移：影响城市11座，魏晋南北朝时期，对长江以南城市影响最为广泛；明初的人口转移，则对长江以北的江浙水乡城市影响广泛。

运河建设与漕运发展：影响城市的覆盖程度高，直接影响城市11座，此外，受到以运河为骨干的水网体系影响的城市4座；影响时间跨度长：自春秋战国时期至清末民国初期。运河建设是促进江浙水乡地区发展的主要动力之一；隋唐确立的漕运制度，也是影响沿运河城市的主要动力之一。

海盐产业的发展：影响城市6座，影响时间跨度最长，自春秋战国时期至民国末期。

经济重心南移、手工业与商业的发展：影响城市10座，影响最为突出的是丝织业、棉纺业、商贸业。三个阶段影响最突出，隋唐时期、两宋时期、明清时期。唐宋以后，经济中心转移到江南地区，江浙水乡地区的城市，尤其是长江以南地区的城市，多经济发展繁盛。近代工商业发展影响的城市，则主要集中在沿江沿海地区城市。

文化中心转移与地域文化影响：影响城市7座，主要集中在宋至明清时期。

战争或主要建设者意图：影响城市15座，主要集中在唐末至五代十国时期、宋元时期、元末明初、清末时期、新中国建立初期。

3. 各因素对城市形成发展影响的重要程度

从各影响因素在时间持续性、作用显著性和关联带动性三方面考虑，进行各影响因素对城市形成影响的重要程度评价，划分为：影响程度重大、影响程度一般、影响程度较小三个层级。

淮安：对淮安影响重大的因素主要有四个，为水陆交通网络与交通方式变迁、运河开凿与漕运发展、海盐产业发展、战争或主要建设者的主观意图等历史事件。具体来说，清末民国时期，铁路运输逐渐取代内河水运交通，这一转变使淮安的交通区位优势陡然下降，因此带来城市商业经济、海盐产业、运河经济发展的衰落，甚至文化发展也受影响；运河的开凿和漕运发展，是促进淮安古代（尤其是明清时期）长时期繁荣发展的最主要因素，清末漕运制度的废止也是淮安城市衰落的主要因素之一；淮安自古多为兵家要地，近代更是革命风暴中心，成为重要的根据地和解放区，为中华民族的独立建立巨大功勋。

高邮：重大影响因素主要有三个，为水陆交通网络与交通方式变迁（驿路体系）、运河开凿与漕运发展、战争或主要建设者的主观意图等历史事件。

扬州：重大影响因素主要有五个，为水陆交通网络与交通方式变迁、运河开凿与漕运发展、海盐产业发展、经济中心南移与手工业商业发展、战争或主要建设者的主观意图等历史事件。

兴化：重大影响因素主要有三个，为自然地理环境变迁与区域治水营田、海盐产业发展、文化中心南移与地域文化影响。

泰州：重大影响因素主要有四个，为水陆交通网络与交通方式变迁、海盐产业发展、文化中心南移与地域文化影响、战争或主要建设者的主观意图等历史事件。

南通：重大影响因素主要有四个，为自然地理环境变迁与区域治水营田、重大人口迁移、海盐产业发展、战争或主要建设者的主观意图等历史事件。

南京：重大影响因素主要有三个，为重大的人口迁移、文化中心南移与地域文化影响、战争或主要建设者的主观意图等历史事件。

镇江：重大影响因素主要有两个，为运河开凿与漕运发展、经济中心南移与手工业商业发展。

常州：重大影响因素主要有三个，为自然地理环境变迁与区域治水营田、水陆交通网络与交通方式变迁、运河开凿与漕运发展。

无锡：重大影响因素主要有四个，为水陆交通网络与交通方式变迁、运河开凿与漕运发展、经济中心南移与手工业商业发展。

宜兴：重大影响因素主要为经济中心南移与手工业、商业发展。

苏州：重大影响因素主要有五个，为自然地理环境变迁与区域治水营田、水陆交通网络与交通方式变迁、运河开凿与漕运发展、经济中心南移与手工业商业发展、文化中心南移与地域文化影响。

常熟：重大影响因素主要有三个，为自然地理环境变迁与区域治水营田（塘浦圩田）、水陆交通网络与交通方式变迁、经济中心南移与手工业。

嘉兴：重大影响因素主要有四个，为水陆交通网络与交通方式变迁、运河开凿与漕运发展、经济中心南移与手工业商业发展、战争或主要建设者的主观意图等历史事件。

湖州：重大影响因素主要有四个，为自然地理环境变迁与区域治水营田（溇港圩田）、水陆交通网络与交通方式变迁、运河开凿与漕运发展、经济中心南移与手工业商业发展。

绍兴：重大影响因素主要有四个，为自然地理环境变迁与区域治水营田、水陆交通网络与交通方式变迁、文化中心南移与地域文化影响、战争或主要建设者的主观意图等历史事件。

杭州：重大影响因素主要有五个，为自然地理环境变迁与区域治水营田、水陆交通网络与交通方式变迁、运河开凿与漕运发展、经济中心南移与手工业商业发展、文化中心南移与地域文化影响。

宁波：重大影响因素主要有五个，为水陆交通网络与交通方式变迁、运河开凿与漕运发展、经济中心南移与手工业商业发展、文化中心南移与地域文化影响、战争或主要建设者的主观意图等历史事件。

表 3-5　各时期江浙水乡地区、城市发展影响因素梳理

历史时期	区域影响因素	淮安	高邮	扬州	兴化	泰州	南通	南京	镇江	常州	无锡	宜兴	苏州	常熟	嘉兴	湖州	绍兴	杭州	宁波
春秋战国	海陆变迁与区域水利治理、军事战争	运河水运交通	水运交通	军事战争、自然地理环境变迁（江岸淤积）	海陆变迁	海陆变迁与区域水利治理	军事战争、人口迁移	军事战争		区域水利治理	吴文化	陶业发展	吴越首都、吴文化	吴文化	盐业、运河开凿	军事战争、区域水利治理	越国都城	海陆变迁与区域水利治理	海陆变迁
秦汉	海陆变迁与区域水利治理、盐业发展	运河水运交通	邮驿制度、水运交通	王国都城建设，盐业发展，运河水运	海陆变迁	盐业生产与盐运	盐业生产			区域水利治理		陶业发展	政治影响	自然山水	运河开凿	军事战争、区域水利治理	人口迁移	海陆变迁与区域水利治理	区域水利治理、水陆交通网络（驿道）
三国两晋南北朝	人口迁移、区域水利治理	军事战争、	水运交通	军事战争	海陆变迁、人口迁移	盐业生产与盐运	人口迁移	人口迁移、军事战争、商业与手工业发展、文化的影响（佛教）	人口迁移、区域水利治理、水运交通网络、军事战争	人口迁移、	人口迁移、区域水利治理	个人成就影响	人口迁移、	自然山水	盐业、海陆变迁与区域水利治理	人口迁移、区域水利治理	人口迁移、区域水利治理、文学艺术影响	人口迁移、	人口迁移、海外贸易
隋唐	运河建设与漕运发展、水运，盐业发展，手工业、商业发展	漕运、盐业、水运交通	漕运、水运交通、邮驿制度	漕运、盐业、海上贸易、工商业经济	盐业生产	盐业生产与盐运	军事战争、盐业生产、人口迁移海陆变迁	商业与手工业发展	漕运、水运交通网络、工商业发展	漕运、运河水运、工商业发展	运河水运、工商业发展		漕运、运河水运	自然山水	丝绸手工业、运河水运、海上贸易	区域水利治理、丝织手工业、水运交通网络	军事战争、人口迁移、手工业发展	自然地理区位，运河、海上贸易、区域水利治理	海外贸易、运河水运、军事战争（军镇）

续 表

历史时期	区域影响因素	淮安	高邮	扬州	兴化	泰州	南通	南京	镇江	常州	无锡	宜兴	苏州	常熟	嘉兴	湖州	绍兴	杭州	宁波
五代十国	军事战争		军事战争、盐运	军事战争	盐业生产	军事战争、盐业生产与盐运、人口迁移	军事战争	人口迁移	漕运、水运交通网络				工商业经济发展	区域水利治理（塘浦圩田）	区域水利治理（塘浦圩田）	区域水利治理（溇港圩田）	军事战争	吴越国国都建设	海外贸易
两宋	经济中心南移、手工业、商业发展，运河建设与漕运发展，水运，军事战争	漕运、盐业、军事战争	军事战争、邮驿制度	军事战争	军事战争	军事战争、盐业生产与盐运	军事战争、盐业生产、漕运盐运、水陆变迁	水陆变迁（长江岸线变迁）、文化影响（江宁学府的建立）	漕运、工商业发展、区域水利治理、军事战争	漕运、运河水运、农业、工商业发展	运河水运、手工业发展	区域水利治理（荆溪百渎）	陪都大邑、漕运、运河水运，经济中心南移，丝织手工业发展	区域水利治理（塘浦圩田）	海上贸易、丝绸手工业、运河漕运	经济中心南移、丝绸手工业、人口迁移、运河漕运	人口迁移、经济中心南移、手工业发展	经济中心南移，手工业发展、运河水运	海外贸易、运河水运、人口迁移、手工业发展
元	军事战争，运河建设与漕运发展，水运，手工业、商业发展	军事战争	漕运、盐运、邮驿制度	军事战争		军事战争、盐业生产与盐运	盐业生产	区域水利治理（玄武湖疏浚与恢复）	工商业发展	军事战争	漕运、手工业发展		漕运、运河水运，丝织手工业发展		军事海防、运河漕运	丝绸手工业、	手工业发展	手工业发展、军事战争、运河水运	海外贸易、运河水运

续 表

历史时期	区域影响因素	淮安	高邮	扬州	兴化	泰州	南通	南京	镇江	常州	无锡	宜兴	苏州	常熟	嘉兴	湖州	绍兴	杭州	宁波
明	运河建设与漕运发展，水运，盐业，手工业、商业发展	漕运、盐务、河务、水运交通、水利治理（黄河夺淮）	水运交通、漕运、盐运、邮驿制度、水利治理（黄河夺淮）	盐业、漕运、运河水运、工商业经济	盐运、人口迁移、文学艺术	盐业生产与盐运、区域水利治理、人口迁移、泰州学派	军事战争、盐业生产、漕运盐运、人口迁移	人口迁移、商业与手工业发展、文化影响（科举考试）	漕运、运河水运、商业与手工业发展	漕运、运河水运、手工业发展	漕运、运河水运、区域水利治理、	陶业发展	丝织手工业发展，漕运、运河水运，	工商业发展	丝绸手工业、运河漕运、军事海防、海陆变迁	丝绸手工业、运河漕运	工商业发展	手工业发展、运河水运	浙东学派、军事战争（海防体系）
清	运河建设与漕运发展，水运，盐业，手工业、商业发展，军事战争	漕运、盐务、河务、军事战争、运河体系解体、水利治理（黄河夺淮）	水运交通、漕运、盐运、水利治理（黄河夺淮）、康乾南巡、邮驿制度	盐业、漕运、运河水运、康乾南巡、工商业经济、运河体系解体	盐运、文学艺术	盐业生产与盐运	盐业生产、漕运盐运	军事战争、商业与手工业发展、文化的影响（洋务运动）、开埠与铁路建设	漕运、水陆交通网络与交通方式变迁、商业与手工业发展、军事战争、水陆变迁（长江岸线变迁）	军事战争	漕运、运河水运、手工业发展	陶业发展	丝织手工业发展，漕运、运河水运，军事战争	工商业发展	丝绸手工业、运河漕运、军事海防	丝绸手工业、军事战争、运河漕运	军事战争	手工业发展、运河水运、军事战争	开埠、浙东学派、军事战争（海防体系）
民国	近现代工商业发展，军事战争，盐业	军事战争、盐政改革		盐政改革		军事战争、盐运、近代工业	主要建设者意图、棉纺手工业发展	军事战争	近现代工商业发展	近现代民族工商业	手工业发展、近现代工商业	陶业发展	近现代工商业		近现代工业化、红色革命	近现代工商业、民主革命	军事战争、政治行政影响	近现代工商业	开埠、近现代工业化

表 3-6　各因素对城市形成发展影响的重要程度评价表

影响程度		影响因素							
		自然地理环境变迁与区域水环境治理	水陆交通网络与交通方式变迁	重大的人口迁移	运河开凿与漕运发展	海盐产业的发展	经济中心南移与手工艺、商业发展	文化中心南移与地域文化影响	战争或主要建设者的主观意图等历史事件
淮安	时间持续性	△	△	○	☆	☆	☆	○	☆
	作用显著性	△	☆	○	☆	☆	○	○	☆
	关联带动性	○	☆	○	☆	○	○	○	△
	综合评价	▲	★	●	★	★	▲	●	★
高邮	时间持续性	△	☆	○	☆	☆	☆	△	☆
	作用显著性	△	☆	○	☆	○	○	☆	☆
	关联带动性	○	△	○	☆	○	○	○	○
	综合评价	▲	★	●	★	▲	▲	▲	★
扬州	时间持续性	○	☆	○	☆	☆	☆	△	☆
	作用显著性	△	☆	○	☆	☆	☆	☆	☆
	关联带动性	△	△	○	☆	☆	☆	○	○
	综合评价	▲	★	●	★	★	★	▲	★
兴化	时间持续性	☆	☆	△	○	☆	○	☆	△
	作用显著性	☆	△	△	○	△	○	☆	○
	关联带动性	☆	○	△	○	△	○	○	○
	综合评价	★	▲	▲	●	★	●	★	●
泰州	时间持续性	△	△	○	○	☆	○	△	△
	作用显著性	△	☆	△	○	☆	○	☆	☆
	关联带动性	△	△	☆	○	△	○	△	☆
	综合评价	▲	★	▲	●	★	●	★	★
南通	时间持续性	☆	☆	☆	☆	☆	○	○	☆
	作用显著性	△	○	△	○	☆	○	△	☆
	关联带动性	△	△	△	○	△	△	○	☆
	综合评价	★	▲	★	▲	★	●	●	★
南京	时间持续性	△	○	☆	○	○	☆	☆	☆
	作用显著性	△	△	△	○	○	△	☆	☆
	关联带动性	○	○	△	○	○	○	○	☆
	综合评价	●	●	★	●	●	▲	★	★
镇江	时间持续性	☆	☆	○	☆	○	☆	○	☆
	作用显著性	○	△	△	☆	○	△	○	△
	关联带动性	△	○	△	☆	○	△	○	△
	综合评价	▲	▲	▲	★	●	★	●	▲

续 表

影响程度		影响因素							
		自然地理环境变迁与区域水环境治理	水陆交通网络与交通方式变迁	重大的人口迁移	运河开凿与漕运发展	海盐产业的发展	经济中心南移与手工艺、商业发展	文化中心南移与地域文化影响	战争或主要建设者的主观意图等历史事件
常州	时间持续性	☆	☆	○	☆	○	△	△	△
	作用显著性	☆	☆	△	☆	○	○	△	△
	关联带动性	○	△	△	☆	○	○	○	○
	综合评价	★	★	▲	★	●	●	▲	▲
无锡	时间持续性	△	☆	○	☆	○	☆	△	○
	作用显著性	△	☆	○	☆	○	☆	☆	○
	关联带动性	○	△	○	☆	○	☆	☆	○
	综合评价	▲	★	●	★	●	★	★	●
宜兴	时间持续性	△	○	△	○	○	☆	○	○
	作用显著性	△	○	○	○	○	☆	○	○
	关联带动性	○	○	△	○	○	○	○	○
	综合评价	▲	●	▲	●	●	★	●	●
苏州	时间持续性	☆	☆	☆	☆	○	☆	☆	△
	作用显著性	△	☆	△	☆	○	☆	☆	△
	关联带动性	△	△	○	☆	○	☆	☆	○
	综合评价	★	★	●	★	●	★	★	▲
常熟	时间持续性	☆	☆	○	○	○	☆	△	△
	作用显著性	☆	△	○	○	○	△	☆	△
	关联带动性	☆	△	○	○	○	△	○	○
	综合评价	★	★	●	●	●	★	▲	▲
嘉兴	时间持续性	☆	☆	○	☆	△	☆	☆	☆
	作用显著性	○	☆	○	△	△	☆	△	☆
	关联带动性	△	☆	○	△	○	△	○	○
	综合评价	▲	★	●	★	▲	★	▲	★
湖州	时间持续性	☆	☆	△	☆	○	☆	△	☆
	作用显著性	☆	△	○	△	○	☆	☆	△
	关联带动性	☆	△	△	△	○	△	○	○
	综合评价	★	★	▲	★	●	★	▲	▲
绍兴	时间持续性	☆	△	○	△	○	△	△	△
	作用显著性	☆	☆	△	△	○	△	☆	☆
	关联带动性	△	△	☆	△	○	△	△	☆
	综合评价	★	★	▲	▲	●	▲	★	★

续 表

影响程度		影响因素							
		自然地理环境变迁与区域水环境治理	水陆交通网络与交通方式变迁	重大的人口迁移	运河开凿与漕运发展	海盐产业的发展	经济中心南移与手工艺、商业发展	文化中心南移与地域文化影响	战争或主要建设者的主观意图等历史事件
杭州	时间持续性	△	☆	○	☆	○	☆	☆	△
	作用显著性	☆	△	☆	☆	○	☆	☆	△
	关联带动性	△	☆	△	☆	○	△	△	○
	综合评价	★	★	▲	★	●	★	★	●
宁波	时间持续性	○	☆	△	☆	○	☆	☆	☆
	作用显著性	△	☆	△	☆	○	☆	☆	☆
	关联带动性	☆	△	△	☆	○	△	△	△
	综合评价	▲	★	▲	★	●	★	★	★

备注：

① 研究认为影响因素在时间持续性、作用显著性、关联带动性三个方面同样重要，因此未做权重划分。

② 每方面划分为 3 个影响程度段，并用符号表示，即重要为☆，一般为△，较小为○：时间持续性——跨越 3 个朝代及以上为☆，1 ～ 3 个朝代为△，一段时期不超过一个朝代为○；作用显著性——有开创性成果、发展至顶峰或空间重大改变等为☆，快速变化为△，缓慢变化、空间修补等为○；关联带动性——带动影响 3 个及以上因子☆，1 ～ 3 个为△，不超过 1 个为○。

③ 为对各方面的影响程度拉开距离，并对因素影响的重要程度进行排序，进行符号的赋值与分值范围划分：☆为 5 分，△为 3 分，○为 1 分；各因素的影响程度评估为 3 个方面的分值之和；根据各评估结果的分值，划分为 3 个分值范围，即★（15 ～ 11 分）为影响程度重大，▲（10 ～ 6 分）为影响程度一般，●（5 ～ 1 分）为影响程度较小。

第四章

江浙水乡地区历史文化名城价值与特色

一、价值与特色

本书对所研究城市的名城保护规划进行搜集整理，以各名城保护规划提炼出的名城价值与特色为基础进行比较研究。对于各名城保护规划因编制时间早晚、保护认识的方向、篇幅限制等方面造成的价值与特色认知的不完全体现，本书不予以评述。研究仅以保护规划为基础，找寻江浙水乡地区名城价值与特色之间的关联性，发现其共性与个性。而这些共性恰恰是历史文化名城保护的基础，个性应该是历史文化名城保护的重点。要真正做好历史文化名城保护，应该在同一个参考系下，比较看待名城的价值与特色，在保护基础上，重点突出自身特色。

表 4-1　各名城保护规划中的价值与特色的内容梳理①

城市	价值与特色	价值	特色
淮安	a）因水而兴的运河文化。 b）三城相连的古城格局。 c）南北交融的建筑风格。 d）钟灵毓秀的名人故里。 e）凝重豪迈的革命精神。 f）源远深厚的民俗风情		
高邮		a）中华邮驿史的活化石，传承不绝、东方邮都。 b）江南与中原联系的咽喉锁钥，运河枢纽、南北都会。 c）中华文明的发祥地之一，龙虬庄文化、焕彩流辉。 d）江淮文化的突出代表，人文渊薮、名人辈出。 e）高邮战役抗日热土，红色文化、彪炳史册	a）状如覆盂、薮泽环聚。 b）巍巍宋城、水城相依。 c）淮扬民居、南秀北雄
扬州		a）历史悠久的商业港埠城市。 b）不断演进形成的历史性城市景观。 c）整体格局保存完好的历史名城：“逐水而城、历代叠加”；城河环绕、“东市西府”的双城街巷体系；由历史街区、传统街巷和历史水系构成的历史文化风貌极富地域文化特色	a）运河名城、精致扬州：扬州因大运河而生，因大运河而盛。 b）市井巷城、生活扬州：城市商业兴旺发达，城市生活丰富多彩。 c）绿杨城郭、人文扬州：“扬州结构依蜀冈”的历史城市格局结构；“水城共生”“水绿共融”已成为城市景观特色所在；人文城市、宜居家园，是扬州数千年历史传承下来的城市特质

① 注：在各名城的保护中，部分城市将价值与特色合并叙述，部分城市分述。

续 表

城市	价值与特色	价值	特色
兴化	因水而兴，有文乃化； 水网垛城，小说之乡。 a）全新世以来江河入海地貌环境沧海桑田全过程的缩影。 b）人类改造、利用自然的人水共生关系的优秀独特案例。 c）江淮水网地区城镇聚落营建发展方式的典型代表。 名著、名家、名品千年传承的地域文化特质		
泰州	a）汉唐古郡、淮海名区——5000多年人类生活史，2100多年建置史；州建南唐，文昌北宋。 b）水兵母亲城——白马庙中国人民海军诞生地。 c）吴楚文化城——独具魅力的地方文化：重教倡文的教育文化、内容独特的盐税文化、江淮交融的水城文化、影响深远的宗教文化、源远流长的戏曲文化、可歌可泣的革命文化		
南通			a）近代“模范”之城——南通在近代的城市建设和发展堪称“中国近代民族第一城”。 b）古代“典型”之城——南通的形制是中国古代府州县城市的典型。 c）江海门户之城——南通在中国的航运交通和对外交流史上具有重要地位。 d）灵山秀水之城——南通“山水相依”“城河相拥”的格局形成独特山水城市景观。 e）人文淳厚之城——南通的文人气质、士绅情结、抗侮士气构成城市独特的历史人文内涵

续 表

城市	价值与特色	价值	特色
南京		a）世界都城建设史上巧夺天工的杰作。 b）中国著名都城格局难得的遗存。 c）具有全国和国际影响的历史事件发生地。 d）我国重要的思想文化和当代科教文化基地之一	a）龙蟠虎踞、襟江带湖”的环境风貌。 b)“依山就水、环套并置”的城市格局。 c)“沧桑久远、精品荟萃”的文物古迹。 d)“南北交融、承古启今”的建筑风格。 e）“继往开来、多元包容”的历史文化
镇江	a）江河交汇、城市山林的自然风貌。 b）山水城市。 c）历史悠久，文物古迹十分丰富。 d）南北融合、中西兼容并蓄的建筑特色。 e）传统手工业制品种类繁多		
常州	a）我国江南低洼地区人类聚落建设发展史最全面、连续的见证。 b）最古老的运河段落，与运河紧密关联的城市发展历史和文化。 c）历史悠久，三吴重镇。 d）齐梁故里、名人荟萃，南北融合、自成体系的文化。 e）通变创新的中国工业名城。 f）中国革命先驱的红色摇篮		
无锡		a）吴文化——江南吴越文化发源地之一。 b）运河文化——龟背古城不京杭大运河“相生相依”的经典演绎。 c）工商文化——中国民族工商业发祥地和乡镇企业孕育地，是中国工业遗产最为重要城市之一。 d）山水文化——自然山水与城市营建相互交融的典范。 e）山水文化——江南水乡村镇聚落空间的生动范例	a）吴地文化千年延续：吴文化的发源地，城址城名千年未发，文化遗产跨越千年。 b）运河兴城格局尚在：城址倚运河而建，古城跨运河而穿，城市因运河而兴。 c）百年工商文化繁华：开启无锡城市繁荣历史，投身公益社会飞跃发展，延续厚德载物创新精神。 d）重湖叠巘人文辉映：太湖佳地人杰地灵，名人遗迹星罗棋布，家族祠堂代代传承

续 表

城市	价值与特色	价值	特色
宜兴	历史悠久，文化底蕴丰厚，历史遗存丰富，陶瓷文化特色突出		
苏州			a）文脉千年延续：吴地文化源远流长，文物古迹星罗棋布，地方文化优秀灿烂，物华天宝人杰地灵。 b）古城风采依旧：路河平行的城市格局，粉墙黛瓦的建筑风貌，精致典雅的宅第园林，崇文细腻的民风民俗。 c）山水与城共融：八方湖泊两面山，小桥流水城中牵,古典园林甲天下，人间天堂姑苏仙。 d）人文独具特色：务实的态度，创新的精神，精细的制作，典雅的生活
常熟	a）“十里青山半入城，七溪流水皆通海”，山、水、城一体独特的城市格局。 b）塘浦圩田与城镇聚落相伴生的城市历史景观。 c）承载江南文化的建筑、园林艺术。 d）崇文、尚和的吴文化发祥地之一		
嘉兴		a）中国共产党的诞生地和重要革命纪念地。 b）京杭大运河江南段的枢纽城市。 c）反映杭嘉湖平原生产活动历史变迁的见证地。 d）古代江南城镇格局演变的活态标本。 e）望吴通越、襟湖带海的多元文化交融之地。 f）孕育杰出人才的人文之邦	a）市河环城、八水注城、街水相依、城–河–湖相拥的水乡城市特色。 b）州府城市、运河枢纽近现代工业特色兼具的 历史城市特色 c）江南传统民居风貌与近现代建筑交相辉映的 建筑风貌特色 d）均质化、网络的历史城镇体系职能和空间结构特色。 e）红色文化、吴越、海派文化交融的多元文化特色

续 表

城市	价值与特色	价值	特色
湖州		a）基于溇港系统的城乡人居环境体系是太湖流域独有的文化景观。 b）是以丝、瓷、笔、茶为主要载体的吴越文化重要发祥地和传承地。 c）系列遗址、城址是太湖流域人类聚居发展的完整见证和典型代表。 d）在我国近现代历史上具有重要地位	a）太湖溇港系统、頔塘运河维系的带状的城市整体空间格局特色 b）府城规制与尊重自然相结合，历史城区城水相依，山水城交融的空间格局特色。 c）南浔因水而兴，运河与市河相交的十字形空间格局特色。 d）传统江南水乡民居和中西合璧建筑交相辉映的地域建筑风貌特色。 e）以湖丝、湖笔为代表的鲜明的吴越文化特色
杭州	a）灿烂的史前文化。 b）辉煌的两朝国都。 c）独特的城池格局。 d）丰富的历史文化遗存和浓厚的文化内涵		
绍兴		a）悠久的历史，丰富的文物。 b）荟萃的名人，灿烂的文化。 c）科学的城址，宜人的环境。 d）独特的格局，别致的风貌。 e）隽美的建筑，淡雅的色调	
宁波		a）中华文明的重要发源地之一。（河姆渡文化） b）唐宋以来中国最重要的港口城市之一。 c）唐宋以来中外文化交流和碰撞的前沿。 d）宋明以来中国文化思想重镇。 e）三江六塘河，一湖居其中的宜居城市	

二、价值与特色分类

基于历史文化名城申报与保护实践，对历史文化名城价值与特色的认知，通常可以从三大方面进行归纳总结：历史地理特色、城址格局特色、文化传承特色。具体来讲，历史地理特色，指基于全域保护、整体保护的观念，针对名城所依赖的更大范围的城市背景价值特色的梳理，对应在具体遗存方面，主要包括历史村镇、河湖水系、历史文化景观、文化线路、线性遗产、特色产业网络等；城址格局特色指城市选址、城池建设与山水环境的关系、城池的城垣形制、空间形态、布局形制、关厢等价值与特色，对应在具体遗存方面，主要包括历史城区、历史文化街区与历史地段、传统街巷、轴线视廊等；文化传承特色，指在城市历史发展演进过程中形成的对城市建设、城市生活等具有重要意义的文化特质，主要表现为以地域文化（如运河文化）、非遗等为代表的非物质文化。

这三大方面内容非常丰富，可包含多个主题内容，如历史地理特色，可包含水利农耕、区域产业、运河漕运、军事战争等；城址格局特色，可包含城市选择、传统空间营造、建筑风貌、历史遗存等；文化传承特色，可包含地域文化、文化思想、名人文化、运河文化、红色文化、非物质文化遗产等。

根据现有名城价值与特色的认知，在某些方面不止一处名城具有该方面的价值与特色。因此，本书根据名城价值与特色中提到的内容，结合上文提及的若干主题进行整合分类，对每类主题下的名城价值特色进行比较分析，便于理解江浙水乡地区名城价值与特色的共性与个性，剖析其形成的内在原因。

1. 运河文化

江浙水乡地区的名城，大多沿运河分布，城市多因运河而兴，城镇的发展、经济繁盛、空间形态与运河的变迁都密不可分。因此，在研究样本的多个名城的价值与特色中有体现，如扬州、淮安等；部分城市的价值与特色中虽未有提及，但运河文化也是其保护内容之一，如苏州、杭州等。

2. 水利、农耕文明

我国古代城市是在农耕文明基础上发展起来的，水利环境的治理是农业生产的重要支撑。各地依据不同自然条件而创造出的水利工程、土地拓展方式等，既是农业系统也是城市环境的支撑系统，城市的功能与结构也与这一系统密切相关。这在江浙水乡地区体现较为突出，如里下河地区的兴化垛田系统，太湖地区的湖州溇港圩田、常熟的塘浦圩田等。

3. 山水人居环境

人居环境“是人类生存活动密切相关的地表空间，是人类在大自然中赖以生存的基地，是人类利用自然、改造自然的主要场所”。我国山脉、人工水道和天然河流纵横交错，山地与水系相互叠加，造就了我国特有的山水相依的环境基础，人居空间也在这个基础上得以建造。人地关系的高度融合也成为古人城市空间营建的基本准则。历史文化名城无一不是这种人地融合关系的体现。本书所指的山水人居环境，主要为人地融合在城市空间中的具体体现，包括对于城市选址、城池营建、空间形态、格局肌理、空间景观、建筑风貌等人居空间的价值与特色的体现。

4. 城市历史与遗存

根据《历史文化名城名镇名村保护条例》：“具备下列条件的城市、镇、村庄，可以申报历史文化名城、名镇、名村：（一）保存文物特别丰富；（二）历史建筑集中成片；（三）保留着传统格局和历史风貌；（四）历史上曾经作为政治、经济、文化、交通中心或者军事要地，或者发生过重要历史事件，或者其传统产业、历史上建设的重大工程对本地区的发展产生过重要影响，或者能够集中反映本地区建筑的文化特色、民族特色。申报历史文化名城的，在所申报的历史文化名城保护范围内还应当有2个以上的历史文化街区。”[1]由此可以看出，历史悠久、文化内涵深厚、历史遗存丰富，是成为历史文化名城的基础条件，也是每个名城共有的特征。因此，本书认为城市历史与遗存这一类型是成为历史文化名城的基本条件，不是本书研究的核心内容，不再详细探讨。

5. 产业、手工业与商业文化

产业是城市经济发展的重要支撑，在江浙水乡地区的城市，在古代农业经济背景下的传统工商业发展与近现代工业社会萌芽背景下的近现代工商业发展中均起到重要作用，在名城价值与特色中也有体现。

本书将其归纳为产业、手工业与商业文化主题，包含价值与特色中对工商业经济重地、工商港口城市、丝绸之乡、工业名城等方面内容的论述。如扬州为历史悠久的商业港埠城市，历代盐运中心；泰州内容独特的盐税文化；无锡为中国民族工商业发祥地和乡镇企业孕育地；宜兴为中国陶都；湖州是中国丝绸文化的发祥地和“丝绸之府”；宁波为唐宋以来中国最重要的港口城市之一，等等。

6. 军事战争与革命文化

从有人类以来，战争就相伴而生。战争也是成为历史文化名城的组成要素。我国古代许多城市是出于政治统治的目的而建设的，江浙水乡地区的名城虽大多为工商业城市，军事职能相对不突出，但在古代军事战争与近代革命战争中仍有着重要作用。

---

① 中华人民共和国国务院．历史文化名城名镇名村保护条例 [Z].2017-10-7 修正．

7. 非物质文化

非物质文化，是人们在社会发展过程中所创造的各种精神文化，如民俗活动、艺术表演、故事传说、传统技艺、方言等，蕴含着这个城市当时文化的内容与信息，是活在城市生活中、存在城市各个物质空间中的无形的文化。它对于展现地方文化多样性与独特性具有重要意义，同时也是使城市市民具有文化认同感和历史感的重要内容。

8. 名人文化

名人是历史文化名城文化底蕴深厚不可或缺的部分。文化因人而传承，城因人而更著名。江浙水乡地区，自古人文荟萃，人才辈出。某些名人对城市建设发展的推动作用更是不可估量，如范仲淹修学宫、“范公堤”等；而与名人相关的事迹、故事、传说更为人们津津乐道。因此，江浙水乡地区多个名城的价值与特色中有体现，如淮安、绍兴、无锡等；部分城市的价值与特色中虽未有提及，但名人文化也是其保护内容之一。

9. 文明起源

早在数千年前，黄河、长江中下游以及西辽河等区域出现了文明起源迹象。江浙地区是我国文明起源的重要地区之一，境内的河姆渡文化、良渚文化、龙虬文化等都是新石器时期文明的见证。但因早期的文明历史跨度过长，地区开发与聚落形成发展尚处于萌芽阶段，对于春秋战国以后形成的城市关联度较弱，因此本书也不对该主题展开研究。

10. 近现代文化主题

江浙水乡地区在我国近现代发展乃至当代发展中起到举足轻重的作用，是许多方面的先发或者先行地区，如思想文化、科教、工商业发展、城市建设等。开放的思想环境，促使江浙地区思潮发展先进，在革命时期，做出重要贡献，此内容在军事战争与革命文化主题中论述，在此不再赘述；产业方面，江浙东部水乡沿江、沿海城市南通、无锡、苏州、常州、宁波等，积极探索发展近代工商业，并以此促进城市发展，成为近代工商业发展的重要典范，此方面内容在产业、手工业与商业主题中做论述，此处不再赘述。

表 4–2　名城价值与特色分类统计表

价值与特色	涉及城市
山水人居	淮安、高邮、扬州、兴化、南通、南京、镇江、常州、无锡、苏州、常熟、嘉兴、湖州、杭州、绍兴、宁波
产业、手工业与商业文化	高邮、扬州、泰州、南通、常州、无锡、宜兴、嘉兴、湖州、宁波
运河文化	淮安、高邮、扬州、常州、无锡、嘉兴、宁波

续 表

价值与特色	涉及城市
城市历史与遗存	泰州、南京、镇江、无锡、宜兴、苏州、杭州、绍兴
军事战争与革命文化	淮安、高邮、泰州、南京、常州、嘉兴、湖州
非物质文化	淮安、扬州、兴化、泰州、南通、镇江、苏州、常熟
水利、农耕文明	兴化、常州、常熟、嘉兴、湖州
名人文化	淮安、高邮、南京、常州、无锡、绍兴
文明起源	高邮、嘉兴、湖州、杭州、宁波
近现代文化	南通、南京、镇江、常州、无锡、苏州、嘉兴、湖州、宁波、淮安、高邮、泰州

三、山水人居主题的名城价值特色

1. 城市选址

（1）城市选址的一般规律

吴庆洲先生曾总结了中国古代城市选址的一般规律：便利的水陆交通；立足于农业发达之地；地理形势有利于军事防御；水用足，水质良；土质坚实，宜于建设；较好的气候条件；地震、干旱等自然灾害较少。整体来看，多数名城选址一般规律主要有以下几点：水陆交通便捷、农业发展潜力佳、四周有屏障较安全、地质条件稳定、山水环抱。这些城市选址规律与古人风水堪舆术密切相关，古人善用风水理论指导城市选址，讲究人与自然和谐、城市与自然和谐。因此，历史文化名城一般选择或依山傍水、或江海交汇、或江、海、湖相依等若干自然优势资源汇集之地，被称为“风水宝地”。以镇江为例，该地区在地域范围内形成“宁镇山脉—茅山山脉山字形构造”骨架①。城市层面上形成 “连岗三面，一江横陈”的自然山水环境。镇江近郊山体从东、西、南三侧将镇江古城区围合，形成古城“三面环山”的格局特征。众多山体形成层次分明的地形结构，符合堪舆学说中的形势论法。

（2）名城选址特色

在共性基础上，不同城市依据不同资源优势，满足自身不同发展需求，逐渐衍生出不同的

① 王琦 . 镇江城市空间营造研究［D］. 武汉 : 武汉大学，2013.

图 4-1　绍兴分境图

（图片来源：清嘉庆八年（1803）《山阴县志》）

图 4-2　江宁府统七县图

（图片来源：清乾隆元年（1736）《江南通志》）

图 4-3　明代南京图

（图片来源：http://www.guoxue123.cn/other/map/dcmap/pic/10.jpg）

选址特色。例如绍兴古城最终由会稽山平原南部迁到“平易之都”“四达之地”“九山之间”的会稽山北麓；宁波古城位于四明山、天台山和海岸线围成的一个三角形区域内；南通城市选址据江海之会，周边山水环抱，平原上散布有一些孤丘，使得南通“城—山—江”交相辉映。南京西北濒临长江，东有龙盘紫金山，西有虎踞清凉山，北有玄武湖，南有雨花台，山水环抱，形势极为险要，被称为“襟江带湖、龙盘虎踞”的山水形胜，传说有“帝王之气”，曾是六朝古都。

2. 城市传统空间营造

（1）城池与山水格局

礼制思想、风水理念、道法自然等古代营城思想应用于城邑空间设计，使得“遵循传统礼制”与“顺应自然”两者有机结合。不论城市形态是否规则，内部的空间布局与自然要素相协调。大致分为两类情况：

①城市形态上表现为传统方城，城市外形规则，内部空间、布局两者有机结合；②城市形态表现为自然形态，但内部空间、布局体现礼制思想。

传统方城以绍兴、镇江为例，两者特征如下：

绍兴方形的城郭内矗立种山、白马山、彭山、火珠山等山脉，内部河流水系阡陌交错。范蠡利用观天象，运用堪舆、观星之术，在小城西北侧种山上“立龙飞翼之楼”以为“天门”，又在小城东南地下埋伏“漏石窦”以为“地户”，与“天门”相对应；在大城设立“陵门”，旨在与八风相呼应[①]。

镇江城市周边山势层峦叠嶂，雄峰与大江共筑雄浑壮阔之景。北有北固山、象山、东有京岘山、五峰山；西有银山，更有金山、焦山横陈长江之上。城内东有月华、城隍二山相峙而立，日精山在城隍山南；西有唐颓山；南有寿邱山[②]。整体城市格局建设自古重视对周边山川景致

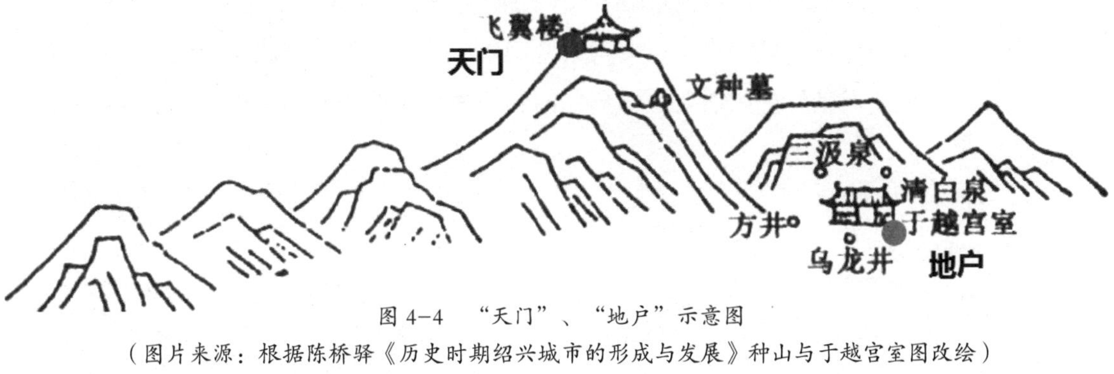

图 4-4　“天门”、“地户”示意图

（图片来源：根据陈桥驿《历史时期绍兴城市的形成与发展》种山与于越宫室图改绘）

① 《吴越春秋》卷五勾践归国外传第八：“西北立龙飞翼之楼，以象天门；东南伏漏石窦，以象地户；陵门四达，以象八风。”

② 王树声 . 中国城市人居环境历史图典（上海、江苏卷）[M]. 北京：科学出版社、龙门书局，2015：256.

图 4-5 清代镇江城市山水格局
（图片来源：根据镇江府方舆总图改绘）

借用，尤其重视考量城池与北固山的关系。城内道路营建重视对山体的利用，因山建路、山街相融是历史街区路网格局的主要特点。清末以前，城区道路建设与山体、长江和运河关系十分密切，道路走向基本遵循“以山为屏、向江边发展、向运河靠拢、连接江边渡口与府城”的原则，这一时期的路网走向基本奠定了日后历史街区范围内骨干道路的雏形。之后道路建设以此骨架路网为基础，街坊内部街巷纵横，山麓处街巷因循山势，布局较为自由，其余街坊内的街巷均以较规整的格网式布局为主，形成山街相容的路网格局①。

自然形态古城以常州古城为例，重要行政空间集中在西北部，行政空间内东察院、西察院等衙署机构沿南北向轴线呈东西对称布局，南侧一湾水系绵绵而过，体现礼制和自然的统一运用。

（2）有机的空间轴线

① 概念性轴线

概念性轴线多用于描述古城聚落选址与周边区域山水生态格局的轴线与角度关系，空间尺度相对较大。

① 徐敏，朱晓芳，李杰，任道，等．镇江历史街区空间格局特征及其保护控制方法探析 [C]. 持续发展 理性规划——2017 中国城市规划年会论文集（09. 城市文化遗产保护），2017.

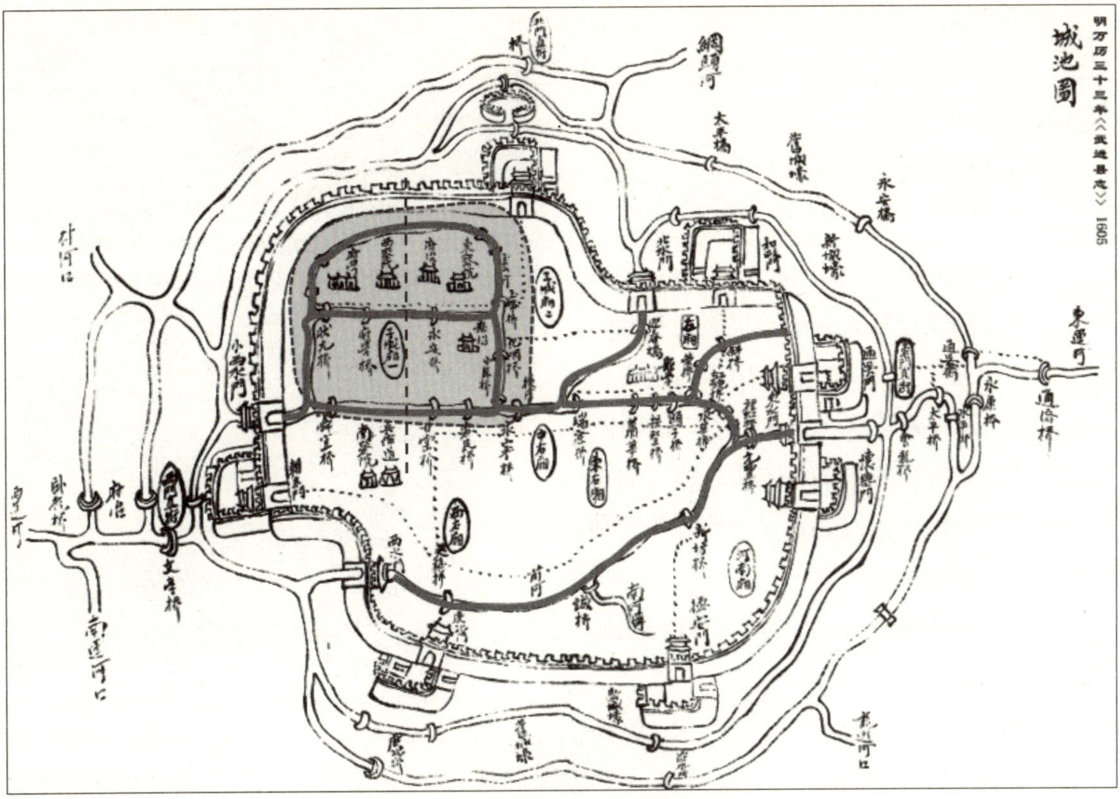

图 4-6　常州古城西北部轴线与水系分析

（图片来源：根据《常州城池图》改绘）

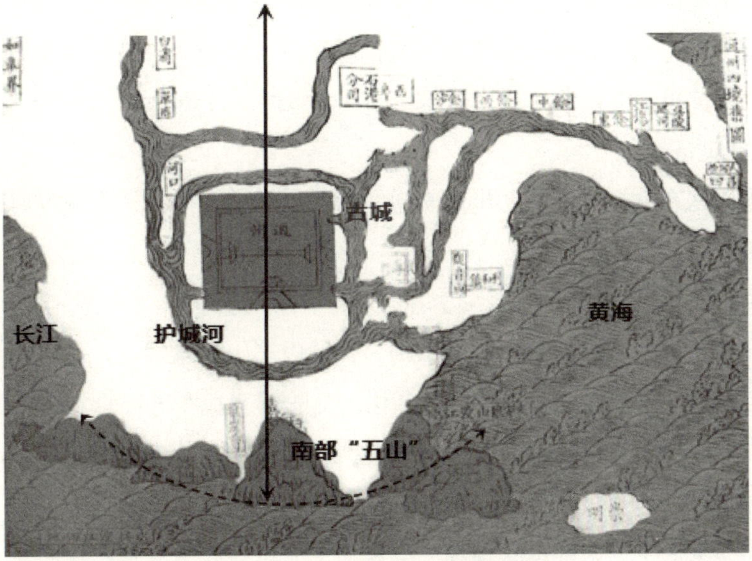

图 4-7　南通古城南北向大轴线关系

（图片来源：根据《通州四境图》改绘）

南通古城西枕长江、东靠黄海，南部有狼山、军山、剑山、黄泥山、马鞍山等五山，城外有宽阔的护城河——濠河围绕，濠河蜿蜒曲折，环抱南通城，从南北大轴线上看，形成了“水拥城、城抱水”的独特格局。

② 感知性轴线

感知性轴线是以人为感知尺度为基础的轴线。对景关系（视廊），多用于描述古城内部轴线或视廊关系，尺度相对较小。由山体、建筑、构筑物等构成主要标志物，标志物相互连接形成一定的轴线或重要视廊，若干轴线相交形成视点方位角度。

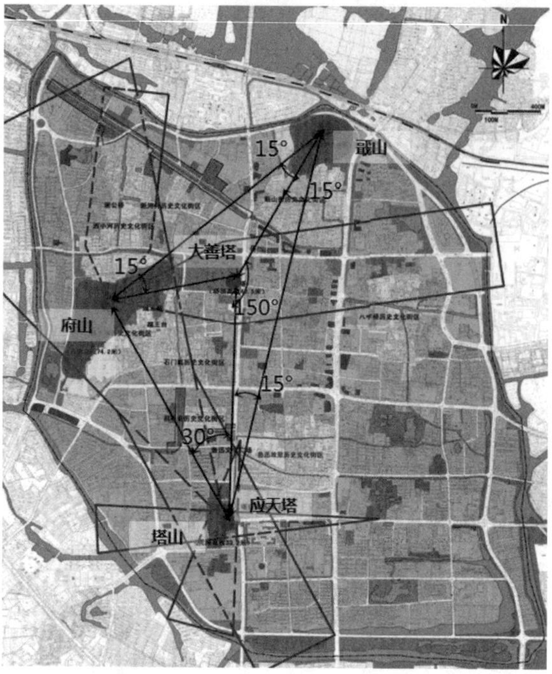

图 4-8　绍兴古城重要标志物方位角
（图片来源：根据《绍兴历史文化名城保护规划》改绘）

古代堪舆术将正针、中针、缝针分别称天、地、人三盘，又把地盘后于天盘方位7.5°，解释为物候晚于天象半月等。这些其实都模糊了一个基本事实，那就是三盘合在统一罗经中，形成了7.5°的基本方位角或者角度，并构成7.5°、15°、30°、60°、120°系统方位角精确控制的技术手段①。古人将这一技术手段运用于城池营建中，常用做法是由山体、建筑、构筑物等构成主要标志物，标志物相互连接形成一定的轴线或重要视廊，若干轴线相交形成视点方位角度。

以绍兴古城为例，府山、塔山、蕺山、大善塔、应天塔构成古城内主要标志物，主要标志物之间存在一定方位角，方位角主要为15°、30°、45°、150°。

（3）古城河街格局与空间

江浙地区水网密布、河道纵横，出于交通、商业、居住等需求，古城内河道与街巷形成了颇具特色的河街空间。

①“河—街—路网”格局

受礼制营城思想以及顺应自然思想的影响，古城内部主要路网通常相对规整，河流形态多数相对自由灵活，为便于生活、出行等，往往沿河流走势形成街巷。存在两种基本规律：若沿相对自由的河流形成的街巷与路网关系相对自由，若河流平行或垂直于路网，沿河街巷也随之平行或垂直城市路网。

苏州古城河多为人工开凿，形状规则，街巷随水而行。苏州从春秋建城开始，就按规划逐

① 张杰 . 中国古代空间文化溯源 [M]. 北京：清华大学出版社，2012：98 ～ 100.

步形成一座水城。隋唐时期，古城“三横四直”的水网格局已经形成，整体的水陆棋盘城市格局基本定型。宋时，由平江图可看出，当时的古城已打开规整的坊墙，形成开放的街坊布局，城市水陆并行双棋盘格局得到进一步优化和完善。城河围绕城墙，城内纵横交织、密布如网、数以近百计的河道，构成城市的“血脉”，成为城市不可或缺的组成部分。因河成市，枕河而居、滨水而行，形成了前街后河、河街并行、临河成市的依存关系。古城三横三直加一环的骨干水网以及小桥流水的水城特色，路、河并行的双棋盘城市格局和河道、街巷、道路景观延续至今。

嘉兴古城内部道路和街巷较为规则，沿护城河形成平行于河流的街巷、道路，“外城河—沿河街巷—城市道路”三者关系相对灵活。

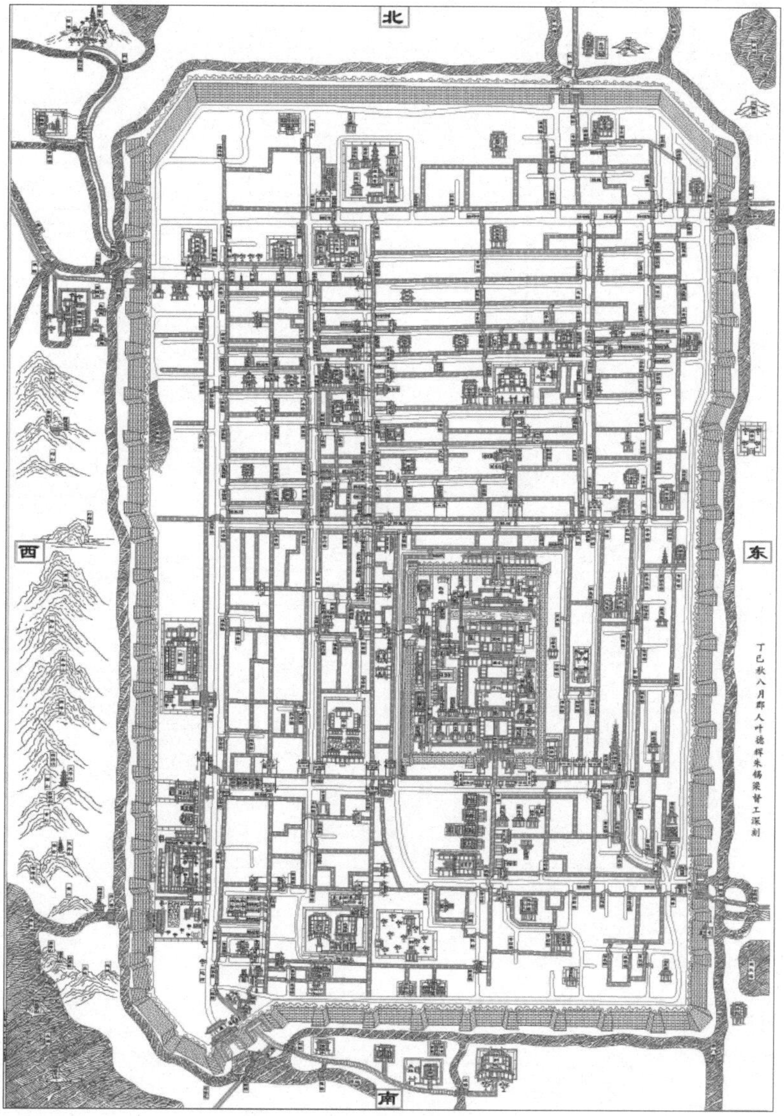

图 4-9　平江图

（图片来源：根据南宋绍定二年（1229）李寿明主持刻绘拓印）

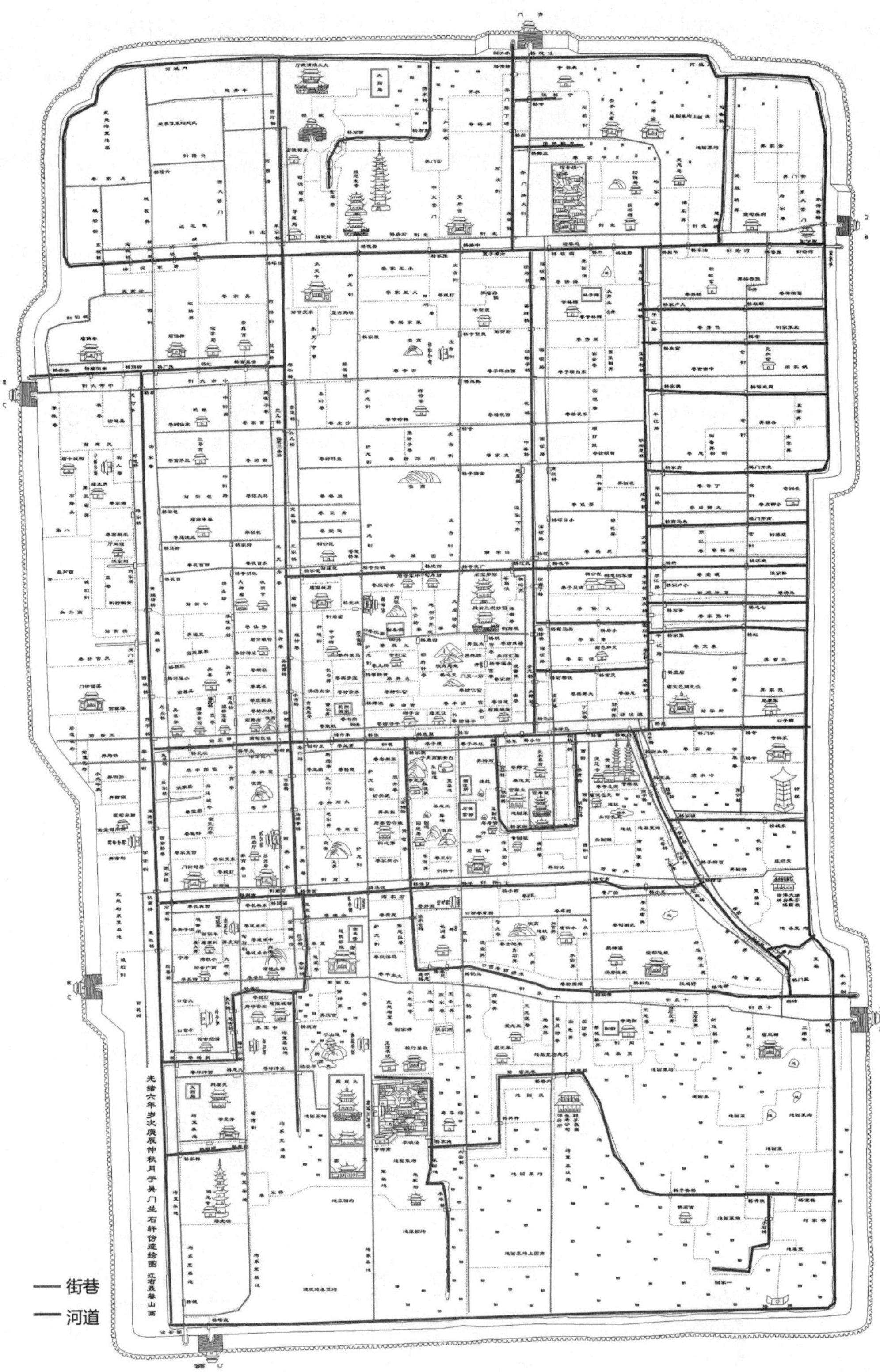

图 4-10　苏州古城水陆双棋盘格局图
（图片来源：根据清光绪苏州城图绘制）

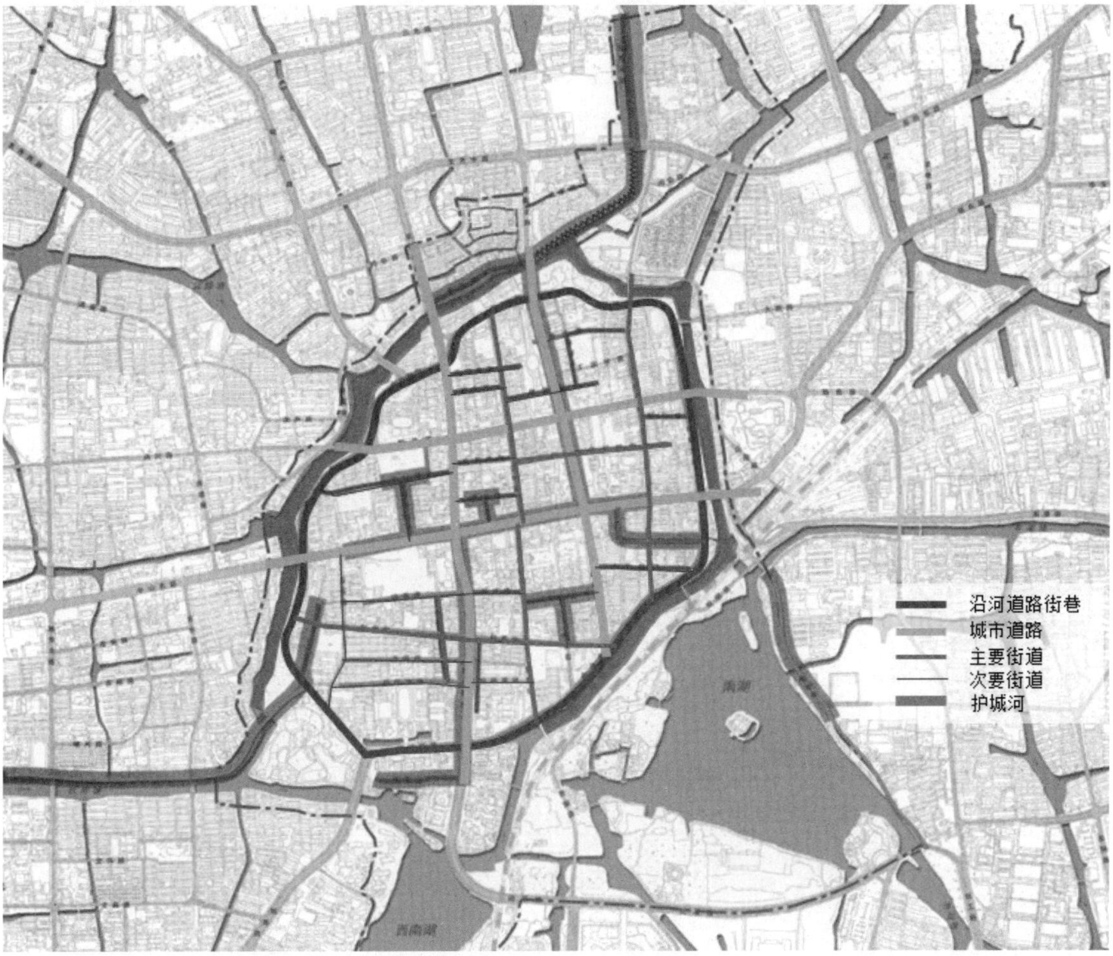

图 4-11　嘉兴沿河道路、街巷、城市道路现状示意
（图片来源：根据《嘉兴市历史文化名城保护规划》改绘）

湖州城内主要河流走势自由，成“人”字形，避免了规整路网形成的相对单一的城市空间。湖州古城位于湖州水系的内圈层，按水乡城市的传统格局设置，呈现出“双溪合流，城踞其会”的总体格局。基本形成内、外两大核心水圈的总体布局。内圈水系以中间为“Y”字形的市河、霅溪、苕溪，形成“双溪夹流”的水网格局；外圈水系以西苕溪、东苕溪、长湖申航道等河道放射状水网体系，水系格局自由，与其规则路网形成鲜明对比。

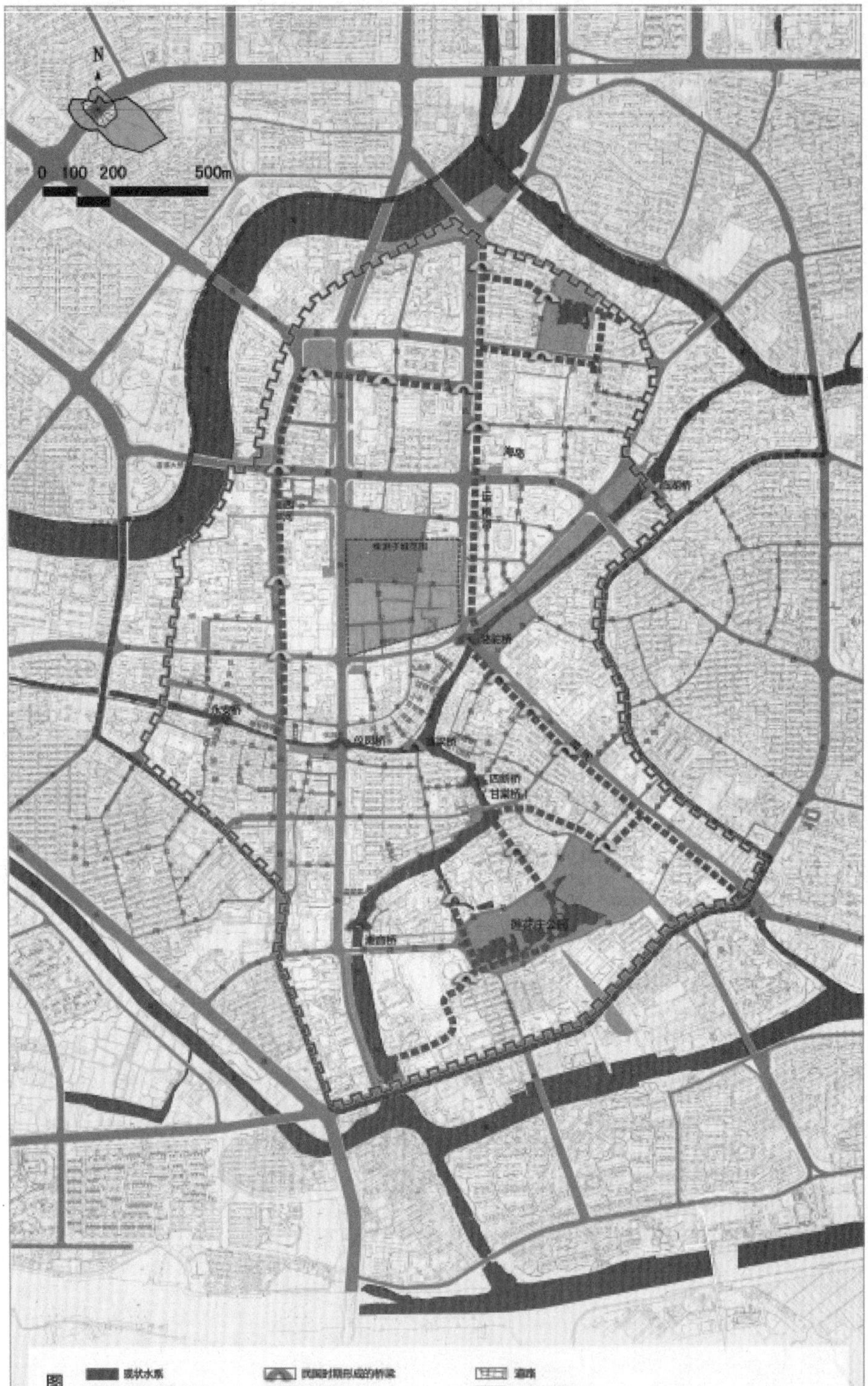

图 4-12　湖州历史城区现状水系

（图片来源：《湖州历史文化名城规划》）

② “河—街—建筑” 空间互动

江浙水乡地区古人喜沿河而居，河道是重要的生活空间，通常需要沿河修建房屋、商铺、沿河筑起街巷等，这一点在江浙水乡名城表现较为普遍。同时，根据不同的需要，人们会将“河—街—沿河建筑” 三者进行不同的排列组合，或形成内街、或形成外街、或有河无街。

绍兴古城存在 “一河一街” “一河两街” “有河无街” 的水街格局。苏州古城内则形成更多组合形式。其中平江历史文化街区河—街空间关系是苏州河—街空间格局的典型，街巷与河流之间空间布局关系多样，平江路、胡厢使巷、大柳枝巷和大新桥巷以 “两街夹一河” 与 “一街一河” 为主，沿街为商业或居住，两岸多设置公共水埠，把水巷、民居与街巷紧密联系，空间层次比较丰富，再加上人的多种活动，气氛更为热闹。

一河一街示意　　一河两街示意　　有河无街示意

图 4-13　绍兴河街空间现状示意图

（图片来源：自摄）

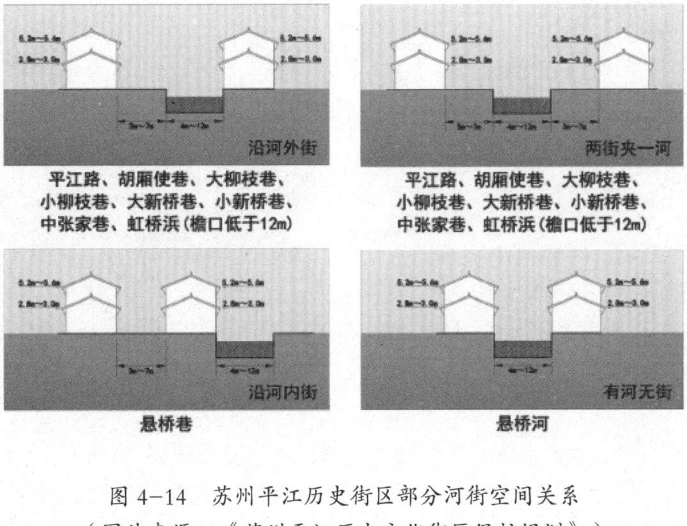

图 4-14　苏州平江历史街区部分河街空间关系

（图片来源：《苏州平江历史文化街区保护规划》）

（4）建筑风貌

江浙水乡名城传统建筑最初都受传统水乡建筑风格影响，在基调统一的基础上，各地衍生出不同风貌特色的建筑。大致可归纳成三类：第一类是江南水乡风貌传统建筑，表现为粉墙黛瓦、精致小巧、中轴对称、飞檐翘角、雕刻精细等特征，主要分布于杭州、绍兴、宁波、嘉兴、湖州、南通、常州、苏州、常熟、无锡、宜兴等城市。第二类是南北交融风貌传统建筑，分布在扬州、泰州、兴化、淮安、高邮、南京、镇江等城市。这类建筑同时受到江南建筑与北方传统建筑的影响，吸收了江南建筑精致、典雅、雕廊画柱等特点，也接纳了北方建筑浑厚、大气的特点，一般具有青砖黛瓦、中轴对称、雄浑大气、精致典雅等特征。第三类是中西合璧近现代建筑，主要分布于镇江、南京、宁波、南通等开埠城市。这类建筑在中国传统建筑基础上吸收西洋建筑特色，形成民国西洋建筑，多用于医院、商场、会馆、办公大厦等公共建筑。部分地区民宅也受此影响，形成民国时期的“花园洋房”。

图 4-15　江南水乡建筑

（图片来源：自摄）

图 4-16　南北交融建筑

（图片来源：自摄）

图 4-17　中西合璧建筑

（图片来源：自摄）

各地的传统建筑在延续传统建筑特色基础上，分别融入当地不同的文化习俗，形成不同的建筑布局或细部特色。

苏州地域建筑风格的基本特点是细腻、小巧、低调、强调内涵，黑白相间，端正儒雅中透露着休闲与适意、市井生活与品位格调追求完美结合。总体表现为粉墙黛瓦、体量小而轻巧、低层高密度、错落有致。建筑主要采用抬梁式结构，屋顶的屋脊、檐口及山墙面构造赋予建筑轻巧、小尺度特征。由于雨水较多，便于通风、纳凉、排水的厢房、天井数量较多，建筑对本地区材料的运用赋予了建筑粉墙黛瓦的外部形象。营建方式上的精雕细琢代表了地域城市的性格。传统的建筑与园林空间注重人格上的表达，又体现了一种内向式的精神意境。许多深宅大院门厅朴实无华与民居相去不远，但门内精雕细琢遍布、亭台楼阁相见、绿树花卉点缀，一派精致、富贵之相。

扬州传统建筑属于南北交融风貌，有南方建筑的雕刻精美、亭台楼阁，又有青砖黛瓦、浑厚古朴的北方建筑风貌。布局坐北朝南，方整紧凑、多三间两厢，一宅数进。住宅外立面多用青砖堆砌而成，门楼高耸、雕刻精美，高墙上马头墙林立，又因扬州小巷较为狭窄，因此扬州民居给人以冷峻、肃穆、高大的感觉。建筑砖雕精美，山石景观奢华，形成独特的美。其中，最具扬州特色的是扬州盐商住宅。与苏州“藏富于内”相反，扬州富商建筑多“奢华示外”。扬州经济相对发达、富商人数较多，喜好将雕刻精美、雕梁画栋的住宅展示于众。如建筑的门楼代表盐商的脸面，因此门楼砌筑也多讲究，幅面宽阔、体量高大、雕饰精美、砌法精细。

泰州民居既有南方的清秀、典雅，又有北方的雄浑、简朴。既有北方民居封闭的建筑格局，又有江南宅第活泼的艺术风格。从个体上看，泰式民居具有古朴、壮实、素雅、封闭的“泰式建筑”特点。建筑朴素简约，不喜奢华，用材讲究、只油不漆，院落开间较窄，进深较大，东西厢房空间较少。从群体上看，泰州传统住宅通常沿轴线依次展开，以堂、院为中心分若干进院落，登高鸟瞰，有比较丰富、完整的“第五立面”。泰州民居中少有四合院，通常由厅堂、穿堂、堂屋、正房构成，大多没有厢房，主要因为当地属季风影响下的亚热带湿润气候，东西厢房在夏季十分炎热。院落整体布局紧凑规整，房屋基本朝南，结构布局大致相同。

南京古城传统建筑呈现“南北交融、承古启今”的特色，宫殿建筑、传统民居和作坊、民国建筑等三大类主要建筑风格各异。宫殿建筑规模大而布局规整、中轴严谨、气势恢宏。朝天宫、夫子庙等重要公共建筑虽规模小于宫殿，但风格、布局于之类似。临河传统民居和作坊造型轻巧，古街巷内民居风格朴素，多为三进至五进的重院式宅第，多重院落串成一组封闭式建筑，后进正房常为二楼。民国建筑中中山陵、博物院、美术馆等大型公建是近代早期著名建筑师的作品，商场、银行、旅馆、车站等受西欧建筑影响较多，官僚资本所建住宅——花园洋房，一般建筑轻巧多样、密度低、环境幽静、尺度宜人、严谨自然，既保持中华民族传统建筑特色，又体现了中西方建筑技术、风格的融合。

四、产业、手工业与商业主题的名城价值特色

1. 名城价值特色中产业、手工业与商业的共性体现

得益于运河航运网络通达、经济重心南移等多种原因，在我国古代尤其隋代以后，江浙水乡地区的城市普遍传统手工业、商业发展繁盛，诸多城市成为全国重要的工商业城市。

隋唐时期，扬州成为全国最大的工商城市，有“扬一益二”之说，是朝廷最大的税收来源地。又因通海，它也是中国最繁忙的港埠之一，是中国与世界各国进行经济文化交流的国际大港和海上丝绸之路的源头。唐代，苏州成为江南唯一的雄州，成为全国的重要经济中心和财赋重地，每年赋税和贡物大量运往京师。传统的手工业得到了发展，许多行业从农业中分离出来，并成立专门制作作坊。大运河漕运的发展催生了许多行业门类，加速了传统商贸业发展。此时，杭州的手工业也日益发达，成为唐代丝织业中心之一，同时还是唐代重要的对外贸易港口。明州（今宁波）也是重要的国际港口，不仅促进了沿海贸易和海商贸易，也促进了城市工商业繁荣。

两宋时期，江浙水乡地区的城市经济和社会功能显著增强，市场发达，产业形式趋于多样化。宋室南渡后，发展更为迅速，尤其是以杭州、苏州为代表的城市。南宋定都临安（今杭州），杭州成为全国经济中心，也是全国最大的手工业生产中心、商业最繁华的城市。以都城临安为中心，附近成为重要的京畿地区，苏州、常州、湖州、嘉兴、绍兴等城市，也普遍呈现工商兴盛的景象。如苏州，以丝织为代表的手工业开始出现规模生产的趋势，专业作坊和手工业坊巷出现，并且出现了专门管理机构，宋代在苏州城内设立“造作局”。随着商品交易行为日益频繁，沿主要街巷出现了商品贩卖的作坊商市，分布了很多商业行会和组织。这一时期，城市的产业形式多样，工商活动突破传统坊市制的控制和局限，扩散到城市各个片区；分工精细，形成专业作坊、集中的专业片区、市场等；城市产业结构也逐渐向集生产、消费、流通为一体的产业体现转变。随着工商业的繁荣，以工商业者及相关行业人员为主体的市民阶层不断壮大。同时，农业生产技术得到了很大提高，农业种植面积扩大，稻谷产量显著提高，出现“苏湖熟、天下足”美誉，苏州、常州等成为全国重要粮仓。

明清时期，工商业进一步增强。长江北岸的扬州、淮安、高邮等城市，更多的因漕运、盐业的发展而工商繁华，泰州、南通、兴化等城市则更多因盐业发展而发展。长江以南的常州、苏州、杭州、嘉兴、湖州、绍兴等城市工商业再度发展繁盛，尤其是丝织、棉纺产业。苏州、嘉兴、湖州、杭州的丝织业尤为突出，苏州、杭州、嘉兴、湖州都设有官方织造机构；而常州、无锡等则以棉纺产业、豆米等粮食集散销售为主。城市工商领域雇佣关系更为活跃，如苏州城，纺织业劳动雇佣关系十分活跃，城内大小作坊有数千家，每家雇佣工匠少则数十人，多则上百人。这种具有一定劳资关系的新事物，说明在明代以后的江南城镇经济中，已经孕育了有别于

我国传统农业自然经济的现象。虽然仍以农业立国，但在高度发达的农业经济基础上，已经生长出货币、商业、信用、贸易等诸多工商业文明因子。

清末民国时期，城市开始近现代工商业发展。上海、宁波等东部沿海城市的开埠，促使东部沿海地区城市率先开始由传统城市向近代城市转型。尤其是上海一跃成为全国首屈一指的近代贸易、工业和金融业中心，取代了苏州区域经济中心的地位，促使江南城镇经济产业体系发展转变。同时，这一时期，江浙水乡地区的大多数城市开始现代化探索。在城市现代化转型初期，多在原有传统工商业和农业经济产品基础上发展近代工业化。因此，在发展初期，主要依赖传统产业和资源禀赋，大多数工厂是以粮食加工、棉纺、纺织、丝织厂等为发端，如无锡、常州、南通、苏州、杭州等。工业发展至一定阶段时，涉及行业领域日益广泛，其中既有新的工业门类，也有包括原有行业的分化。而某些城市因近代交通发展较弱，在近代工业化发展中逐渐落后，如扬州、淮安等。近代工业不断发展的同时，传统产业仍在延续，并有一定发展，而且也是城市工业体系的重要组成部分。受近代工业企业影响，部分工场手工业进一步发展成为类似近代工厂的形态。这一时期政府放松了民间兴办实业的限制，许多怀揣“实业救国”的有识之士，筹资兴办工厂。民族工商业者逐渐成为中国资本主义的主体，许多城市出现了民族实业家，如南通的张謇，常州的盛宣怀，无锡的荣宗敬和荣德生兄弟等。

总体来说，从隋唐以来，江浙水乡地区作为全国的经济重心，城市的工商业经济发展繁荣，某些城市的经济职能已高于其行政职能。这种高度发展的工商业，虽是建立在发达的农业经济基础上，但在宋明以后，已经生长出货币、商业、信用、贸易等诸多工商业文明因子。尤其明中后期在纺织业等生产部门中产生的劳动雇佣关系的出现标志着资本主义的萌芽。这在江南地区主要城市中多有所体现，这也为近代工商业城市的形成奠定了基础。同时，因东部地区沿海，与开埠城市临近，传统城市的近代转型大多集中在这一区域，江浙水乡地区更是这一区域的先发地区，如常州、无锡、苏州、湖州、嘉兴、宁波等。这些城市更是成为我国近现代工商业的重要发源地。

2. 名城价值特色中产业、手工业与商业的特性体现

扬州、淮安、泰州在清末以前传统工商业中的地位较为重要，特色更为突出，而在近现代工商业中则被淹没。扬州、淮安传统工商业繁盛，清末运河漕运衰落后，因交通优势丧失、城市产业外植依赖性过强等原因，城市传统产业也随之衰落，区域经济中心地位逐渐失去，加之自身城市经济结构僵化，使得近现代工商业发展相对落后。扬州与淮安因在传统产业发展中，尤其是运河开通后的发展，也各有侧重。扬州最为突出的是盐业的发展及因其带来的相关产业等，而淮安的漕运及其相关产业则更为突出。泰州的传统产业以盐业发展最为突出，盐税贡献突出，促使泰州传统工商业发展。但随着淮南盐业衰退，泰州盐业也随之衰退，城市工商业也

受到较大影响。当然，这与我国古代国家漕运与盐业管理的制度是分不开的。

两淮地区是产盐的重要区域，今扬州、泰州、淮安、兴化、南通等城市，都曾是两淮盐业发展相关的重要城市。下文着重对扬州、泰州进行详细论述。

扬州繁华以盐盛，扬州盐业兴起于汉代，西汉吴王刘濞“煮海为盐”，开运盐河，自茱萸湾通海陵仓（今泰州）及磻溪（今如皋东汤家湾），东南置白浦，捍盐通商。此举成为淮南掣盐监运的开始。此后，淮南盐从黄海沿线各盐场进入运盐河抵达扬州，然后从瓜洲、仪征掣验后，开江运往长江中下游地区行销，即成为制度，并一直延续到清末至民国时期。唐代在扬州设有转运院，这成为在淮南盐区设官的发端。唐代刘晏改革盐法，“制盐归民，官民共运销”，这使得扬州成为盐贮积之所，成为盐商汇聚、盐船密集的运销中心。唐开元年间，伊娄河开辟之后，瓜洲成为江南漕运的对直运口，盐船一度在此靠泊、掣验、开江。后因真州港江岸稳定，更靠近上江，考虑港口的分工，在宋元时期，真州成为淮南盐的输出口岸，而扬州城则为盐商们经营业务最为活跃的城市。元代置两淮都转运盐使于扬州，专管盐政。这一时期扬州东关城外沿运河两岸成为盐贮积之地，盐仓林立，盐船拥塞。明清时期，扬州盐业发展到极盛，两淮都转运使司、两淮巡盐察院署皆设于扬州，淮南盐批验所设于仪真（今扬州仪征），淮北盐批验所设于淮安。凡从淮南盐场运出的盐，从各运河的河道汇集于扬州，经运河至仪征批验所掣验。因此明至清中期，扬州成为不可替代的盐业中转基地和集散中心，形成了以扬州为轴心、产运销一条龙的淮南盐运输网络。各地盐商在此汇聚，为盐商提供各种服务的人们逐渐增多，盐商的生活与消费习惯也对扬州生活带来巨大影响。奢华享受的盐商生活，更加刺激了扬州商业与服务业的兴旺。清同治年间，两江总督曾国藩迁盐业总栈于瓜洲，后又移至仪征十二圩，更名为“十二圩两淮盐务总栈”，于十二圩储运掣验两淮盐。当时，来自淮南、淮北的盐通过运河至十二圩，亦有部分淮北盐由连云港入海由江道至十二圩堆储中转。因此，也促使十二圩从濒江小镇一跃成为著名的盐运都会。盐业的发展促进了扬州经济的繁盛，在盐业带动下，扬州成为南北货物集散地，商贸活动联系江苏、浙江、湖南、湖北、安徽、江西、河南等地区，以及对外贸易的开发，商业繁盛，活动兴旺，成为全国重要的商业城市。

扬州盐业的发展，促进了运输业、港口的繁荣。因盐运与漕运量大，对运输业发展促进尤甚。汉代起，扬州就出现了具有一定规模的制造船舶的专业工场——广陵船宫。唐代，扬州设有多个造船厂，造船技术执各州之牛耳，成为全国最重要的造船工业基地之一。交通的畅达，转运贸易的繁盛，促进了扬州港口繁荣。尤其是唐代，扬州通江达海，也成为对外贸易、交流的重要海港。唐以后，扬州虽失去海港优势，但仍是内河转运重地，港口业务繁盛，尤其盐运量之大，堪称全国之最。正是由于扬州所处区位优势、物资交流便利、国家统一的盐业制度等原因，故而工商业发展繁盛，造就了扬州这座盐业中心城市、工商业名城。当然，扬州的发展也离不开漕运发展，但本书认为盐业对扬州发展的作用更胜一筹，因此漕运对扬州的影响不予论述。

清中后期，淮南盐业逐渐萎缩，且运河体系逐渐解体，扬州商业活动逐渐萧条，传统经济日益萎缩，传统城市地位全面下降。旧的结构性崩溃之中，新的近代新式城市因素不断成长，但扬州在这一方面，略显不足。如近现代工业的发展，扬州的近现代工厂设立时间较晚，且数量少、资金少、规模小。根据1911年统计，长江下游各城市64家较大规模的民营企业中，扬州只有1家设立时间较晚的面粉厂①。与苏杭相比，扬州缺少作为经济支柱的手工业和发达的农业经济，从而在国家经济、社会大变动的冲击下，无法实现内部经济结构的调整，因此，工商业迅速衰落。

泰州是古代盐的重要产地，同时也是重要的运盐之道，盐业也成为泰州城市发展的重要命脉。泰州古时濒临黄海，唐代在其境内就修筑捍海堰，堤外煮盐，堤内兴农，成为淮南盐的主要产地。海陵监“岁煮盐六十万石”，居全国十大盐监之首，泰州成为全国最大的海盐生产基地。北宋时，泰州有盐仓三所，中转规模居淮南之首，城中东西门大街集中了多家商号，是长达五里的商业街。晏殊、吕夷简、范仲淹三位宋朝宰相都曾在泰州担任过盐官。范仲淹任西溪盐税监时，重修了捍海堰。南宋绍兴末年（1162），泰州海陵盐收入六七百万缗，超过唐大历时全国盐赋总和。明以后，两淮盐税长期占全国总盐税百分之五十以上，而泰州的“税额、盐引”就“过两淮之半”，足见泰州盐税之于全国的重要性。清代，泰州盐业更为发展。为杜绝私盐，在泰州设泰坝监掣署，专司淮盐翻坝运输和盐课查验事宜。“扬州八怪”之一的画家高凤翰为第二任泰坝监掣官，道光年间江苏巡抚林则徐在泰州南门城外滕家坝竖立税碑，永禁越坝逃税。明清盐业的繁荣，提升了人们的商品经济意识，促进了泰州工商业贸易的兴旺发达。盐商的生活也进一步促进泰州的商业与服务业发展，使得泰州成为区域性的商业中心。清末，淮南沿海陆续废灶兴垦，泰州盐业随之衰落。民国时期，随着泰州盐业分司和盐政管理职能的撤销，盐业在泰州经济中失去了地位。

淮安，是漕运重镇，也是盐关之要。淮安工商业经济的繁荣与发展与漕运和盐密不可分。淮安地处苏北偏南，约当大运河中点。从长江流域征取的米粮及其他物资，漕运京城，都要经过这里。唐代在淮安专门设立了管理漕运的行政机构，唐后期“军国费用，取资江淮”，淮安成为唐王朝物资转运的重镇。宋代，在淮安设江淮转运使，淮安的经济地位得到进一步提升。元代，漕运以海运为主，淮安的漕运地位削弱。明初，改海运为漕运，漕运制度的完善，促进淮安的繁华。明、清两代均设漕运总督，驻淮安。为了稳定漕运、保障国家财政税收，明清两代还在淮安设置了淮安关、守备太监等衙门，这些机构一方面强化了封建国家对漕运的管理，另一方面也提高了淮安府在全国的政治、经济地位。在漕运制度中，无论是支运②、

① 汪敬虞．中国近代工业史资料第二辑（下）（1895—1914年）[M]. 北京：中华书局，1962：87.

② 明朝，在京杭大运河的沿线设淮、徐、临清、德州等仓。所谓支运，是指各地将漕粮就近运交粮仓，然后由官军分段运送。当是时，由淮安至徐州，徐州至德州，德州至，通州，节节运送，每年四次，一年运粮三百余万石。

兑运[①]、还是长运[②]，淮安仓储均扮演着重要角色。如湖广、江西、浙江、江南各省漕船所运米石均需要在淮安停留盘验，这点对淮安经济发展而言，具有特别意义。每只漕船都需要有大量运丁，还有众多催攒、押运、领运官员，以及防河官兵等。这些数量巨大的运丁及众多官兵多要在淮安停留，需要上岸吃、住，这给淮安带来很大商机。另外，漕船给淮安送来各种各样物资，推动了专业性商业街巷和市场的出现，这些也给淮安商品经济带来了发展机遇。经过明清两代建设，淮安成为与北京、杭州、扬州齐名的商品集散地，其繁华远超许多省会城市。“漕督居城，仓司屯卫，星罗棋布，俨然省会。夏秋之交，粮艘衔尾入境，皆停泊于城西运河，以待盘验。”[③]

漕船是保证漕粮正常运输的必备工具，这些船只一般在专设的船厂打造。淮安山东厂、清江厂均是漕船制造厂，尤其清江船厂是全国最大的内河漕船厂。江浙皖一带的漕船，均由淮安、清江、江宁府的船厂打造。朝廷按船拨给各丁料价，由运丁在当地船厂打造，淮安、清江两厂收入可观。

淮安是淮北食盐集散中心，漕运给纲盐提供了便利的运输条件，大运河的便捷使得淮盐能顺利运抵大江南北。此外，漕船夹带私盐已成为公认的事实，私盐泛滥在客观上也促进了盐业经济的发展。某种意义上，淮安盐业发展得益于漕运发展。盐的转运无论官盐还是商业，都需要持有盐引，且经过掣验后才能离场外运。淮北盐批验所设于淮安，淮安批验所原在淮南，后迁至淮安河下，几乎同时，淮北盐运分司署也迁移至淮安河下，河下遂成为淮北盐必经之地，当地经济繁荣趋于鼎盛。清道光年间，试行票盐法，淮北盐改由王营减坝渡河入湖，王营镇的西坝成为淮北盐的集散中心，迅速繁盛。

从淮安的产业看，多数产业发展与漕运密切相关，这种过分依赖某种条件的发展，对淮安的产业发展带来弊端。因此，当运河航运被铁路、海运取代，漕运衰落后，淮安的经济逐渐衰退，失去昔日繁华。

就近现代工商业而言，虽然常州、无锡、苏州、湖州、嘉兴、宁波等城市同是我国近现代工商业的先发地区，但各地在部分方面仍有所不同。如湖州、宁波的同乡商业群体，即湖州商帮、宁波商帮，对上海、苏杭地区等地的近现代工商业发展作用巨大。

湖州商帮，以丝绸为主（形成“湖州丝商”集体），涉及面粉、房地产等诸多产业。这种产业特征与湖州物资和传统手工业的兴盛有关。借助上海开埠的机遇，湖州商帮迅速崛起，并以上海为主阵地，成为在贸易、工业、金融等领域与洋商争衡、挽回利权的中坚力量。同时，

---

① 所谓兑运，是指江南百姓运粮入仓，往返时间约需一年，因为存在误农误时等原因，遂于明宣德六年（1432 年）规定各地百姓将粮运至淮安、瓜州等地，兑于卫所官军，然后由官军押粮入京（有不愿兑者，可任其自运）。

② 所谓长运，是指明成化七年（1471 年），朝廷令淮、徐、临清、德州四仓实行支运的漕粮全部改为在码头就近交兑，然后转交官军专门运输。从此，长运成为定制。

③ 孙云锦 修，吴昆田，高延第 纂 . 光绪淮安府志（卷二）• 疆域 [M]. 光绪十年甲申刊本：313.

湖州丝商、买办群体，对催生和促进中国近代民族企业的发展，推动中国近代工商业的进程做出了积极贡献。湖商作为近现代民族实业的先驱，他们中很大一部分人成为早期资产阶级和资产阶级政治革命的翘楚，为近代民主革命活动提供了大量经济支持。

宁波的区位优势赋予了这座城市在中国内河航运、海运和物流集散中的特殊地位，成为中国最早开放的贸易口岸之一。唐宋以来，宁波商人就与外国有了贸易往来。明末清初，宁波帮海商获得迅速发展。鸦片战争后，特别是民国时期声势显赫，称雄商界。宁波商帮对中国工商业发展起到了巨大的推动作用，如建立第一家近代意义的中资银行，推进中国传统金融业迈向现代；建立第一家中资轮船航运公司、第一家中资机器厂等。除了在传统行业有所发展，宁波商人还投资更多新兴产业，如创办中国第一家自主制片的影片公司；宁波商人黄楚九介入西药业、开拓娱乐市场等。宁波帮的活动区域不仅在长江流域、香港、台湾等地，而且延伸到海外。宁波商帮对清末大上海的崛起和二战后香港的繁荣都做出了贡献。沿海经济和海上贸易的发展逐步形成了以“港通天下”为特色的海商文化，并衍生和流传至今独特的宁波商帮文化。

五、运河文化主题的名城价值特色

1. 运河与聚落网络

大运河是沟通南北的大动脉，作为我国古代行政系统大规模调集物资的通道，对我国古代城镇的形成、发展、性质、布局、分布和体系等产生了巨大影响。大运河沿岸的城镇或以运河为骨干的水网城镇与大运河的形成和发展不可分割。隋代以前，江浙水乡运河城市的兴起已初具雏形。邗沟、江南运河、浙东运河等的开通，泗口、末口、淮阴、山阳、扬州、苏州、绍兴等成为运河沿线重要的城镇。隋唐大运河的开通，进一步带动了江浙水乡地区的开发建设，促进了一批沿岸城镇的兴起与繁荣，楚州、扬州、润州、常州、苏州、杭州等都是当时著名的运河城市。宋代建立以开封、杭州为中心的运河体系，将沿线城市的发展推向一个新的阶段，杭州、苏州、扬州、真州、楚州等是运河城市繁荣发展的见证。元代京杭大运河的重新开通和南北取直，为运河沿线城镇发展带来持续动力。明清时期，运河城镇持续发展，尤其是明中叶以后，江浙水乡地区运河城镇发展繁荣，淮安、扬州、仪征、镇江、常州、苏州、嘉兴、杭州等运河城市成为全国著名的工商业较发达的城市，其他如清江浦镇、板闸镇、瓜洲镇、浒墅关、盛泽、南浔、乌镇等城镇也都具有相当规模。这些城镇的发展离不开以运河航运为主的水运交通网络，其发展与分布也呈现一定的规律性。不同时期的运河都会带动一批城镇的兴起，这些城镇的规模和繁盛，根据它在运河体系中的重要程度决定。

（1）“城镇—集镇—村庄”的运河聚落分布

江浙水乡地区内水网交织，这种先天的自然优势，使得大大小小的城镇通过水系串联而形成运河城镇体系，逐步发展成为“中心枢纽城市—中等城镇—镇—村庄”的运河聚落网络。这成为江浙水乡地区城镇发展的普遍模式，反映了以运河水运为主要交通方式的城镇发展的共同特点。

① 水系交汇处

在运河体系的枢纽位置、运河与大江大河交汇处等，水运交通优越，往往必有大型城市兴起，如运河与淮河交汇处的淮安、运河与长江交汇处的扬州，运河与钱塘江交汇处的杭州。而在运河沿线或运河与河道交汇之地，则更多的是产生一些中小型城镇，如运河与洪泽湖交汇处的盱眙、洪泽，运河与高邮湖交汇处的高邮，运河与支流芒道河交汇处的邵伯，运河与茱萸湾交汇处的湾头，运河与望虞河交汇处的望亭、运河与岎塘运河交汇处的平望等。这些城镇作为运河动脉的腹地，依托联系城市和交通便利，成为人流休息或商品的贸易与集散场所，具有一定的辐射力。

② 水工设施处

为确保运河河道畅通、调节水位、防洪防涝，历朝历代多进行堰闸、堤坝的建设，并定期疏浚。江浙地区水文条件复杂，尤其长江以北区段，成为兴修水利设施的重点段落。而水利设施的修建处，促进了城镇的形成与发展。如淮安的码头镇，明清时期在此地修建惠济闸、通济闸、福兴闸，因航船过闸需要人工把舵、绞关，因此吸引大批劳工，从而促进了城镇发展。扬州的邵伯，东晋时期谢安在此筑邵伯埭，船只过埭需在此停留，人夫也在此聚集，从而形成聚落。嘉兴的长安镇，因运河重要水工设施——长安闸坝的建设而形成和发展。此外，还有宝应的氾水、常州的新闸等。

③ 漕运设施处

大运河最重要的功能在于漕运，各时期更是在运河沿岸设立众多漕运管理机构或配套设施，如漕运总督、榷关、钞关、粮仓等。漕运机构主要是为督查管理漕务，盘查漕船、征收税务等，因此运河上的漕船、商船、人流、物流必然会在这些地方停留。漕运机构、粮仓管理等需要大量官员，同时，漕运机构的设立催生了大批服务于漕运的劳动人员。物流与人流的聚集，使得城镇得到较大发展。如明清时期淮安的繁荣，与运河漕运总督设在此处密不可分。一些钞关、粮仓地也发展成为经济重镇，如淮安的板闸、宝应的泾河、苏州的浒墅关、杭州的仓前等。

④ 盐运设施处

大运河上除漕运外，另一种重要物品就是盐。运河沿线诸多城镇也与盐业分不开。如扬州的发展繁荣与盐业分不开，境内西汉吴王刘濞开凿的运盐河，正是为了运输盐；清代在扬州设有两淮巡盐察院署和两淮都转盐运使司，城内盐商云集。盐业的发展，促进了扬州工商业的发展和城镇建设。扬州的湾头也正是运盐河的起点，成为盐运的重要码头。此外，仪征的十二圩凭借濒临长江的港口优势，依靠盐的储存中转而迅速崛起成为以盐务中转而闻名的城镇。淮安的西坝、杨庄、河北、河下、下关等也因淮北盐集散而兴起。

⑤ 码头处

同时，江浙地区运河的商业运输繁荣，运河也是商品交换的主要交通通道。因此运河沿线码头成为重要的商品集散地，尤其明清时期，更是成为私货的交易场所。码头成为促进城镇发展的要素。江浙水乡地区因码头而兴盛的城镇数量众多，如高邮的界首、扬州的瓜洲、镇江的西津渡、杭州的临平、宁波的半浦等。

大运河水运带来的物流交换、人口流动、文化交流等，促使江浙水乡地区运河沿岸城镇形成了一个运河城镇网络。这些城镇主要分布在运河及与其连接的河道干线附近区域，城镇的形成、发展、繁荣或衰败，与其因运河而形成的交通区位分不开；同时，因运河而带来的水工设施建设、漕运发展、盐业发展等，也是影响其城镇发展与分布的重要因素。

（2）运河经济影响下的城镇职能与产业特征

运河沿线城镇多因运河而商贸繁荣，其交通与经济职能自然是城镇职能的核心一环，但是在各城镇的经济职能方面而各有不同。通过对淮安、高邮、嘉兴等城市里与运河相关的城镇主导产业和职能的梳理分析，可以看出淮安与运河相关的城镇更多的为漕运、盐运的商贸集镇，高邮与运河相关的城镇多为商贸集镇，嘉兴则更多为丝织、粮米、农桑等商贸集镇。虽都为商贸集镇，但各有所倾向。

淮安城镇的发展多因运河带来的漕运、盐运制度而植入漕盐管理、物流集散、商贸、交通等功能，因此其产业与职能方面多呈现为漕运、盐运集镇。这种外植型因素对城镇职能及其所在区域的市场体系、经济结构起到决定性作用或城市过度依赖于此，也正是这种原因，使得这些城镇更容易因外植因素而迅速兴盛或衰落，如清江浦、王家营、西坝、板闸等。

高邮境内运河多次变迁，每次变迁的河道都促成了一批城镇的发展。这些城镇相对来说，本地商品化长足发展的基础相对较弱或缺少较有特色的商品或产业，但因运河便捷发达的水运交通带来或抚育城镇发展所需的商业经济，逐渐发现成为当地的集贸城镇。如山阳渎沿线的三垛、临泽、射阳湖镇等。

嘉兴是杭嘉湖平原粮、桑重要产地，传统手工业发达，其各城镇中也多为丝织、农桑、粮米等城镇，城镇内自身商品经济基础较好，城镇的发展内生动力较足，因此也形成了以广大的农村市场、集镇为起点的自下而上的商品化城镇层级。运河的开通则为城镇的发展进一步提供助力，促使城镇的商品与手工业从小区域的经济体系中，逐渐融入更大范围乃至全国市场。如濮院镇，隋唐时期运河便穿镇而过，使其通江达海、农桑繁盛，成为“嘉禾一巨镇”。王江泾镇，运河穿镇而过，明代成为丝绸贸易集镇。长安镇，为重要粮食转运、货物仓储枢纽。诸如此类的运河城镇，还有石门、崇福、新塍、王店、新埭、盐官等。

2. 运河与古城空间

由于大运河具有水利、航运、政治、经济、文化等多样性功能，对城市空间形态的演变有着很强的导向力。无论城池的变迁、扩展方向，城内的功能布局、空间格局以及关厢的空间分布与发展，都与运河息息相关。自运河开通后，运河即奠定了沿岸城市的基本空间发展。

（1）城址变迁、城池扩展依运河发展

在以水运交通为主的江浙水乡地区，城市的选址和城池建设与河道关系密切，大运河的开凿更是为城市发展提供了便利条件。江浙水乡地区城市依运河而发展，是普遍的现象。有些城市因运河而生，如扬州，因邗沟而建城，建城之初，便决定了其城池与运河密不可分的关系。运河的沟通，促进江浙水乡地区经济不断发展，多数城市因运河而兴盛，城市人口集聚，城区也多有扩张。运河作为一个强大的吸引源，使得城多向运河发展。这种城河的互动发展关系，在空间上表现为城河相依。根据运河与城的位置关系，具体又可分为两类。一类空间关系为运河在城的外围，城依运河发展，如淮安、高邮、嘉兴。淮安城，运河从城西侧通过，城沿着运河建设。无论旧城、新城的建设，淮安城都依运河而发展，运河串联各城，呈现沿运河轴向拓展的空间形态。高邮城，濒临高邮湖与运河，建于运河东岸。自建城起，河与城的空间关系基本保持未变。嘉兴城段的运河河道，自隋开通时就基本定型，“分支夹城左右”。嘉兴外城的建设，随河就势，奠定了运河环抱古城的空间关系。另一类空间关系则因运河与城的不断发展变化而变化，或依城而过，或环抱古城，或穿城而过，城逐运河跳跃发展，如扬州、常州、无锡。正是由于这种不断变化的城河关系，造就了城市与运河在空间格局上的特色。

① 扬州

运河扬州城段从邗沟开凿起，历经多次变迁，空间位置上体现为向东南转移，运河与城的空间关系由从城外而过，转变为穿城而过，再变为城外而过。扬州城的建设变化较多，城池从蜀冈上转移到蜀冈下，城池规模在扩大与缩小之间来回转变，经历了“扩大—缩小—扩大—缩小—扩大”的过程，但总体的变化方向是逐渐向东南方向建设，即靠近运河的方向。由于扬州运河与城池复杂的变迁情况，从而形成了其“逐水而城、历代叠加、城河环绕、内外皆河”的空间特征。

春秋时期，邗城因邗沟而建，其位置在蜀冈之上，邗沟沿其东、南方向经过。据推测，邗城南部邗沟作为护城河，邗沟同时具有城濠与运河的双重功能。随着运河体系逐渐完善，城市逐渐向运河边发展。唐代，扬州形成上下两重城——子城与罗城，子城在蜀冈旧城基础上修建，罗城的修建则与运河密不可分。随着隋大运河的贯通，沿河逐渐集聚居民区和商业区，形成了初步的街巷布局。中晚唐时期，修建罗城，将其纳入城内。罗城内的两条南北向水道，均为运河一部分，呈现城河相间，穿城而过的景象。后来运河因泥沙淤积、城市运输需要等原因，向东改道，改为绕罗城东南而过。城池建设也随着运河改道逐步向东发展。至宋代，唐罗城内西侧南北向水道被用为宋大城的护城河，东侧水道则被疏浚作为市河使用。明代，宋大城内的市河地段位于旧城之内。明嘉靖年间，在旧城城东的商业区筑城，较宋大城更靠近运河，并以运河为护城河。扬州的城池自唐代以来虽逐步向运河方向缩小，但始终包括运河、市河附近区域。历代城池与古运河的关系不可分割，充分体现了逐河而城、河城相依的城市形态。

② 常州

常州城区范围内的运河历经几次变迁，逐步南移，运河由从城外经过，转变为城内的重要河道，再转变为城外的护城河。常州城数次建设，从方正的子城，到随水就势的罗城，到明改建的新城，总体朝着运河发展，城池形态与规模亦不断变化。两者的变化共同形成了常州“城河相依、重重相套”的独特格局。

常州城始建于西晋时期，筑城之初便依运河兴建毗陵城，即内子城。其后依托运河水系，陆续筑外子城和罗城，城市空间向南、向东延伸，城市逐渐向运河靠近，至五代罗城建成时，运河已穿城而过。此时运河城内段称为“前河”，即现存常州古运河。宋代，顾塘河和局部水系的开浚，促使城内商贸发展，运河内船舶逐渐拥挤。宋末战争对城池破坏严重，空间发展缓慢甚至衰退，至元初常州城才得以重建。元代，在前河南侧开凿“城南渠”，运河漕渠南移到此渠，城南渠的开凿进一步为城区的发展拓展了空间。明代，因罗城大而难守，在罗城内改筑新城，筑城时开凿了护城河。明清时期，迫于商业和人口集聚造成的拥堵，筑坝改道，将大运河主河道南移。城市空间亦随着运河进一步向南拓展。常州城与运河的空间关系，历经傍河而城、跨河而城、倚河而城，亦是逐河而城的重要见证。城与运河互动发展，大运河及其串联的水系为常州城市的空间外拓和内生提供了依托，城市经济与人口的发展又推动了大运河的改道和水网完善。

③ 无锡

无锡城与城区段的运河虽不及扬州、常州城与河的变迁频繁，但也几经变化。无锡城自建城时，便位于运河西侧，运河依城而过，其后城区逐渐拓展至运河两岸，城池外扩，之后运河外移环城分流，从而形成了“城址倚运河而建，古城跨运河而穿，城河环抱”的空间特色。

无锡境内的大运河，源于商周时期泰伯奔吴，率领吴地百姓开凿的泰伯渎。春秋时期，吴王开凿邗沟（又称“吴古故水道”），始有大运河。其后，黄歇“立无锡塘，治无锡湖”，史籍自此出现“无锡”之名。商周至战国期间，建有太伯城、葫芦城、小阖闾城、斗城、黄城等，这一时期城址虽不稳定，但多依河而建。西汉时，始置无锡县，建无锡城，自此无锡城址位置稳定下来。县城子城建于大运河西侧、运河与梁溪河之间，大运河依城而过。隋代，为便于运输，对大运河局部裁弯取直。裁弯取直段主要为无锡城外至常州、苏州的段落，城区段则在原有河道基础上疏拓。南宋时期，政权南迁，大量人口也随之南迁，无锡成为接纳人口的区域之一。人口的集聚需要更多的空间，从而促使县城往外扩展，跨大运河向东、南方向发展，大运河穿城而过。直至明嘉靖以前，无锡城区的运河均是以城中直河为主航道。其后，因直河两岸街市和居民不断侵占岸线，河道逐渐狭窄、水浅，加之城墙重筑，并设置了南、北水关，大船、重船，尤其是漕运船只难以从城中通过，因此改从城外护城河航行。大船、重船、漕运船，从城东外城河航行；官船、轻船、小船，则从城西的内城河通行。由此，也就使得大运河抱无锡城而过。大运河与无锡城的关系由依城，发展成为穿城，最后抱城而过，运河交通功能也不断外迁分离，这些都与古城的发展息息相关。

（2）城内空间形态、功能布局与运河息息相关

水系在江浙水乡地区是城市空间发展的重要脉络。运河的开通影响城址、城池形态的变迁，同时，对城市内部的空间形态、功能布局亦有所影响。运河与其相通的城内河道，是城市空间形态的“点睛”要素，同时沿岸形成开敞的商业空间、桥市等，成为城市的重要活力带。

河道是江浙水乡地区城市空间形态要素中的主导因素，能够促使城市形成灵活多变的空间特色，运河及与其相通的城内河道也不例外。运河或与其相通的河道穿城而过，可以把城市有机分割，形成不同的空间斑块，河道的不规则形状为城市塑造自由灵活的非规整空间形态提供了基础，增加了城市空间的多样性。蜿蜒流淌的河道、穿梭不断的船只给城市带来生机与活力，形成良好的空间意向。当然这不仅仅是运河穿城而过的特性，运河依城而过的城市，城内有与运河相通、引水入城的河道，也会如此。

从城市内部的功能布局看，运河便利的交通条件有利于商贸发展，吸引了更多居民，形成居住、商业的集中地带，因此城市的商业中心地带多沿运河发展。虽然运河城市与运河河道都会有变动，但每次运河变迁后，商业中心也会随之变化，并始终和运河保持紧密联系。运河穿城而过时，沿岸商业集聚，多形成繁华的商市，同时，为方便漕运，沿岸靠近城门区域，多设有仓库等设施。运河转移至城外时，城内商业、仓储等功能亦受运河吸引，多分布于城内靠近运河方向的地块，同时，在城外逐渐发展形成关厢区域。如扬州，运河迁至城外东侧后，城内商业多向城东发展，东侧成为商业与商人的集聚区。无论是在城内或是在城外的商业，多按照行业或功能业态的不同而集聚分布，形成特色街巷。这样的特点，在街巷名称中有所体现，如扬州城东部的引市街、皮市街、仓街等。城市河道交织，为方便交通，则兴建一座座桥梁，形态各异，成为城市空间的标志。桥头、水埠、滨水茶楼、酒肆、集市等水陆交点与河、街并行的空间，成为城市中重要的公共空间。桥、码头等作为水陆交通的枢纽，商品、人流集聚，逐渐成为城内商业较为繁华的地段。

（3）关厢发展因运河更盛，空间布局应运河而生

关厢是我国许多古代城市的重要组成部分。两宋以后对商业与集市逐渐放松，在城池外或城门附近出现了一些临时集市，久而久之形成商业活动和居民定居点，扩张衍生出关厢。同时，许多城市内的人地矛盾需要通过扩大空间来解决，关厢便成为城市扩张的重要区域，这在一定程度上改变了城市的空间格局与形态。

江浙水乡地区水运交通发达，大运河的建设更是促进了区域间城镇的交流。其城市的扩展多沿运河或主干河道拓展，同时城外多设有码头，以供物资集散中转，进而形成关厢。这些关厢区域，商贸功能突出，具有仓储、集散等功能，店铺林立、车船云集。同一城市的关厢规模，因区位、地形地貌等而范围不等，但总体来说，靠近运河的关厢区域发展更为繁盛。且因通过运河与周边城市沟通更便捷等原因，关厢更超过城内商市的繁华，成为城市的经济中心，乃至区域经济链条中的重要一环。关厢是因其在城市中的分工不同，从而在主导业态或功能方面形成不同特色。

高邮的南门大街片区，位于高邮城南门外，运河从片区西侧经过，南门琵琶闸处曾设有码头。南门大街设有运河沿线重要的水陆驿站——盂城驿，接待自水陆二路而来需在盂城驿投宿的官员和官差人等，马饮塘也成为古时驿站用来放马饮水吃草的地方。因此南门大街也成为驿传的重要功能区。片区内有马饮塘和盐塘，马饮塘河向东与盐河相通，它们的东边南澄子河向东连接泰州、南通。里下河大量的粮食、食盐汇集到此，这二塘就是船舶停泊之地，再转装到运河的红船北上。运粮巷、盐塘巷就是挑夫们挑运粮、盐上大运河的通道。因此，片区内粮行、粮庄林立，成为漕粮聚集转运地。

淮安的河下则是有名的盐集聚中转地。明清两代淮安盐务兴盛，淮安城西北的河下因此兴起，并以惊人的速度一跃而成为天下名镇。“河下遂居黄、运之间，沙河五坝为民、商转搬之所，而船厂抽分复萃于是，钉铁绳篷，百货骈集。及草湾改道，河下无黄河工程。而明中叶司农叶公奏改开中之法，盐策富商挟资而来，家于河下，河下乃称极盛。”①据记载，淮安城西北有西义桥市、罗家桥市、杨家桥市、姜桥市、菜桥市，“本土及四方商贾皆萃焉，货具杂陈，甲于旁郡”②。

无锡北门外及南门外清明桥一带，则因运河漕运促成无锡米市。除了有名的米市外，在北门外还形成了明清时期著名的布码头。无锡米市的发展，北方地区特别是淮扬等产棉地区的棉花由购米船队运至无锡，无锡棉纺织业兴盛，“家家有纺机，户户织棉布”。因此在城北门外莲蓉桥一带形成布列成行的布市。清中期，各地布商云集无锡，布市发展壮大，从北栅口到北塘，绵延数里。

---

①［清］王觐宸 撰，程景韩 增订 . 淮安河下志 • 卷一 [M]. 北京：方志出版社，2006.

② 高寿仙 . 漕盐转运与明代淮安城镇经济的发展 [J]. 学海，2007：49.

关厢地区位于城乡结合地带，其建设行为多基于商业导向自发形成，更多的具有“非规整性”特征。关厢形态多呈现自由状态，商业空间是关厢空间的重点，多为带状线性布局。关厢主街多平行于运河或沿运河延伸，利用主街串联若干次级街巷，生成鱼骨状的街巷格局。临街设店，店铺密集、种类多样，店铺往往和城内商业一样，按照行业类型集聚。关厢的居住模式多为“前店后宅、前店后坊、上宅下店”。如嘉兴北门外的月河，无锡南门外的清明桥，高邮南门外的南门大街和北门外的北门大街等。

关厢的格局多为带状布局，主街沿运河伸展，但也有例外。如淮安河下，推测因北侧为板闸镇所在，河下要联系运河与板闸，因此主街垂直于运河向北延伸，北街板闸。而嘉兴月河片区，则因关厢片区内河道等基础要素不同，而形成更具自身特色的街巷格局。月河片区有三河，分别为京杭大运河、外月河、里月河，三条河道基本平行，又在北丽桥附近相汇。沿主要河道形成三条街巷，中基路、坛弄、秀水兜街，从而形成了“三河三街”的特色街巷格局。

3. 运河与城区产业

运河及相关水系的贯通和完善极大促进了沿线城市的社会经济发展，刺激其生产专业化的发展，进一步推动了商贸、手工业的发展，在空间布局上以运河为依托呈线性集聚态势。

从产业类型看，自运河开凿之初，其基本功能就为交通运输。隋唐大运河开通后，漕运的发展进一步奠定了运河交通运输动脉的地位，其沿线城市的交通运输产业与漕粮仓储逐渐发展，并带动与运输相关的造船产业、船帮物流等产业的发展。这些产业的发展，进一步促进各地商品之间的贸易，商船往来货运活跃，尤其是明清时期，大多城市商贸与手工业达到鼎盛。随着经济的发展，明清至民国时期，运河沿岸也逐渐出现一些小型工厂、近现代金融机构等，尤其常州、无锡、嘉兴等城市，近代工商业、金融显露头角。

虽然城市产业沿运河多分布有商贸、手工业、物流仓储等，不过有些城市在某些产业突出性更强，如扬州的盐业兴盛，淮安的漕运、漕船制造等。在下文中产业、手工业与商业主题系列中有详细分析，这里不详述。

4. 城市在运河上的交通地位

运河沟通了江浙水乡地区的江河湖荡和骨干河道，形成庞大的交通网。作为区域中心城市，多是运河交通网络上的重要枢纽，是周边集镇、村落水运交通网络的重要节点，也是物流、人流的集散中心。但其重要程度，因所处位置和相对交通条件的不同而各有不同，这也形成了其在运河交通网络上交通地位的特殊性。

淮安地处黄河、淮河、泗水、运河等众河交汇之地，历来为交通要塞，也是运河上重要的交通枢纽城市，明清时期更成为漕运的重要枢纽。明中叶以后，黄河经常决口，运河水量不足，官、商、客旅在淮安进行舟车换乘，清江浦和黄河北岸的王家营遂为“南船北马、辕楫交替”之地，王家营则成为“通京大道”的南端起点，淮安也成为运河交通网络上水陆交通的换乘枢纽。

扬州，南滨长江，自邗沟开通时，则奠定了其江河交汇之地、南北交通扼喉之地的重要地位。由于运河航运的发达和城市的地理优势，扬州成为江南联系皖、赣、湘、鄂等地的南北交通要冲；唐代以前，扬州还有沿海的优势，早在汉晋时期，扬州就开辟了对南洋的水上交通线。唐代，又因通海而成为中国对外交流的国际大港。其后因海岸变迁，通海优势渐失，但凭借江河优势，在以运河航运为主的交通时代，其始终占据南北交通要冲的地位。

嘉兴地处江浙两省交界，京杭运河穿境而过。因其处于交界位置，所以成为浙江地区的北门户，也是大运河进出浙江的北门户。

宁波东临东海，北濒杭州湾，浙东运河从市域内穿过。浙东运河（大运河浙东段），西起杭州西兴钱塘江渡口，东终于宁波镇海区甬江入海口，它的开通，使得宁波成为北上连接京杭运河、贯通五大水系（海河、黄河、淮河、长江及钱塘江）的始发点，成为运河最南端出海口。宁波凭借河海交汇的优势，把海外航线、运河航线连接起来，成为著名的港口，成为南北交通、海上对外交通的枢纽城市，更成为海上丝绸之路起点之一。

六、军事战争与革命文化主题的名城价值特色

1. 名城价值特色中军事战争与革命文化的共性体现

（1）历史时期的共性

① 战争引起人口迁徙，带动文化交流

中国古代历史上有名的由战争引发的大规模人口迁徙大致有六次，分别为西晋“衣冠南渡”、唐代“安史之乱”、两宋之交“靖康之变”、湖广填四川、闯关东，走西口等，其中，与江浙水乡名城有关的当属西晋“衣冠南渡”、唐“安史之乱”、两宋之交“靖康之变”、明初大移民等四次主要移民。战争引发人口迁徙，尤其是士族大家、文人政客、工匠能人等的迁徙促进了文化传播和交流，加速了江浙一带城市的发展。

以西晋“衣冠南渡”为例，中原汉族士族等臣民随晋元帝南逃，接受移民最多的是江苏省，今南京、常州、镇江一带最为集中。苏北地区以扬州、淮阴地区为主。这些士族官员南渡带来了中原文化，促进了江浙地区文化、政治和经济的兴起与发展。

再如元末明初，泰州、常州、淮安等城市战争频发，在明朝建立政权前以及明朝成立后都

有大量人口流动。以泰州为例，元末明初，为平衡地方发展、解决部分地区的过剩人口、医治战争创伤、稳定社会秩序、打击北元和群雄残存势力、抑制江南豪强地主等原因，朱元璋大力从苏州迁民入泰州，使得泰州人口迅速增加，促进城市经济的复苏的同时，也带去了苏州的建造技艺与能人工匠，促进泰州建筑、教育、经济等各方面的发展。

（2）民主革命时期共性

重要历史人物的重要活动地或出生地，涌现各方英烈，留下众多历史遗迹。

不同城市都有各自重要的人物在该城市出生或者领导、组织重要活动、战役等，为民主革命贡献力量。同时，由于发生战役或者重要活动，留下了相应的历史遗迹，用以提醒世人牢记历史，歌颂英雄功绩永存。

抗战时期，新四军主力主要活动在苏、浙、皖、豫 、鄂五省，因此，六大名城也是民主革命时期新四军的重要战场，为民主革命胜利做出各自贡献，涌现出众多民族英雄，推动了中国民主革命的进程，留下众多历史见证和遗存，对于警醒世人珍惜和平生活、增强忧患意识、养成众志成城、抵御外侮等爱国意识和强国意识都具有重大意义。

2. 名城价值特色中军事战争与革命文化的个性体现

不同城市拥有不同的历史名人以及不同著名战役，从民主革命时期的突出个性判断，军事战争方面较为特殊的城市有高邮、嘉兴、泰州、常州、南京等。

嘉兴是中国共产党宣告成立的完成地；泰州是中国海军的诞生地；常州是以瞿秋白、张太雷、恽代英为代表的中国革命先驱的红色摇篮；高邮是抗日战争最后一役的发生地；南京是中国第一个不平等条约《中英南京条约》的签订地，太平天国运动在此建都、辛亥革命胜利后，在此建立中华民国，同时是中国共产党人开展新民主主义革命的重要前哨，也是日军侵华的历史见证地，更是人民解放军渡江战役全面胜利的见证地。

七、非物质文化主题的名城价值特色

1. 水乡环境促成的水乡生活与生产文化

人们在长期的历史发展进程中创造的丰富而又独特的优秀文化，是地区人民的生命力、创造力和凝聚力的载体。江浙人民长期在水乡环境中生活、生产，并不断创造出具有地方特色的水乡文化，包括水乡生产活动中形成的民俗音乐，传统制造技艺、手工技艺，文学艺术等文化资源。

（1）传统手工技艺

手工技艺简称手艺，反映民间生活的质量。手艺的发展是智慧与灵性的呼唤，也是水滴石穿的功夫。江浙手艺者在技艺追求中，创造着美，也传承着精益求精的“工匠精神”。这里民间工艺品种繁多，千姿百态；能工巧匠，代有人出；大家名师，声誉远播；精品力作，传之弥远。

江南素称“丝绸之乡”，经过两千多年历史逐步形成了丝绸、纺织、刺绣、雕刻等传统手工技艺。例如苏州的苏绣，作为我国四大名绣之一，具有图案秀丽、构思巧妙、绣工细致、针法活泼、色彩清雅的独特风格。其作品的主要艺术特点被总结为：山水能分远近之趣，楼阁具现深邃之体，人物能有瞻眺生动之情，花鸟能报绰约亲昵之态[①]。南通刺绣工艺传承创新于苏绣，发展为通绣，丝绸剪贴，其继承了沈寿仿真绣的优秀传统，以肖像刺绣闻名，具有形神兼备、肤色逼真、运针匀齐细密、绣面光亮平整等特点。南通工艺美术研究所还在古代民间点彩和纳锦针法的基础上，创制了刺绣新品新锦绣。淮安的小淮秀经过数百年不断创新，形成独特风格。其作品图案优美洗练，题材丰富多样，色彩清雅明快，针工细腻精致，富有地方特色和生活气息。

江浙地区的红木雕刻、琢玉、民族乐器、制扇、戏剧服装等均以历史悠久、精细美观见长，技术精湛，造型美观，使技术和艺术融为一体。如扬州灯彩、玉器、漆器、通草花、绒花、剪纸、刻纸、浇糖人、抖抖嗡、纸扇、木拖鞋、捏面人等艺术制作、表演。镇江的清代江绸、文绫织品、古朴典雅的汉白玉插屏，琢工精良富有传统特色的玉雕，精致美观的各式灯彩，优雅柔软的绒花制品，色浓味正、久存不坏的镇江香醋和脆嫩可口的镇江酱菜，温醇浓郁的丹阳封灌酒等。南通古朴清新、寓意吉祥的蓝印花布，古风犹存、哨响如筝的南通板鹞，发乎汉唐加入时尚的扎染，以圆润细腻见长、鬼斧神工的红木雕刻等。泰州地区干丝制作技艺、小磨麻油制作技艺、嵌桃麻糕制作技艺、毛庄石雕和口岸虎头鞋被列为市级非物质文化遗产。

传统手工业制品种类繁多，但都根源于民间生活，源于劳动人民。犹如中国民间传统美食，百吃不厌，历久弥新，始终散发着泥土的芳香。勤劳的江浙人民从古老的民间习俗、神话故事、民间传说中和富有时代气息的农村生活取材，将其表达在民间艺术作品中。诸如淮安博里农民画、蒲编与苇编等独特的民间工艺。南通的木版年画、造型风筝等，南通民间绘画，一部分与民间工艺密不可分，或为主体，如木版年画，或为其装饰，如风筝画；一部分或为习俗所用，如灶壁画；或为观赏所用，如灯彩画。如东农民画、启东版画即是其中的突出代表。我国“南鹞北鸢”两大流派的风筝在世界上久负盛名，南通是南派风筝的主要产地，在品种纷繁的南通风筝中，哨口风筝（又名哨口板鹞）最具特色。

（2）传统音乐及乐器制作工艺

江浙悠久的历史，优越的地理位置，富饶的物产资源，造就了该地区灿烂的文化，衍化出千姿百态的风情。这里不断诞生了中国古老的南戏、淮剧、锡剧等，还孕育了影响广泛的越剧、扬剧等，此外，昆曲、淮海戏、丹剧、绍剧、婺剧等独具特色的地方剧种百花齐放、争奇斗艳。

因此，江浙地区被誉为“中国戏曲的摇篮”。地方戏曲文化最初都以其平民化的感染力被捧上舞台，而在演变发展过程中，江浙戏曲各个剧种的影响力又都以鲜明的核心辐射的形式逐渐扩展，从而成为流行度较高的剧种之一。最鲜明的例子便是昆曲。在明万历以前，还只是流行于吴中的“小集南唱”的清曲，自明中叶到清初经历魏良辅、李玉等人改良后，以优美的唱腔和丰富的剧目，驰骋于曲艺界，并最终戴上“百戏之母”昆曲的皇冠。地域的特殊性也促使地域戏曲历史与文化资源的融合，体现在以文化家族为纽带而形成的地域戏曲资源，如江苏宜兴陈氏家族、常州文化家族及其戏曲创作、戏台遗址的留存上。

1930 年前后形成于扬州的扬剧，系由当地的花鼓戏（即“扬文戏”）和香火戏（即“淮扬大班”）汇合而成，并继承了“扬州清曲”的音乐曲调，流行于江苏省、上海市以及安徽省部分地区。[②]其前身花鼓戏早在辛亥革命前后就流行扬州民间，是逢年过节群众性娱乐的一种演唱形式，并形成了一整套舞蹈程式动作，香火戏则通过祈神求福等活动，积累了不少用大锣大鼓渲染气氛的演奏经验。这些都为后来形成的扬剧奠定了深厚基础，形成了独特的风格。扬剧经常使用的曲牌有《梳妆台》《满江红》等一百多个，优秀的传统剧目有《百岁挂帅》《上金山》《放许仙》《断桥》《鸿摧传书》等。

淮剧又名江淮戏，是江苏省三大主要地方剧种之一。淮剧源于苏北盐城西乡（今建湖县），起初主要流行于长江以北、淮河以南的淮安、盐城、扬州等地区，后流行区域逐步拓展，在沪宁沿线的上海、南京、苏州、无锡、泰州以及安徽滁县、浙江长兴等地也逐渐流行[③]。淮剧是由民间说唱“门叹词”与苏北“香火戏”相结合，并吸收了里下河“徽班”的艺术精华发展而成的地方剧种。

起源于苏州的苏剧是江苏主要的地方剧种之一，由南词、花鼓滩簧、昆曲合流衍变而形成。其前身为苏州滩簧，苏滩是“滩簧”艺术在苏州地区的一个分支，又名对白南词，俗称“打山头”，是一种多人围坐一桌，分任生、旦、净、丑等角色，自拉自弹的代言体素衣清唱形式。滩簧作为一种清唱艺术，至少在清乾隆年间已盛行于江浙沪一带。从苏剧的形成和发展看，与昆剧在文学、音乐方面都有着较深的渊源关系。而有“百戏之祖”之称的昆剧于 2001 年被联合国教科文组织列入首批“人类口述和非物质文化遗产代表作”名录[④]。许多苏剧艺人都能兼演昆剧，也有昆剧艺人因种种原因改演苏剧，苏剧的表演艺术因为得到昆剧的滋养而渐趋成熟。

南通的乐舞文化，其源甚远。舞有海安之《海安花鼓》《苍龙舞》清丽韵致，如皋之《倒花篮》《莳花灯》柔美轻盈，如东之《跳马伕》《浒零花鼓》粗犷奔放，通州之《荷花盘子舞》《抬

---

① https://baike.baidu.com/item/ 四大名绣 /96686?fr=aladdin.

② 扬州市规划局，上海同济城市规划设计研究院 . 扬州历史文化名城保护规划（2015 ～ 2030）[Z]. 2015.

③ https://baike.baidu.com/item/ 淮剧 /467276?fr=aladdin.

④ 苏州市规划局，苏州规划设计研究院股份有限公司 . 苏州历史文化名城保护规划（2013 ～ 2030）[Z]. 2013.

判》典雅活泼，市区之《跳财神》《陆家锣鼓》热烈清朗。乐有海门山歌、新店山歌、饮泉山歌、启东渔歌、打麦号子等。由于南通方言的复杂性与多样性，使南通民歌十里不同音，五里不同调，丰富多彩、各具风韵。南通、常熟等地是古琴的主要发源地，也是明清之际最早拥有琴派、专门琴址、代表琴谱、代表人物、理论纲领的地方。2004 年，联合国教科文组织授予常熟“古琴之乡”称号①。虞山派上承浙派精华，下启广陵琴风，贡献卓越，故后人称虞山派为“古音正宗、黜俗归雅，为中流硫柱”“明清之际最有影响的琴派”，确实当之无愧。

（3）文学艺术

江浙地区包含了丰富多彩的文化艺术传统和特有的传统社会基础，他们与有形的历史文物相互依存相互烘托，创造出文学艺术界各类流派，如常熟虞山诗派，苏州吴门画派、吴门医派、吴门书法，扬州书画，兴化小说，泰州医派等，共同反映着各个城市的历史文化积淀，共同构成了城市珍贵的历史文化遗产。

其中，常熟虞山诗派是明末清初以常熟虞山命名的东南诗坛重要流派，最大特点是学古而不泥古，取各家之长，并积极主张诗歌革新，而自成风格。元代黄公望（1269 ～ 1354）为“元四家”之首，开“浅绛派”于水墨两种风格，为虞山画派奠基之祖，对明清山水画影响深远，以《富春山居图》最为著名。虞山印派师承吴门派，但又吸取徽派之长，最终形成苍老古朴而又不失清新秀丽、沉稳凝重而又不失气象万千的艺术风格。常熟书家起于张旭，传在其任常熟县尉时，书法得益于常熟老翁。扬州更有茶艺、古玩、书画等传统技艺的多样表现。苏州拥有闻名全国的吴门画派、吴门书法、吴门医派等传统文学艺术表现。兴化是中国长篇小说的开创地、明清小说的重要基地，开辟了章回体小说的源流。中国章回体小说古典四大名著中的三部都与兴化有着不解之缘，如被誉为中国章回体小说鼻祖的兴化人施耐庵撰写的《水浒传》是中国古代第一部白话文长篇章回体小说，对后世影响深远。地处“淮南江北海西头”的江苏南通，是一座有着数千年文化遗存的苏中古城。历史与现实、古老与时尚、外地文化与本土文化在这里兼容并蓄、交汇互存，形成了极具特色的绚丽多姿的江海文化。这里物华天宝，人杰地灵，人文历史积淀深厚，民间文艺源远流长。

2. 水乡环境促成的食文化

民俗风情主要反映在其民间工艺、民间文艺以及饮食文化上，江浙地区位于我国东海之滨，历史悠久，西南丘陵起伏，树木蓊郁，盛产山珍；沿海渔场密布，岛屿众多，水产资源丰富。因此，历代江浙人民不论日常饮食，或是岁时、礼仪方面的各种食品，都十分丰富，品种繁多，风味各异，富有各自的地方特色。著名的水产品有长江三鲜（鲟鱼、刀鱼、鲴鱼）、太湖银鱼、阳澄湖清水大闸蟹、南京龙池鲫鱼以及其他众多海鲜品。优良佳蔬有太湖莼菜，淮安蒲菜，宝应藕等。名特产品有南京湖熟鸭、南通狼山鸡、扬州鹅、高邮麻鸭、南京香肚、如皋火腿、靖江肉脯、无锡油面筋等。江浙人民在长期的生产实践和生活实践中，积极利用本地富饶的自然资源，创制出许多富有地方特色的菜肴，经过长期的实践独树一帜，创立了独具风格的地方菜系。由于苏菜和浙菜相近，因此和浙菜统称江浙菜系。其味清鲜，咸中稍甜，注重本味，在国内外享有盛誉。江浙菜在我国饮食中有重要地位，具有料重时鲜、色彩鲜艳、味道鲜美、品种繁多、讲究营养的特点，烹调方法以爆、炒、炸、熘、烩、炖、烤、蒸、烧、煎为主。

江苏菜起始于南北朝、唐宋时，经济的发展推动了饮食业的繁荣。其中南京菜源于先秦时期，当时吴人善制炙鱼、蒸鱼和鱼片，一千多年前，鸭已为南京美食。南宋时，苏菜和浙菜同为“南食”的两大台柱[②]。宋代以来，苏菜的口味有较大变化。原来南人菜咸而北方菜甜，江南进贡到长安、洛阳的鱼蟹要加糖加蜜。宋室南渡杭城，中原大批士大夫南下，带来了中原风味的影响。苏、锡今日的嗜甜，由此而滥觞。唐宋时期，特别是金元以来，伊斯兰教徒到江苏者日多，苏菜系又受清真菜影响，烹饪更为丰富多彩。明清以来，苏菜系又受到许多地方风味的影响。昔日吴王夫差、隋炀帝行船宴饮，龙舟作乐的帝王享受船点船菜，此时作为商家谋利的手段，也可供寻常百姓品尝。南宋时，苏菜和浙菜同为“南食”的两大台柱。明清时期，苏菜南北沿运河、东西沿长江的发展更为迅速。清代苏菜流行全国，相当于川菜、粤菜的地位。苏菜中的一支——淮扬菜系曾为宫廷菜，至2013年国宴中的大多数菜肴仍属于淮扬菜。因此，淮扬菜亦称国菜。苏州菜系历史上也十分流行。乾隆帝南巡时，曾经到苏州得月楼做客，尝到江南美味后，非常高兴，口称苏州为天下第一食府。苏州菜系中的特色小吃包括枣泥拉糕、小方糕、三鲜馄饨、酒酿圆子、豆腐花、船点、青团子、八宝饭等。

苏菜系由南京、淮扬、苏锡、徐海四大地方风味菜肴组成。沿海的地理优势扩大了苏菜在海内外的影响。淮扬地处苏中，东至海启通泰盐阜，西至南京六合，南及京口金坛，北达两淮。淮扬菜是中国传统四大菜系之一，发源于扬州、淮安。菜系充满淮、扬特点。原料多以水产为主，淮扬菜系大多以江湖河鲜为主料，以顶尖烹艺为支撑，以本味本色为上乘，以妙契众口为追求，雅俗共赏而不失其大雅，尤其是“和、精、清、新”的独特理念。淮扬菜中，“扬”即扬菜，以扬州一带为代表的长江流域，“淮”即淮菜，以淮安一带为代表的淮河流域。此外，镇江、泰州等地也是淮扬菜系的主要流派，以富有特色、兼收并蓄、长于创新、口味适中、适应性广而闻名遐迩。淮扬菜始于春秋，兴于隋唐，盛于明清，素有“东南第一佳味，天下之至美”之美誉。淮扬菜的特点是选料严谨，注意刀工和火工，强调本味，突出主料，色调淡雅，造型新颖，咸甜适中，口味平和，故适应面较广。

---

① 常熟市规划局，常熟市历史文化名城保护管理办公室，北京清华同衡规划设计研究院有限公司 . 常熟历史文化名城保护专题研究 [Z]. 2017.

② http://www.unicornblog.cn/lishi/48295.html

浙菜以杭州、宁波、绍兴三种地方风味为代表，各具特色，风味迥异。杭州菜历史悠久，自南宋迁都临安（今杭州）后，商市繁荣，各地食店相继进入临安，菜馆、食店众多，而且效仿京师。据南宋《梦粱录》记载，当时“杭城食店，多是效学京师人，开张亦御厨体式，贵官家品件”。经营名菜有“百味羹”“五味焙鸡”“米脯风鳗”“酒蒸鲥鱼”等近百种。明清年间，杭州又成为全国著名的风景区，游览杭州的帝王将相和文人骚客日益增多，饮食业更为发展，名菜名点大批涌现，杭州成为既有美丽的西湖，又有脍炙人口名菜名点的著名城市。杭州菜制作精细，品种多样，清鲜爽脆，淡雅典丽，是浙菜的主流。名菜如“西湖醋鱼”“东坡肉”“龙井虾仁”“宋嫂鱼羹”“生爆鳝片”“油焖春笋”“排南”“西湖莼菜汤”等，集中反映了“杭菜”的风味特点。宁波菜鲜咸合一，以蒸、烤、炖为主，以烹制海鲜见长，讲究鲜嫩软滑，注重保持原汁原味，主要代表菜有“雪菜大汤黄鱼”“奉化摇蚶”“宁式鳝丝”“苔菜拖黄鱼”等。绍兴菜善于烹制河鲜家禽，入口香酥绵糯，汤浓味重，富有乡土风味。代表名菜有“绍虾球”“干菜焖肉”“清汤越鸡”“白鲞扣鸡”等。绍兴菜是富有江南地区汉族水乡文化的风味名菜，是汉族饮食文化的重要组成部分。绍兴菜以淡水鱼虾河鲜及家禽、豆类为烹调主料，注重香酥绵糯、原汤原汁、轻油忌辣、汁味浓重，而且常用鲜料配以腌腊食品同蒸同炖，配上绍兴黄酒，醇香甘甜，回味无穷。其中清蒸越鸡、梅干菜烧肉是有名的菜品。

总的来说，苏菜擅长炖、焖、蒸、炒，重视调汤，保持菜的原汁，风味清鲜，浓而不腻，淡而不薄，酥松脱骨而不失其形，滑嫩爽脆而不失其味。其中，南京菜口味和醇，玲珑细巧；扬州菜清淡适口，刀工精细；苏州菜口味趋甜，清雅多姿。在烹调技艺上，多用炖、焖、煨、焐之法。其中南京菜以烹制鸭菜著称，镇、扬菜以烹鸡肴及江鲜见长；其细点以发酵面点、烫面点和油酥面点取胜。天下名城号称“扬一益二”（益州即今日四川），繁荣的市场促进了苏菜系烹饪技艺的发展。隋唐松江的“金齑玉脍”，糖姜蜜蟹；苏州的玲珑牡丹鲊，扬州的缕子脍，都是造型精美的花式菜肴。苏菜系的主食、点心在五代时即有“健康七妙”之称。其米饭粒粒分明，柔而不烂，可以擦台子；面条筋韧，可以穿结成带而不断；饼薄透明，可以映字；馄饨汤清，可注砚磨墨；馓子既香又脆，“嚼得惊动十里人”，足见技艺之高妙。其名菜有金陵叉烤鸭、老鸭汤、炖生敲、烤方、水晶肴蹄、清炖蟹粉狮子头、黄泥煨鸡、清炖鸡孚、盐水鸭（金陵板鸭）、金香饼、鸡汤煮干丝、肉酿生麸、凤尾虾、三套鸭、无锡肉骨头、陆稿荐酱猪头肉等。

而浙菜就有比较明显的特色风格，概而言之有四：一为选料刻求“细、特、鲜、嫩”。细，取用物料的精华部位，充分体现菜品的高雅上乘。特，利用本省土特产、山珍野味，使菜品充分显示地方风味特色。鲜，料讲鲜活，以确保菜品的味道纯正。嫩，时鲜为尚，所用原料讲究品种和季节时令，以充分体现原料质地的柔嫩与爽脆。二为烹调方法多样，尤以炒、炸、烩、溜、蒸、烧所擅长。烹制海鲜河鲜有其独到之处，与北方烹饪显著不同。烹制鱼时，多以过水为熟处理程序，约有三分之二的鱼菜是以水为传热介质烹制而成，突出了鱼的鲜嫩味美之特点，传统菜当首推杭州的西湖醋鱼，系活鱼现杀，经沸水氽熟，软熘而成，不加任何油腥，滑嫩鲜美，有口皆碑。三为口味注重清鲜脆嫩，保持原料本色和真味。多以四季鲜笋、火腿、冬菇和绿叶的菜位辅佐，同时十分讲究以绍酒、葱、姜、醋、糖调味，借以去腥、解腻、吊鲜、启香。例如，浙江名菜“东坡肉”以绍酒代水烹制，醇香甘美；如雪菜大汤黄鱼以雪里蕻咸菜、竹笋配伍，汤料鲜香味美，风味独特；清汤越鸡则以火腿、嫩笋、冬菇为原料蒸制而成，原汁原味，醇香甘美；火夹鱼片则是用著名的金华火腿夹入鱼片中烹制而成，菜品鲜咸合一，食之香嫩清鲜，其构思真乃巧夺天工。四为菜品形态讲究，精巧细腻，清秀雅丽。“浙菜”此风格可追溯到南宋，《梦粱录》曰：“杭城风俗，几百货卖饮食之人，多是装饰车盖担儿，盘食器皿，新洁精巧，以炫耀人耳目……”许多菜肴，以风景名胜命名，造型优美。纵观当今浙江名厨综合运刀技法之娴熟，配菜之巧妙，烹调之细腻，装盘之讲究，均体现了浙江厨师把烹饪技艺与美学的有机结合，创造出了一款款美馔佳肴。如传统名菜“薄片火腿”，片片厚薄均等、长短一致、整齐划一，每片红白相间，造型尤似江南水乡的拱桥；南宋传统名菜“蟹酿橙”，色彩艳丽，橙香蟹美，构思巧妙，独具一格。

3. 水乡环境促成的民俗文化

（1）庙会活动

传统习俗一般源于古代人民的社会生活，主要是前人经验教训的一定总结、历史事件的纪念发扬、神话传说的形式化等。江浙在我国主要是魏晋南北朝时期开始得到开发的，因此其习俗主要受魏晋南北朝后的影响，还保留了许多南北朝时期的习俗。因此，这里大部分城市流传有集会、庙会习俗活动，如瞿溪的二月初二会市、上塘的二月十五会市等。庙会是善男信女们神圣的节日，这一天，他们天不亮就起身，斋戒沐浴，换上干净整洁的衣服，背着香袋向庙里走去，香袋是杏黄色的，上有“朝山进香”四个字，内装香烛纸马。

泰州人民长期生活在江淮流域，在特定的自然和社会环境以及共同的生产实践和社会交往中，自发地逐渐形成了具有泰州地方特色的民俗风情。泰州历史上是个多庙会的县，鼎盛时期有大小庙宇160多座，还不包括村村皆有的土地庙。因为多庙，自然就有很多庙会。庙会也叫香期，即善男信女们集中进庙烧香的日子。各庙的香期都不同，靖江有“三月三，上孤山”之说，每年农历三月三的孤山庙会场面壮观，远近闻名。1993年孤山列入了市政府的建设规划，如今的孤山山更青、林更幽，晨钟暮鼓，香烟萦绕，再度成为人们寻胜探幽、登临积目、崇教信仰的旅游胜地。而城隍庙的香期有四次：正月十五、清明节、七月半和十月初一。其他庙也都有不同的香期。

（2）民俗节庆

江浙地区历史文化源远流长，古往今来，物华天宝，人杰地灵。受所处社会、地理环境的影响，这里有着深厚的文化底蕴、浓郁的民族特色和多彩的风俗习惯。这里的历史文化既有楚风，又有吴俗，兼有广陵遗韵。吴韵汉风只是形象表达江浙文化的一种说法，并不能囊括江浙之美。江浙南北差异明显，风情与韵味各异，各地民风民俗众多，但主要有以下几点：

扬州是有着两千五百多年历史的文化名城。扬州民俗内容丰富，范围广泛，当地具有鲜明特色，例如饮茶、婚嫁、岁时、香会、娱乐、理发、沐浴等习俗。千百年来，扬州人民在自己的生活中形成了饱含浓郁扬州地方特色的习俗风情，且具有极其丰富的文化内涵。扬州民俗涉及范围广泛，内容丰富多彩。具有鲜明地方特色的如岁时习俗、婚姻习俗、香会习俗、沐浴习俗、理发习俗等。例如，扬州沐浴既是产业，也是文化，在开发扬州的旅游资源中，有着独特的地位。

南通的民俗风情，与周边地区既有相似之处，更有不少独特的地方。这是因为南通成陆较迟，南通的先民多为“流人”和外来移民，在长期较为封闭的环境中，各自风俗习惯相互融合的结果。南通“僮子”是典型的民间艺术形式[①]。所谓“僮子”即民间职业巫师，源于楚越“以舞降神”的巫觋与当地的方言、文化、风俗、民情交融，同化逐渐形成了有鲜明南通地方色彩的古巫觋的另一个分支——南通僮子。南通人崇尚茶文化，亲友登门，以茶相待；男娶女嫁，以茶为礼；砌房造屋，茶叶奠基；供神谢土，洒茶为祭。旧时，南通城内东大街、湾子头、小码头、彭家巷、起凤桥、掌印巷、南大街等大街小巷、桥堍码头，都有茶馆。旧时南通还有“施茶”风俗，每当炎夏之时，居民商家门口摆上一只绿色茶缸，内放藿香、佩兰、粗茶，满满泡上一缸茶水，任过路行人饮用，以为善举。

泰州随盐务、漕运的兴废而盛衰演变，其内涵丰富，自成一体，包含了丰富多彩的文化艺术传统和特有的民风民俗。泰州溱潼会船节是姜堰特有的民间风俗，《中华全国风俗志》《泰县风俗谈》及民间流传的《港口竹枝词》均有记载，有“溱潼会船甲天下”之称，是中国十大民俗风情节之一[②]。

八、水利、农耕文明主题的名城价值特色

古代水利主要是为治水防洪、开渠通航、引水灌溉等，保障生产与生活。因此，水利与农耕、水运发展等密不可分。究其本质是人类为生存和发展需要，兴修若干工程对自然水域进行控制与调配，以达到除害兴利的目的。在各城市中，因其所处自然环境特征不同，形成了不同的水利

工程，如海塘、陂塘、堰坝等，部分城市中更是形成水利系统，从而表现出具有一定特点的机制、形态等，促进村镇的布局与发展，进而形成不同形态的“水—村镇—田”相互交融的文化景观。

1. 水利、农耕的共性体现

水利与农耕的发展是区域水环境治理的共同结果，也是不同区域的人地共生关系的基础。

太湖流域东部属于长江三角洲前缘的滨海平原，由长江等河流的泥沙在波浪、海流作用下堆积而成，地势较高，自东向西倾斜；它的西南面是以天目山为主峰的浙北丘陵，西边的太湖沿岸和北边的长江南岸沙嘴上分布着一系列残丘，它们是天目山向东北的延伸。这些丘陵和高地把湖沼密布的太湖平原包围在中间，四周高，中间低，形成一个典型的碟缘盆地[③]。上游西部山区之水汇聚于太湖，下游潮水倒灌，排水受阻，水高于田；杭嘉湖平原地势较低，钱塘江水系发达，河湖交错，夏秋涨水，冬季水退[④]，在这样的地貌环境中，水易积难泄，极不利于农业发展，经过水利工程治理，铸造“圩田”改善耕作条件，成为必然，同时也造就了“苏湖熟，天下足”的景象。

水利形式特征研究包括了堤坝、沟渠、涵闸，蓄排水系统等水利设施要素，以及这些水利设施的分布关系和组合方式。这一层系统通常是衔接自然与农业子系统的关键。通过水利系统，水资源可以得到有效管控和调节，广阔的自然景观就被转化成了具有人文尺度的耕作单元。多样的水利工程是水乡城市与农业发展的必要元素。在整个太湖流域形成了由海向内逐步推进的三层水利体系：东部沿海沿江区域以“海塘—江堤”体系为主，筑堤筑塘防止海侵泛滥；中部低平原区域以“运河—塘河”体系为主，以江南运河为纲，开挖横塘纵浦，为平原筑圩分离农田与河网，同时大的塘浦置大闸，小的塘浦上置坝堰，“潮至则闭闸以澄江，潮退则开闸以泄水”。[⑤]

2. 水利、农耕的特性体现

（1）水田形成机制及形态

常熟水田垂直汇入盐铁塘与长江。冈身是古海岸遗迹，是先代海疆与陆疆的分界线，冈身左右迥然的环境差异，其东为“高乡”，为沙质土壤，种棉；其西为“低乡”，为水稻土，种稻。盐铁塘最初即沿此冈身开挖，起到水利调节与运输功能，由于盐铁塘横贯于常熟的入江水道（旧称二十四浦）中间，这样干旱时可以引长江水调节水流，灌溉高区农田，洪涝时又可调

---

① 上海同济城市规划设计研究院．南通历史文化名城保护规划（2009 ～ 2030）[Z]. 2009.

② 泰州市规划局，泰州市文广新局，泰州市规划设计院．泰州历史文化名城保护规划（2008 ～ 2020）[Z]. 2012.

③ 何勇强．论唐宋时期圩田的三种形态——以太湖流域的圩田为中心 [J]. 浙江学刊，2003（2）.

④ 赵崔莉，刘新卫．近半个世纪以来中国古代圩田研究综述 [J]. 古今农业，2003（3）.

⑤ 北林郭巍工作室．以圩田开垦为主体的太湖流域农业景观研究 [Z]. 北林郭巍风景园林研究与教学（微信公众号），2019-06-11. https://mp.weixin.qq.com/s/6h0qv1CI_4Jran6JaN8cJA

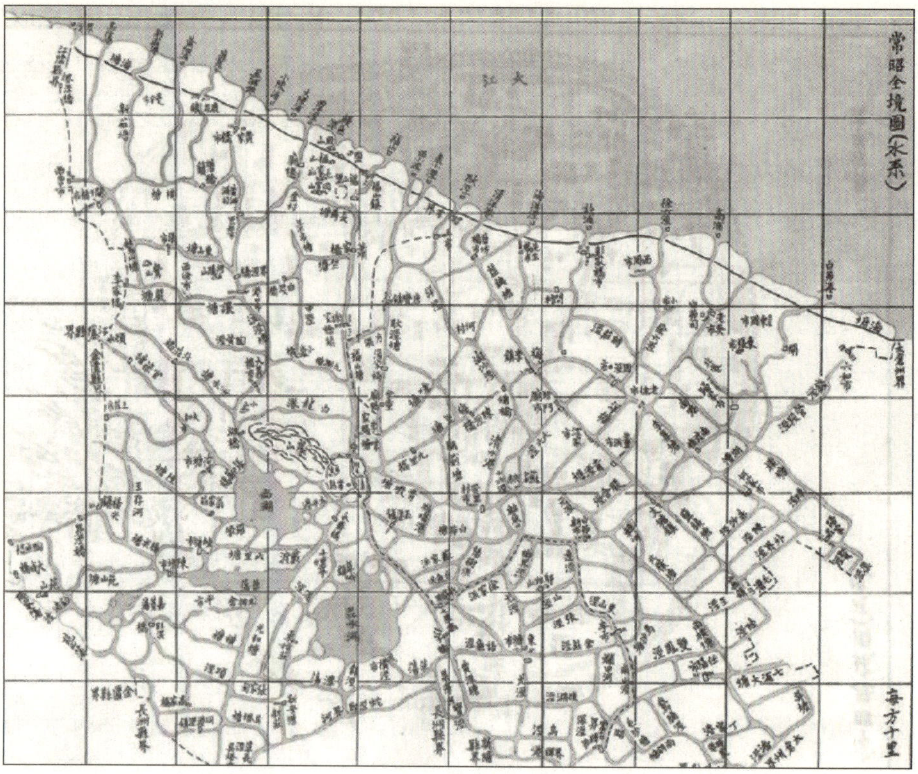

图 4-18　清代常昭全境重要水系分布图
（图片来源：常熟历史文化名城保护专题研究）

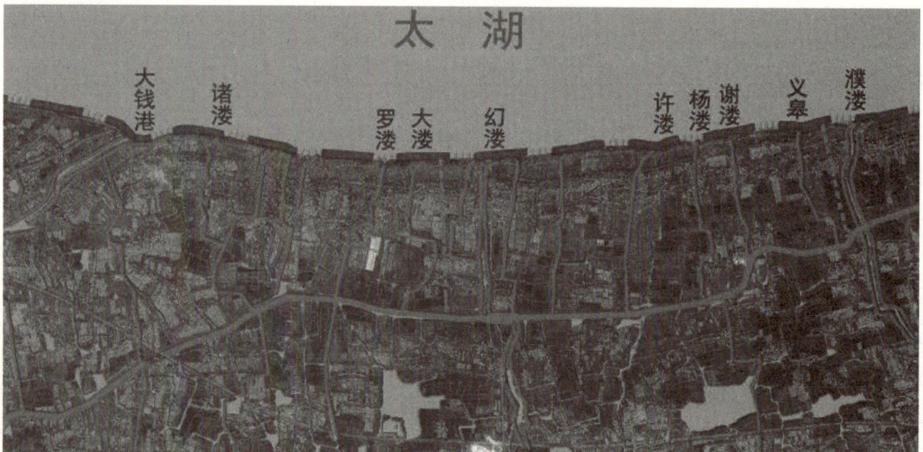

图 4-19　湖州人工规则格状溇港系统景观风貌图
（图片来源：湖州历史文化名城保护规划）

节各入江河道的泻泄之势，使低区不受涝灾，这就确保了常熟境内的农业丰收。因此在形态上圩田水系垂直于盐铁塘、冈身与长江。

湖州北部人工水系垂直汇入太湖，南部水田自由生长。湖州在低洼地区四周筑堤，使“水行于圩外，田成于圩内”，充分运用东西苕溪中下游地区众多湖漾，进行级级调蓄，起到急流缓受的作用，人工河道与自然河流紧密衔接。以頔塘为界，北部溇港地区以人工为主的格状水系，与南部地区以自然为主的网状水系，催生出生长机理相同但景观风貌迥异的两种江南水乡格局。

塘浦圩田、溇港圩田在演变过程中格局逐渐破碎，水网越来越密集。常熟二十四浦早在南朝末年就逐步形成了。宋代以后，大圩与塘浦圩田格局逐步崩溃，在塘浦河道下，发展出泾浜体系，而原有的大圩也被泾浜分割成小圩。位于嘉湖平原的湖州，农业发展使河网枝蔓，圩田棋布，形成了稳定的河网与碟形洼地地貌。越到后期，水面变得越破碎，水网也越来越复杂。小河网的分化形成了小圩田与桑基稻田的小生境。长期的破碎化发展使荡的规模很小。

兴化垛田不同于圩田，是在较浅的湖荡河沟间罱泥苲，反复往垛上浇泥浆、堆泥渣，逐渐堆高成垛，是在自然水系基础上不断改造形成的农业景观，垛岛随着堆叠规模逐渐扩大。人们利用水边高垛和土丘进行种植，随后与水争田，在沼泽和浅水地区掘土垒垛，形成岛状垛田，同圩田发展特征相反，垛田由规模小到大，由少到多，直至连垛成片。

（2）其他重要水利工程

常熟盐铁塘具有农业、水运等多种功能。开挖于公元前179年至前154年之间，距今已有两千多年历史。盐铁塘具有防洪、排涝、工农业用水、航运等综合功能。在区域的防洪排涝、水资源、水环境、通航等方面都起着十分重要的作用①。

常州利用水利设施改善水运交通。常州处于宁镇山脉向平原过渡的地段，西部地势高，古代遇旱季运河常断航，为解决此问题，建设了大量闸堰等水利设施用以蓄滞，并且历史上曾数次开渠引长江水入运河，并在水利技术上屡次创新。至民国，常州水利建设开始引进现代科学技术，并在全国首次采用机械戽水，建设钢筋混凝土闸坝②。

嘉兴修建海塘挡潮、防浪。宋以前，钱塘江主槽由南大门东流入海，海潮沿南岸直趋杭州。南宋以后，钱塘江河口发生变化，呈现江流海潮去北大门的现象，江北海进岸退及钱塘潮患加剧，海盐从两宋至元约失去五六百平方公里土地。因此，从宋代开始，海宁始有潮患，并开始大规模修筑海塘。钱塘江口北岸一带海塘工程最为险要。高大的石砌海塘蜿蜒于几百公里长的海岸上，蔚为壮观。时至今日，海塘仍是长江三角洲经济区的沿海屏障。

（3）水利农耕与城镇发展

常熟圩田分散式的开发过程，也是居住点不断向圩田内部地带延伸的过程，村舍集中于靠

---

① https://baike.baidu.com/item/%E7%9B%90%E9%93%81%E5%A1%98/10917281?fr=aladdin

② 北京清华同衡规划设计研究院有限公司，常州市规划设计院．常州历史文化名城保护规划（2013～2020）[Z]. 2013.

近河港圩岸的高地。史书上记载："人户各有田舍，在田圩中浸以为家。欲其行舟之便，乃凿其圩岸以为小泾、小浜……谓泾、浜者，安船沟也。"常熟市镇以水网河道为依托，形成多层次的市镇空间网络，密度高、规模小的特征分布，镇与镇间距甚短，大镇之间相距不过十里，小镇之间仅三四里。大小市镇通过密如蛛网般的内河支港联系着广阔的腹地。甚至某些市镇有超过县治的经济规模和地位，据光绪《重修常昭合志》载，光绪年间常熟、昭文两县人口达一千户以上市镇有 2 个、四百至七百户的有 9 个，一百至四百的有 58 个，数十户的 9 个。昭文县的支塘镇、梅李镇，常熟县的福山镇，经济发展和人口规模远超管辖它的县治①。

兴化垛田扩张连接的演变过程，为城市建设提供空间，城市直接建立在垛田之上。垛田堆叠由小到大，由少到多，为城市的建立与发展提供了物理空间，通过人工造陆，数个垛田相联，进而形成了兴化古城的主体和城厢地带②。

九、名人文化主题的名城价值特色

江浙地区属于江南吴越文化圈，是中华文化中的一块瑰宝。吴语是江浙地区通用语言。江浙地区自古文化发达，历史上文化璀璨，人才辈出，盛产大儒鸿士，涌现出大批爱国爱民和才华卓越的政治家、思想家、艺术家、文学家、科学家等。

江浙文人有着经世致用之学说，其中，江苏民风细腻，温润，灵秀，是历史上有名的才子佳人产地。浙江文人主要集中在浙北（嘉兴、绍兴、杭州等地）平原上，正因为浙北是富庶的地方，在衣食无忧的前提下，才会有感物伤事，以文消遣的闲情逸致。江浙优越的地理环境造就了江南女子的柔美、江南男子的秀气和文人气质。鲁迅、周作人、徐悲鸿、钱钟书等大家等都生于此地。从文化学角度看，江浙属于吴方言区和吴越文化圈，这里浓缩了吴越古文化的积淀，吴越争霸的恩怨，西施入吴、卧薪尝胆、子胥弄潮的传说，至今仍沉淀在当地人的思维中。太湖周边地区在四千多年前就已发展蚕桑业，经多代经营，商品经济得到了发展，为吴越文化的进一步发展提供了发展。而两宋之交黄河文化的南移，为吴越文化上文化注入了新血液。浓厚的文化氛围，在潜移默化中使人们在心理上产生崇尚文化和文人的心理。这从历代出于江浙的进士和状元人数就可得到印证。

① 罗仑 . 明清时代江南运河沿岸市镇初探 [J]. 南京大学学报，1990（4）.

② 北京清华同衡规划设计研究院有限公司 . 兴化历史文化价值与特色专题研究（2019）[Z]. 2019. [79]

其中，绍兴素有“文化之邦”的盛誉，又有“水乡、桥乡、酒乡、书法之乡、戏曲之乡、名士之乡”的美称，被誉为“没有围墙的博物馆”。从夏禹到近代两千多年历史，绍兴群星璀璨，如夏代治水英雄大禹；春秋战国时期的越王勾践和大夫文种、范蠡；汉代史学家袁康等，思想家王充和学者严子陵；魏晋南北朝时期的书法家王羲之和山水诗人谢灵运；南宋爱国诗人陆游；明清书画家徐渭等，散文家张岱，理学家刘宗周，医学家张景岳；晚清革命志士秋瑾等；近代“学界泰斗，人世楷模”教育家蔡元培，中国文化革命主将、伟大的文学家、思想家、革命家鲁迅，历史学家范文澜，数学家陈建功，均为祖国文化乃至世界文化的发展做出了卓越贡献。绍兴还是无产阶级革命家周恩来的祖籍。他们不仅以卓越功绩彪炳史册，还以浩然正气和优秀的道德及高尚的情操，振兴和丰富我们的民族精神。

嘉兴自古有“近现代名人一半在浙江，浙江的一半在嘉兴”之说。历代人才荟萃，对中国诸多领域产生深远影响。东汉起由拳、海盐作为吴国精华之区，多作为重臣封地，世家大族逐步出现和兴起。如汉代的严助、朱买臣等，三国陆逊，晋代开创我国传奇小说之先河的干宝，唐代名相陆贽，唐诗大家顾况。宋室南渡后，北方南移人口大量增加，移民嘉兴的不乏官宦之家和世家大族，如平湖和崇德的宋宗室赵氏，嘉兴的岳飞后裔和项氏等。同时涌现了一批文人墨客，如宋代女词人朱淑贞、画家赵孟坚。元代画家吴镇、散曲名家徐再思。明代文物收藏家和鉴赏家项元汴，著名画家、文学家项圣谟；李日华善散文小品，精画论。军事大臣徐石麒；明遗民查继佐等；明清之际的才女柳如是等精擅诗词。清初一代大儒张履祥；哲学家、思想家陈确；吕留良精研程理学，重华夷之辨；清官陆稼书；杰出文学家、诗人、学者朱彝尊；清代诗坛巨擘查慎行。他们以后的词名家、学者、书画金石家、藏书家如陈书、蒲作英等，不可胜数。嘉兴发达的经济、良好的环境和历史上的区位创造了社会人文优势，因此近现代教育起步较早。在近现代中国，有伟大的爱主义者沈钧儒，文化宗师张元济。文学巨匠茅盾，文学家艺术家丰子恺、文学徐志摩、革命文化人沙可夫、莎士比亚戏剧翻译朱生豪等。军事家蒋百里，铁路专家徐骝良，数学家钱宝琮，机械学家陆志鸿，化学家郑兰华，古籍文物鉴赏家赵万里等，出版家陆费逵等，新闻家和著名记者金仲华等，作家戏剧家黄源等，学者唐兰、朱起凤等，书法家张宗祥等，画家吴微等，俊彩星驰，各以不同成就为国和家乡争光。

江苏无锡人传承吴地先民崇文重教的遗风，积极兴办教育，学习先进技术，出现了诸多开创性成果，各类人才辈出。文学艺术方面，中国古代十大画家无锡占了3位，晋代顾恺之、元代倪云林和明代王绂。明代的徐霞客是我国伟大的地理学家、旅行家、科学家和文学家。清光绪年间，民间音乐家华彦钧广泛吸收民间音乐的曲调，一生共创作和演出了270多首民间乐曲。随着科学文化进一步发展，无锡更是涌现了一大批外交家、经济学家、政治家、国学家等，音乐家刘天华开创性地把西方音乐的精华融入民族音乐中。畜牧学家，农业教育家冯焕文，是我国发展和推广科学饲养蜂、鸡、兔的先驱，也是我国最早引进和饲养良种鹌鹑的专家。科学家徐寿和华蘅芳是中国近代科技的先驱，周培源、钱伟长等在物理学领域都有独创性贡献。中国水下机器人之父蒋新松，“现代毕昇”王选开创的汉字印刷技术革命更为人称颂。此外，还有教育家侯鸿鉴等，文学家钱钟书等，画家徐悲鸿等，他们几乎涵盖了文化的所有领域，无一不是当时各专业门类中闻名全国的一流人物。诸多开创性成果和各类人才集结式的喷涌现象，体现了无锡近现代“百年繁华”的鼎盛气象。

常州是南朝齐梁两代15位皇帝的故乡。齐梁故里、名人荟萃，拥有南北融合、自成体系的文化。常州自古人杰地灵，英才辈出，崇文重教。这里诞生了唐代山水田园诗人储光羲、史学家吕思勉、叠山大师戈裕良、晚清小说家李伯元、语言学家音乐家赵元任、数学家华罗庚等多位杰出人才。齐梁萧氏、陶景弘的“三教同源说”，在理论上奠定了儒、道、佛“三教圆融”的思想。

淮安的历史文化源远流长，古往今来，物华天宝，人杰地灵，文化发达。隋唐以来，淮安就成为江淮下游地区文化中心之一，人文荟萃。东汉陈琳；唐代李珏；宋代赵师旦；明代金濂；清代汪廷珍等。著名军事家有兴汉三杰之一的韩信；南宋抗金民族女英雄梁红玉；明代抗倭英雄沈坤；清代抗英民族英雄关天培及抗日民族英雄左宝贵等。著名文化名人有西汉辞赋家枚乘、枚皋父子；宋“苏门四学士”之一张耒，宋末著名书画家龚开；明代文学大师吴承恩；清代小说家刘鹗等。著名科学家有宋代盲人历算家卫朴；清代数学家骆腾凤，水利专家殷自芳，船舶专家杨俊生等。著名政治家有一代伟人周恩来。著名中医学家有清代的吴瑭，近现代的应金台等。此外，还有著名银行家朱虞生等，著名运动员邵震中等。

高邮地处淮扬，自古群星辈出。包括词宗秦观，婉约派一代词宗；农民起义军首领张士诚；西楼王磐与金陵陈大声并为南北曲之冠；经济学家和语言学家王念孙、王引之父子；诗歌作家蒲松龄；当代文豪，作家、散文家、戏剧家、京派作家汪曾祺，被誉为“抒情的人道主义者，中国最后一个纯粹的文人，中国最后一个士大夫”。

表 4–3　名城名人分类与影响力梳理

城市	影响力	类型										
		政治家	思想家	艺术家	文学家	科学家	军事家	教育家	外交家	经济学家	水利专家	医学家
绍兴	国家级		王充，鲁迅		王羲之，谢灵运，陆游，鲁迅		勾践，文种、范蠡	蔡元培，鲁迅			大禹	
	地域级		严子陵	徐渭、陈洪绶、任伯年	袁康、吴平、赵晔，张岱	刘宗周，陈建功	秋瑾、徐锡麟、陶成章					张景岳，范文澜

续表

城市	影响力	类型										
		政治家	思想家	艺术家	文学家	科学家	军事家	教育家	外交家	经济学家	水利专家	医学家
无锡	国家级			华彦钧、刘天华，徐悲鸿	钱钟书							
	地域级	秦邦宪、陆定一			钱基博、钱穆	徐寿、华蘅芳		侯鸿鉴	薛福成、许钰	陈瀚笙、薛暮桥		
常州	国家级				萧氏、陶景弘	华罗庚						
	地域级			戈裕良，赵元任	储光羲，吕思勉，李伯元							
淮安	国家级	周恩来，李珏，		龚开	吴承恩，刘鹗		韩信，关天培					
	地域级	陈琳、步骘，赵师旦、金濂、		廉布	枚乘、枚皋，张耒	家卫朴，骆腾凤，	沈坤，梁红玉，左宝贵			朱虞生、周作民、谈荔孙	殷自芳，杨俊生	吴瑭，应金台、韩达哉、汪筱川、刘树农
高邮	国家级			汪曾祺	秦观，蒲松龄，汪曾祺		张士诚					
	地域级			王磐，陈大声						王念孙、王引之		
嘉兴	国家级	陆逊，陆贽，朱买臣	陈确	赵孟坚	严忌，严助，顾况，岳珂，朱淑贞		陆逊					
	地域级	陆稼书		吴镇，项元汴，项圣谟，丰子恺	干宝，徐再思，项圣漠，李日华，查继佐	吕留良，徐骝良，钱宝琮，陆志鸿，郑兰华	徐石麒，蒋百里					

综上，江浙一带优越的水乡地理位置，优美的自然环境以及身后的文化氛围，都对众多才子产生极为深远的影响，为文人佳子们创造了良好的环境，这也是江浙一带才子多的主要原因。就文学起步而言，秦汉文学中（尤其西汉时期）就有不少江苏籍文人，这或许是江苏兼有南北的缘故，例如西汉时期的淮阴辞赋家枚乘、枚皋等，以及苏北本文尚未重点研究的城市，如沛郡丰邑（今徐州）的宗室大臣、文学家刘向等。而浙江文学在那个时代文人相对较少，为数不多的也基本在会稽（今绍兴）一代，其中最有名的莫过于东汉时期会稽上虞（今浙江绍兴上虞）的王充，这或许与绍兴一带（本称会稽）本是古越国旧都有关，后来秦定天下，设会稽郡，成为钱塘江流域及其以南的最大城市，以及各类文学名人的聚集使得深厚的文化底蕴深深扎入绍兴土壤。从类型上看，绍兴和嘉兴主要集中于政治家、文学家、军事家、科学家等，而无锡、淮安等则兼有教育家、外交家、经济学家、水利专家和医学家等类型；从名人影响力来看，各个城市均有国家级影响力名人，如绍兴的军事家越王勾践，文学家鲁迅、王羲之等。无锡的文学家钱钟书，艺术家徐悲鸿等。淮安的政治家周恩来、文学家吴承恩等，高邮的文学家蒲松龄、军事家张士诚等名人影响力较高。同时，也有影响力较小的各个地域、地方级的名人；从治学风格上看也各有不同，如淮安文人更喜欢具体的问题，比如做考据，写小说，而绍兴文人更注重思想性，比如鲁迅；造成彼此的种种不同，大抵是源于吴越文化的不同。

十、近现代文化主题的名城价值特色

江浙水乡地区的名城，在近现代的思想文化、科教、工商业发展、城市空间建设、革命斗争等方面都有重大影响。工商业发展与革命斗争前已述及，这里仅从文化科教、城市空间建设两方面详述。

1. 文化科教

（1）南通

南通在近代的发展中，非常注重社会发展和文化进步。这种影响对今天的南通依然存在，南通人重视教育、积极参加社会活动的特点使现在的南通充满活力。

19 世纪初，张謇本着“师范启其塞，小学导其源，中学正其流，大学会其归”的思想，极力倡导与开创，使近代南通实现了由传统教育体制向近代教育体制的转变，使得南通成为近代民办教育的翘楚。师范教育是南通新型教育体制的发端。张謇捐资先后创建了通州民立师范学校、女子师范学校，如皋县设公立简易师范学堂等。此外，还建设有幼稚园、小学、中学、南通纺织专门学校、女子蚕桑讲习所、南通盲哑学校等。这样一个从学前教育到高等教育，从普通教育到职业、特种教育，从学校教育到社会教育的新体制拓展了近代教育的领域，在全国独树一帜。

近代南通多种文化并存，给民众带来了丰富的现代文化、娱乐生活。南通有幸较早领受了中西文化融合的结晶——南通博物苑。南通由此拉开了普及科学知识、推广近代文化的序幕。随着公共体育场、公园、更俗剧场等的建设，丰富了民众的休闲、娱乐生活。这些文化公益事业营构了南通城市独有的浓郁文化艺术科学氛围，不仅提升了南通城市的文化品位，同时提升了南通人的生活情操，文化艺术修养，使南通成为一个文化城市。

（2）南京

南京自古文教昌盛，东晋至明初时是全国重要的文教中心，明迁都北京后沦为区域文化中心，依然文教昌盛，清末设立的三江师范学堂，即为民国国立中央大学（今南京大学）前身。

民国时期，南京的现代教育得到进一步发展，例如建设国立东南大学、创办南京鼓楼幼稚园等；拥有国立中央大学、私立金陵大学、私立金陵女子文理学院等全国著名高等学府，建立了较为完善的高等教育体系。尤其是南京国民政府时期，文化教育得到长足发展。这一时期普及了义务教育，使得民众素质得到提高，客观上促进了经济、政治等各方面的发展。南京市教育局成立后便积极扩充校舍、整顿私塾，以容纳更多学生就读；大力推动义务教育；创办民众学校，推行识字运动；利用电影等新式手段推动教育发展，等等。众多高质量的高校，也奠定了现代南京文化教育的基础。虽然在建国后不少院校进行了拆并组合，但仍有相当可观的教育资源。这些学校秉承了民国文化的传统，成为民国文化教育的重要遗产。普及的文化教育塑造了南京这座城市文明开放的精神，也深刻影响了南京人宽容、接纳、开放的性格特点。

2. 城镇空间建设

（1）南京

南京开埠后，其城市建设发生重大改变。江宁马路的修建，已可看出南京现代道路系统的雏形。从筑墙到开路，也是社会由封闭向开放转化的最鲜明表征之一。洋务新政在南京的实验，促使南京古城向现代化城市迈进。城市建设的总体格局也发生重大变化，由千年来从南向北单向发展转变为南北相向推进。下关地区成为最早进入现代城市的区域，促进城北地区的发展，也使得南京城市空间规模成倍增长。

民国时期，南京城市建设的一个重大进步就是现代城市规划的产生与实施。这一时期，南京的城市建设吸收西方文化的先进经验，修建了西方风格浓郁的放射式林荫大道系统，建造了一大批中西合璧风格的民国建筑。1930 年，建成和部分建成了中央路、中山北路、中山路、

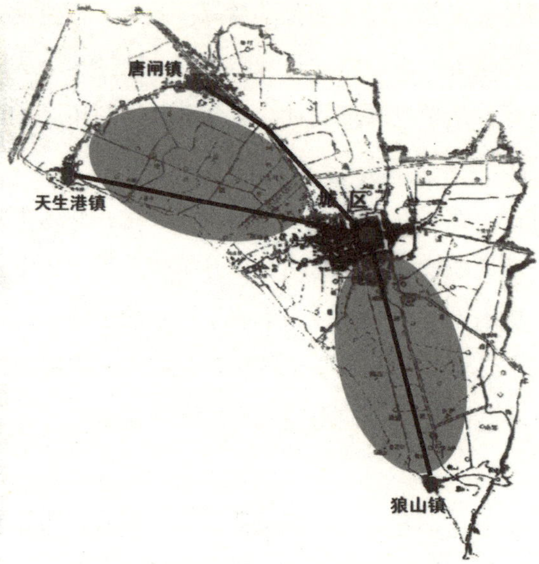

图 4-20　南通一城三镇格局示意图
（图片来源：南通历史文化名城保护规划）

中山东路等五十条主次干道，形成了以新街口为中心的城市干道基线，改变了南京城市的总体布局，为之后南城空间建设奠定了基础。这一时期所建的政府部所办公楼、文化教育设施、服务机构等多分布在主干道沿线。民国时期，城市建设向南突破雨花台一线，向北突破狮子山一线，向西突破清凉山一线。民国南京的城市建设吸收西方的城市规划理念，造就了中西交融的城市空间环境。

（2）南通

南通是第一座由中国人自己全面规划并实施建设的具有近代意蕴的城市。从 1890 年代开始，张謇先生为实现其“建设一新新世界雏形”的救国理想和区域现代化宏伟蓝图，对南通城市进行全方位苦心经营。在他的推动下，南通开辟了新工业区和港区，进行了近代教育、文化、市政设施建设，建立了多核心的城镇体系。

从城市的形态布局和功能看，南通是一座世界近代城市史上开风气之先的城市。南通一城三镇、城乡相间的城市规划理念，可以和英国著名规划思想家霍华德 1898 年创立的、曾对现代西方城市规划产生革命性影响的“花园城市”理论相媲美。民国时期，南通旧城格局基本未改变，仍保持了原有的行政中心、商业、文化、教育、居住的功能。但旧城南部沿南濠河南北两岸、模范路、桃坞路等地，集中新建银行、商会、书局、旅馆、博物苑、剧场等商业、金融、文化等设施。显然，旧城南部已演变为城市新的商业、金融中心。商业、金融中心转移至南城门一带，不仅仅是空间上的变化，而是标志着一个以商业、金融区为城市中心的南通已然形成。同时，在保存旧城、改建新城的基础上，另外选择城西的唐闸作为工厂镇的地址，天生港作为港口、运输枢纽，进一步建狼山，作为风景休闲区。这些建设使得城市空间结构发生巨大变化，从单一的、由城墙围合的封建州城，发展成为功能分区的近代工商业城市。城市重心由旧城中心向城南新城地区偏移①。从城市建设与区域发展的关系看，南通初具区域整体发展的雏形，张謇不是就城市论城市，而是从宏观的、全局的高度去谋求城、镇、乡共同发展，形成了一城多镇、城乡结合、合理布局的多层次城镇格局。

南通城“一城三镇”的格局在中国的城市建设史中具有非常突出的地位，南通内外目前还保留了大量近代产业建筑遗产和近代城市建筑遗产。这些建筑遗产包括工业建筑、教育建筑、文化建筑、商业金融建筑、居住建筑、城市公园、宗教建筑等，是“中国近代民族第一城”的物质体现，充分反映了近代南通城市建设的高度成就。

（3）宁波

第一次鸦片战争后，宁波被开辟为通商口岸，西方文化迅速入侵，江北岸形成外人居留地，各国开始陆续建造领事馆、洋行等近代建筑。清政府也建造海关、巡捕房等新兴功能建筑，各类商贸建筑、教堂、学校、医院及近代市政设施也纷纷建造，北外滩迅速繁荣，推进了宁波近代化进程。隔江相对的府城，也受西方文化影响，建设较多融有西方元素的建筑。这些建筑的建设，使得宁波近代城市风貌风格多样，既有西式古典风格，也有现代主义风格，还有中西合璧风格。当然这种多样的建筑风格，在南京、南通、上海等城市也有较多体现。

① 于海漪．南通近代城市规划建设 [M]. 北京：中国建筑工业出版社，2005：23.

第五章
总结与展望

一、总　结

江浙水乡地区名城的形成与动态演变，是在多样的交互影响的动力因素交替启促推助下适应、竞争、合作、交融的历史过程。在这些过程中，政治、经济、社会与空间互为影响，建构成特殊的，通过政治经济区划的划割、城镇的发展兴衰作为承载、传递历史的符号，反映相关历史时期社会、商贸、文明的价值信仰等。因此，跳出个体的局限，从区域的宏观角度去分析、认知名城形成发展的影响机制与价值特色，是一种认知和把握古代城市发展过程与背景动机的方法路径，对江浙水乡地区名城发展具有重要意义。

江浙水乡地区名城的形成发展演变受自然地理、水陆变迁、人口迁移、经济产业、军事战争、意识文化等多重因素影响。不同历史时期，区域内部发展存在不平衡性，对不同名城的发展起决定性因素的动力机制不同。

水系网络是江浙水乡地区形成与发展最基础的动力机制，该区域名城的形成与演变、空间形态的演变、水陆交通体系的发展、人口的迁徙与分布、经济文化的传播均是以江浙水乡地区水系网络作为依托而形成的。水系的每一次变迁都对区域与名城的发展产生重要影响。水系变迁也对区域与名城的产业经济带来一定促进作用。最为突出的就是邗沟、大运河的开通，为区域内大部分名城发展带来交通优势，同时大运河的南北连接，带来漕运发展，促使江浙水乡地区名城产业与经济发展进入繁盛期，并形成区域内以大运河、淮河、长江串场河等水系为发展骨架的漕运和海盐古代经济发展轴带。此外，名城形成发展的其他影响因素也多与水网关系密切，古代道路交通主要沿河道堤岸修建，陆路交通借助河道而发展，人口的迁移、文化的传播交融等也与交通的便捷密不可分。因此，沿江、沿运河等也是人口密度较高、文化发展较好的城市所在区域。

产业分布与结构的不同决定了江浙水乡地区名城的形成特点各不相同。城市规模与经济发展水平亦与产业不可分割。沿大运河的名城，因漕运而兴盛，其变迁的动力机制为运河的开凿与改道，漕运与物资的流通、漕运制度与机构的设立。当然漕运发展对各城市的影响程度有所不同。漕运以运河为动脉通道，漕运与运河对城市产业影响的同时，对名城的空间形态、城池体系、功能分布等均有影响。

人口迁移促进江浙水乡地区名城劳动力的充足，也促使北方先进生产技术的引入，从而促进江浙水乡地区的农业与经济发展，经济发展为文化教育的发展提供有利的资本条件；北人南迁与江南人民的跨江北上，促使南北方文化交融，文化的发展有利人才的培养，从而促进科学与生产技术的提升。如此循环，成为促进江浙水乡地区发展的重要影响因素之一。

军事战争对江浙水乡地区名城的形成发展是一把“双刃剑”。从城市起源看，军事防御说、地利说得到充分的印证体验。从江浙水乡地区名城的形成看，许多城市因军事战略需要而建，如扬州、南京等。而从城市形制看，无论是常州淹城的“套城格局”，南京的“背山临水”、扬州的“居蜀冈面长江，扼守南北咽喉”等，都体现了军事上的需要。当战争大规模、频繁爆发时，一方面是筑城的高潮迭起，如两宋时期，扬州三城格局与军事城镇体系的建立；明朝时期，为防倭寇，江浙东部地区掀起城防加筑的高潮。另一方面，则是毁城、屠城事件不断出现，如“扬州十日”等。战火不仅摧残城市的物质本体，更会破坏城市经济，割断城市的成长与发展脉络，使得短时期内城市仅能勉强维持或缓慢发展。

江浙水乡地区的名城因所处区域的自然地理环境特征，区域产业体系、社会经济发展的关联性，人文发展背景的相似性，其城镇价值与特色的形成也具有一定相似性。

江浙水乡地区名城的建设一般与山水有紧密联系，尤其是水系，城镇与自然山水构成“城在山水中，山水在城中”的和谐人居关系。城市空间格局更是结合水系，形成灵活多变的空间。

得益于运河航运网络的通达、经济重心南移等多种原因，江浙水乡地区的城市普遍传统手工业、商业发展繁盛，诸多城市成为全国重要的工商业城市。不同产业在各城市中亦有不同的价值与特色，如扬州为淮盐中心、淮安为漕运中心、苏杭等为丝织中心。

运河的发展对江浙水乡地区的名城多有价值，但在各名城中的价值地位略有不同，如在扬州与淮安，则运河更多是关键价值特色；而对苏南等城市，如苏州、无锡等，运河则更多的是促进因素，其价值则相对略低。

非物质文化是名城历史文化价值的重要组成，对展现地方文化多样性与独特性具有重要意义。由于江浙水乡地区自然人文背景的类似性，非物质文化亦存在类似的生活、生产共性，成为水乡城镇的文化特征。

江浙水乡地区为水乡泽国，治水、理水为城市发展营建第一要则。古人在防治水患的同时，也注重治水与农业相结合，促进农耕发展与人居建设。因此在历史上太湖地区的溇港圩田、塘浦圩田，里下河地区的垛田，是江浙水乡地区城镇发展的重要水利与农耕系统，但随着历史的发展，圩田、垛田逐渐消失，现圩田仅在湖州与常熟、垛田仅在兴化有大规模保留。

江浙水乡地区历史上文化璀璨，人才辈出，涌现出大批才华卓越的政治家、思想家、艺术家、文学家、科学家等。因此名人文化也是名城的重要文化，也是江浙水乡地区名城的共同特征。当然在名人数量和影响程度上各有千秋、各有特色。

二、展　望

尽管本书针对江浙水乡地区名城形成发展的主要影响因素进行梳理归纳，并针对各名城的价值与特色进行比较分析总结，找寻其形成发展、价值与特色的一般规律。但受时间、资料收集有限等客观因素限制，以及笔者的研究关注点和现阶段学科知识、学术视野等主观因素限制，有一些问题还有待更系统、全面和深入的研究。

江浙水乡地区历史文化名城的形成与发展是一个动态过程，是许多因素综合形成的结果，更是时间与空间的复合结构体。虽然本书从区域、历史地理发展等方面入手，对江浙水乡地区名城形成的影响机制进行研究，涵盖城市空间、功能、文化等多方面，但对各方面的研究，未来有待进一步加强研究。

本书在各案例城市历史文化名城保护规划的基础上，针对名城价值与特色进行比较分析，并总结归纳各主题中名城价值与特色的共性与特性，可以指导各城市更深入认知城市的价值与特色。在未来的城市发展建设中，如何在保护江浙水乡地区名城价值与特色一般规律性基础上，更加加强重点价值与特色的保护和利用，进而真正坚持并突出城市特色，这方面将是后期深入研究的重点。

参考文献

[1] 陈科 . 基于“城市经营”理念的历史城市保护策略与实施途径——以长三角地区文化名城为例 [D]. 重庆 : 重庆大学，2007.

[2] 戴广平，王琛，朱向国 . 古城开放空间规划特异性研究一一以扬州古城为例 [C]. 多元与包容——2012 中国城市规划年会论文集 (04. 城市设计)，2012.

[3] 庄嘉其 . 基于历史图像分析的清代苏州古城的城市空间研究——以桃花坞年画为例 [D]. 苏州 : 苏州大学，2018.

[4] 阮仪三，严国泰 . 历史名城资源的合理要利用与旅游发展 [J]. 城市规划，2003（4）：48 ～ 51.

[5] 李正爱 . 江南都市群的历史源流及其文化研究的价值 [J]. 河南大学学报（社会科学版），2008（4）：23 ～ 27.

[6] 陈肖静 . 论历史文化名城的内涵界定——以扬州为例 [J]. 中国名城，2013（6）：66 ～ 70.

[7] 嵇雪华，庄建伟 . 提升街巷特色 彰显水城内涵——苏州古城传统街巷与地方文化的融合 [J]. 城市规划，2014（4）：46 ～ 49.

[8] 霍艳虹 . 基于“文化基因”视角的京杭大运河水文化遗产保护研究 [D]. 天津 : 天津大学，2017.

[9] 谭其骧等 . 中国历史地图集 [M]. 北京：中国地图出版社，1982.

[10] 陈国灿 主编 . 江南城镇通史 [M]. 上海：上海人民出版社，2017.

[11] 陈国灿 著 . 浙江城镇发展史 [M]. 杭州：杭州出版社，2008.

[12] 中国科学院《中国自然地理》编辑委员会 . 中国自然地理 [M]. 北京：科学出版社，1982.

[13] 邹逸麟，张修桂 主编 . 中国历史自然地理 [M]. 北京：科学出版社，1982.

[14] [清] 傅泽洪 . 行水金鉴・卷 39[M]. 上海：商务印书馆，1936.

[15] [清] 吴昆田，高延第纂 . 中国地方志集成・江苏府县志辑 54・光绪淮安府志 [M]. 南京：江苏古籍出版社，1991.

[16] [清] 金友理 撰，薛正兴 校点 . 江苏地方文献丛书 · 太湖备考 [M]. 南京：江苏古籍出版社，1998.

[17] [清] 徐松 辑 . 宋会要辑稿 · 食货八 [M]. 北京：中华书局，1957.

[18] 郑肇经 . 太湖水利技术史 [M]. 北京：中国农业出版社，1987.

[19] 吴必虎 . 黄河夺淮后里下河平原河湖地貌的变迁［ J ］. 扬州师院学报，1988，8（1，2）：132 ～ 138.

[20] 政协江苏省高邮市文史资料委员会 . 高邮文史资料（15 辑）：230.

[21] [东汉] 班固 撰 . 汉书 · 传 · 贾邹枚路传 [M]. 北京：中华书局，1962.

[22] 江苏交通史志编纂委员会 . 江苏公路交通史（第一册）[M]. 北京：人民交通出版社，1989：7.

[23] 曹家启 . 唐宋时期南方地区交通研究 [D]. 杭州：浙江大学，2001：42、62.

[24] 潜说友 撰 . 影印文渊阁四库全书 · 咸淳临安志 · 卷三八 [M]. 台北：商务印书馆，1986.

[25] 陈饶 . 江淮东部城镇发展历史研究 [D]. 南京：东南大学，2016：41、64.

[26] 薛冰 . 南京城市史 [M]. 南京：东南大学出版社，2015：149、166–167.

[27] 邹逸麟 . 中国历史人文地理 [M]. 北京 : 科学出版社 .2001:150、153.

[28] 葛剑雄，吴松弟，曹树基 . 中国移民史 [M]. 福州：福建人民出版社，1997：349.

[29] 严其林，程建 . 京口文化 [M]. 南京：南京大学出版社，2001：35.

[30] 贻芥 .《丧乱帖》的乱世悲歌 [J]. 中华遗产，2016（8）.

[31] 周绍良主编 . 全唐文新编 · 卷五六六 · 考功员外卢君墓铭 [M]. 长春：吉林文史出版社，2000.

[32] [后晋] 刘昫 . 旧唐书 · 卷一四六 [M]. 北京：中华书局，1975.

[33] 葛剑雄 . 迁徙的姓氏：追寻移民的脚步 [J]. 中国国家地理，2007（2）.

[34] [清] 陈梦雷纂，蒋延锡校 . 古今图书集成：方舆汇编 · 职方典 · 卷九百九十三 [M]. 北京：中华书局，1934.

[35] 中国文化遗产研究院 . 中国大运河遗产管理规划 [Z].2013.

[36] [宋] 司马光 撰，[元] 胡三省 注 . 资治通鉴 · 卷一百八十 · 隋纪四 [M]. 北京：中华书局，2011.

[37] 国家文物局 . 中国大运河申报世界文化遗产文本 [Z].2013.

[38] 胡可明 . 一粒淮盐 一座名城——浅议淮盐助成扬州历史文化名城 [J]. 中国盐业，2014（22）.

[39] [北宋] 乐史 撰 . 影印文渊阁四库全书 · 太平寰宇记 · 卷一百三十 [M]. 台北：商务印书馆，1986.

[40] 冀朝鼎 . 中国历史上的基本经济区 [M]. 北京：商务印书馆，2014.

[41] 陆希刚 . 明清江南城镇 [D]. 上海：同济大学，2006.

[42] 王景，潘墨苑．浅析历史上影响绍兴城市风景营造的因素[J].城市建设理论研究，2013(14).
[43] 朱佳木等．当代中国城市发展丛书·绍兴[M].北京：当代中国出版社，2012：18-19.
[44] 贺盘发．宜兴陶瓷发展史概论[J].江苏陶瓷，1989（01）：34～41.
[45] 沈登苗．明清全国进士与人才的时空分布及其相互关系[J].中国文化研究，1999.
[46] [清]卫哲治．乾隆淮安府志·卷二[M].北京：方志出版社，2008: 57.
[47] 王毅．南京城市空间营造研究[D].武汉：武汉大学，2010：118.
[48] 徐耀新主编．历史文化名城名镇名村系列·镇江[M].南京：江苏人民出版社，2017：14-15.
[49] [明]陈仁锡 撰．中国史学丛书·皇明世法录·江南倭防·镇江府总论[M].台湾学生书局，1965.
[50] 陈嘉璇．明南直隶地区海防军事聚落体系研究[D].天津：天津大学，2018.
[51] 尹泽凯．明代海防聚落体系研究[D].天津：天津大学，2015.
[52] 张亚红，徐炯明．宁波明清海防研究[M].宁波：宁波出版社，2012.
[53] 苏勇军．明代浙东海防研究[M].杭州：浙江大学出版社，2014.
[54] 吴良镛等著．张謇与南通"中国近代第一城"[M].北京：中国建筑工业出版社，2005.
[55] 于海漪．南通近代城市规划建设[M].北京：中国建筑工业出版社，2005.
[56] 中华人民共和国国务院．历史文化名城名镇名村保护条例[Z].2017-10-7修正.
[57] 王景，潘墨苑．浅析历史上影响绍兴城市风景营造的因素[J].城市建设理论研究，2013(14): 52～55.
[58] 王琦．镇江城市空间营造研究[D].武汉：武汉大学，2013.
[59] [东汉]赵晔 撰．吴越春秋[M].南京：江苏古籍出版社，1986.
[60] 王树声．中国城市人居环境历史图典（上海、江苏卷）[M].北京：科学出版社、龙门书局，2015：256.
[61] 徐敏，朱晓芳，李杰，任道，等．镇江历史街区空间格局特征及其保护控制方法探析//[C].持续发展 理性规划——2017中国城市规划年会论文集（09.城市文化遗产保护），2017.
[62] 张杰．中国古代空间文化溯源[M].北京：清华大学出版社，2012：98～100.
[63] 汪敬虞．中国近代工业史资料第二辑（下）（1895-1914年）[M].北京：中华书局，1962：87.
[64] [清]王觐宸 撰，程景韩 增订．淮安河下志·卷一[M].北京：方志出版社，2006.
[65] 高寿仙．漕盐转运与明代淮安城镇经济的发展[J].学海，2007：49.
[66] 郭凯．太湖流域塘浦圩田系统的形成及其影响研究[J].Proceedings of the 7th International Conference of the East—Asian Agriculture History（国际会议）.

[67] 何勇强．论唐宋时期圩田的三种形态——以太湖流域的圩田为中心 [J]. 浙江学刊，2003（2）.
[68] 赵崔莉，刘新卫．近半个世纪以来中国古代圩田研究综述 [J]. 古今农业，2003（3）.
[69] 北林郭巍工作室．以圩田开垦为主体的太湖流域农业景观研究 [Z]. 北林郭巍风景园林研究与教学（微信公众号），2019-06-11. https://mp.weixin.qq.com/s/6h0qv1CI_4Jran6JaN8cJA
[70] https://baike.baidu.com/item/%E7%9B%90%E9%93%81%E5%A1%98/10917281?fr=aladdin
[71] 徐耀新．常熟 / 历史文化名城名镇名村系列·精彩江苏 [M]. 南京：江苏人民出版社，2017.
[72] 徐耀新．常州 / 历史文化名城名镇名村系列·精彩江苏 [M]. 南京：江苏人民出版社，2017.
[73] 徐耀新．无锡 / 历史文化名城名镇名村系列·精彩江苏 [M]. 南京：江苏人民出版社，2017.
[74] 罗 仑．明清时代江南运河沿岸市镇初探 [J]. 南京大学学报，1990（4）.
[75] 淮安市规划局，南京市规划设计研究院有限责任公司．淮安历史文化名城保护规划 [Z].2012.
[76] 高邮市城乡建设局，北京清华同衡规划设计研究院有限公司．高邮历史文化名城保护规划（2018 ～ 2035）（在编）[Z].2018.
[77] 扬州市规划局，上海同济城市规划设计研究院．扬州历史文化名城保护规划（2015 ～ 2030）[Z].2015.
[78]北京清华同衡规划设计研究院有限公司．兴化历史文化价值与特色专题研究（2019）[Z].2019. [79]
[79] 兴化市人民政府，北京清华同衡规划设计研究院有限公司．兴化国家历史文化名城申报材料（2019）[Z].2019.
[80] 上海同济城市规划设计研究院．南通历史文化名城保护规划（2009 ～ 2030）[Z].2009.
[81] 泰州市规划局，泰州市文广新局，泰州市规划设计院．泰州历史文化名城保护规划（2008 ～ 2020）[Z].2012.
[82] 南京市规划局，南京市规划设计研究院有限责任公司，东南大学城市规划设计研究院，南京市规划编制研究中心．南京历史文化名城保护规划（2010 ～ 2020）[Z].2011.
[83] 镇江市规划设计研究院，镇江市历史文化名城保护规划修编组．镇江历史文化名城保护规划（2004 ～ 2020）[Z].2004.
[84] 北京清华同衡规划设计研究院有限公司，常州市规划设计院．常州历史文化名城保护规划（2013 ～ 2020）[Z].2013.
[85] 中国城市规划设计研究院，无锡市规划设计研究院．无锡历史文化名城保护规划

（2016 ～ 2035）中期成果 [Z].2016.
[86] 宜兴市规划局，东南大学城市规划设计研究院 . 宜兴历史文化名城保护规划（2010 ～ 2020）[Z].2010.
[87] 常熟市规划局，常熟市历史文化名城保护管理办公室，北京清华同衡规划设计研究院有限公司 . 常熟历史文化名城保护专题研究 [Z].2017.
[88] 苏州市规划局，苏州规划设计研究院股份有限公司 . 苏州历史文化名城保护规划（2013 ～ 2030）[Z].2013.
[89] 中国城市规划设计研究院，湖州市城市规划设计研究院 . 湖州历史文化名城保护规划（2015 ～ 2020）[Z].2016.
[90] 中国城市规划设计研究院，嘉兴市规划设计研究院 . 嘉兴历史文化名城保护规划（2015 ～ 2020）[Z].2015.
[91] 杭州市规划局，杭州市城市规划设计研究院，杭州市园林文物局 . 杭州历史文化名城保护规划（2002 ～ 2020）[Z].2005.
[92] 绍兴市城市规划设计研究院 . 绍兴历史文化名城保护规划（2011 ～ 2020）[Z].2012.
[93] 上海同济城市规划设计研究院 . 宁波历史文化名城保护规划（2014 ～ 2030）[Z].2016.
[94] [明] 朱怀干修，盛仪纂 . 嘉靖惟扬志 [M]. 上海：上海古籍出版社，1963.
[96] 中国公路交通史编审委员会 . 中国古代道路交通史 [M]. 北京：人民交通出版社，1994.
[97] 徐望法 . 浙江古代道路交通史 [M]. 杭州：浙江古籍出版社，1992.
[98] 周薇 . 明清淮安诗歌与地方文化关系之研究 [M]. 上海：上海三联书店，2016.
[99] 郭正忠 . 中国盐业史 [M]. 北京：人民出版社，1997.
[100] 顾建国 . 江苏地方文化史淮安卷 [M]. 南京：江苏人民出版社，2019.
[101] 陈 涛 . 江苏地方文化名片丛书 – 淮安漕运文化 [M]. 南京：南京大学出版社，2015.
[102] 杨效明 . 太平天国对扬州衰落的影响 [J]. 剑南文学（下半月），2013.
[103] 王振忠 . 清代两淮盐业盛衰与苏北区域之变迁 [J]. 盐业史研究，1992.
[104] 吴晓，王承慧，徐华林 . 大运河常州段与城市发展的互动关联探析 [J]. 城市规划，2013.
[105] 戴迎华，马红霞，张帆 . 论镇江与太平天国革命运动 [J]. 江苏大学学报（社会科学版），2001.
[106] 蔡云辉 . 战争对近代中国城市发展要素的影响 [J]. 社会科学辑刊，2005.
[107] 苏州市政协文史委员会 . 运河名城：苏州 [M]. 苏州：古吴轩出版社，2012.
[108] 全国政协文化和学习委员会，政协江苏省杭州市委员会 . 运河名城：杭州 [M]. 北京：中国文史出版社，2009.
[109] 全国政协文化和学习委员会，政协江苏省扬州市委员会 . 运河名城：扬州 [M]. 北京：中

国文史出版社，2009.
[110] 《泰州》编委会 . 泰州 / 当代中国城市发展丛书 [M]. 北京：当代中国出版社，2013.
[111] 任桂全 . 绍兴城市史（先秦至北宋卷）[M]. 北京：中国社会科学出版社，2017.
[112] https://baike.baidu.com/item/ 淮剧 /467276?fr=aladdin.
[113] http://www.unicornblog.cn/lishi/48295.html
[114] 《无锡》课题组 . 无锡 / 当代中国城市发展丛书 [M]. 北京：当代中国出版社，2017.
[115] 乌再荣 . 基于"文化基因"视角的苏州古代城市空间研究 [D]. 南京：南京大学，2009.
[116] 乌再荣 . 春秋晚期吴国都城的选址及功能布局试探 [J]. 建筑师，2012（4）.
[117] 钟 翀 . 江南传统城市的深层形态构造与历史景观鉴别 [J]. 上海城市管理，2018，27（3）.
[118] 钟翀，方毓琦，王晓媛，等 . 宋代以来常州城中的"厢"——城市厢坊制的平面格局及演变研究之一叶 [J]. 杭州师范大学学报（社会科学版），2016，38（1）.
[119] 高小琼 . 苏南历史文化城镇群时空演变研究 [D]. 南京：南京师范大学，2016.
[120] 范金民 . 明清江南商业的发展 [M]. 南京：南京大学出版社，1998.
[121] [清] 孙云锦 修，吴昆田，高延第纂 . 光绪淮安府志（卷二）· 疆域 [M]. 光绪十年甲申刊本：313.
[122] 陈凤雏 . 历史上淮安在全国的地位考略 [M]// 宋林飞 . "运河之都——淮安"全国学术研讨会论文集 [C]. 北京：中国书籍出版社，2007.
[123] 张强 . 漕运与淮安 [J]. 东南大学学报，2008（4）.
[124] [明] 席书 . 漕船志 [M]. 北京：方志出版社，2006.
[125] 赵明奇，韩秋红 . 运河之都淮安及其历史地位的形成 [M]// 宋林飞 . "运河之都——淮安"全国学术研讨会论文集 [C]. 北京：中国书籍出版社，2007.
[126] [清] 赵尔巽，柯劭忞 . 清史稿 · 河渠志 · 运河 [M]// 武英殿 . 二十五史 . 上海：上海古籍出版社，1986.
[127] 徐耀新 . 宜兴 / 历史文化名城名镇名村系列 [M]. 南京：江苏人民出版社，2017.
[128] 持续发展 理性规划——2017 中国城市规划年会论文集（09 城市文化遗产保护）[C].2017.
[129] https://wenku.baidu.com/view/de124cd533d4b14e852468a4.html 江南水乡饮食文化
[130] https://baike.baidu.com/item/ 四大名绣 /96686?fr=aladdin.

后 记

北京清华同衡规划院长三角分院是清华同衡规划院在苏州设立的分支机构，以城市规划设计任务为主，其中有相当分量的历史文化保护规划设计内容。我们在近几年的工作实践中积累了一定的经验，也引起了我们的深入思考，希望在做好保护规划的同时，探究一下各名城形成和发展的一般规律，使保护规划更能落到实处，各名城更能凸显自己的特色。

本书是由我们承担的清华同衡规划院院级研究课题“江浙水乡地区历史文化名城形成机制与价值特色比较研究”成果整理而成。课题研究历时一年半有余，课题组成员在开展规划设计任务之余，牺牲休息时间，加班加点，对他们的辛勤劳动表示感谢。感谢清华同衡规划院总工们在课题研究过程中提出的许多具体意见和建议。

研究课题由本人提出立意、主题、研究方向、框架结构等核心内容，清华同衡规划院副总规划师、遗产中心副主任刘岩参与了其中的多次讨论，提出修改意见并提供了大量基础资料。课题主要由狄文莉牵头负责开展，成员有张春叶、屠黄桔、骆文和李晓晨。整理成书依然由狄文莉完成，感谢同济大学出版社陈立群先生，他的专业精神值得敬仰。

要特别感谢我的导师阮仪三先生，为本书作序，是阮先生把我领入历史文化遗产保护的大门，他严谨治学的态度深深影响了我，使我坚持把具体工作与理论研究相结合，不断有所收获。

相秉军

以下图书已经出版，敬请关注

《古城笔记》

ISBN 978-7-5608-5107-5

170×213，240p，定价：38.00 元

收入著名学者阮仪三教授多年从事古城保护与研究所撰写的文稿，其中包含部分早年的研究笔记，翻天覆地几十年后，不少内容愈显其价值。

《中国城池图录》（精装）

（日）石割平造编，蔡敦达译编

ISBN 978-7-5608-7133-2

215mm×285mm，296p，定价：240.00 元

原书 1940 年前后由侵华日军“支那派遣军”司令部刊行，较详细介绍了华北、华中、华东、中南等地 100 余座城郭，基本以 1/10000 平面图、剖面图等标示城门位置、城内主要街道走向、城墙壕沟和护城河及桥梁位置等。部分城郭还标记有城内住户和人口数。标示尤为详细的是城门结构、城墙厚度和护城河深度。图中详细记载了有关城郭都市整体结构的各种数据和信息，并有多幅 1/500 详图。这些城郭多已不存，书中保留的这部分资料对于研究城市史、建筑史等，无疑具有重要的参考价值。